中央高校基本科研业务费专项资金项目
『语言与文体的建构研究』（2015640040）结项成果

語言文字文體研究

杨瑞芳　鞠　岩　主编

齊魯書社

图书在版编目(CIP)数据

语言·文字·文体研究 / 杨瑞芳,鞠岩主编.
--济南：齐鲁书社, 2018.1
ISBN 978-7-5333-3896-1

Ⅰ.语… Ⅱ.①杨… ②鞠… Ⅲ.①语言学—文集 Ⅳ.①H0-53

中国版本图书馆 CIP 数据核字(2018)第006220号

语言·文字·文体研究

YUYAN WENZI WENTI YANJIU

杨瑞芳 鞠 岩 主编

主管单位 山东出版传媒股份有限公司
出版发行 齊魯書社
社 址 济南市英雄山路189号
邮 编 250002
网 址 www.qlss.com.cn
电子邮箱 qilupress@126.com
营销中心 (0531)82098521 82098519
印 刷 日照日报印务中心
开 本 880mm×1230mm 1/32
印 张 9
插 页 3
字 数 226千
版 次 2018年1月第1版
印 次 2018年1月第1次印刷
印 数 1-600
标准书号 ISBN 978-7-5333-3896-1
定 价 **35.00元**

目　录

文本细读与中国古典诗歌的阐释问题

——以白居易、李商隐的两首诗歌为例

冷卫国

在中国古代诗歌的阐释过程中，经常会出现异文、声律的问题。如何处理这两个方面的问题，往往涉及对古典诗歌的表达方式和语言艺术的理解。在此，笔者拈出古典诗歌中的两个例子，以就教于方家。

需要说明的是，本文的所谓“文本细读”，与英美新批评派的“细读”(close reading)不尽相同。“细读”，作为英美新批评的一种重要批评方式，其逻辑前提是“文学研究应该是绝对‘文学的’”①，换言之，文学研究是纯文学研究，文本就是自足的研究客体。从这一前提出发，该派文学批评的实质是“作品中心论”。强调研究对象的客观性和文学性，固然有其合理的一面，但它排斥作品的历史背景、作者的有关信息等“外部研究”，这又表现了该派理论的局限性。该派理论强调自足的文本研究才能保持文学批评的“科学性”和“客观性”，但是任何文本都是在一定的历史背景下，由特定的作者创作出来的，因此，从来就不存在孤立于历史和作者之外的所谓

① [美]韦勒克、沃伦：《文学理论·第一版序》，生活·读书·新知三联书店1984年版，第19页。

纯客观的文本，这也是该派文学批评的根本缺陷，由此注定了——如果只强调文本的“内部研究”，只能走向形式主义；排斥文本的“外部研究”，必然导致文学批评走向彻底的封闭。

本文所谓的“文本细读”，指的是一种广义的文本阐释策略，在汲取新批评理论合理性的基础上，不排斥社会历史以及作者的历史信息等，进而强调透彻地理解文本，并发现文学作品的幽微精妙之处。其具体做法是，在对文本的阐释过程中，紧紧扣住文本，从诗歌文本的章法、主旨、声韵、文法、用典等方面揭示文本的意义，通过“审其行迹，申其文理”，达到“直探文心”的目的。

一、“花时同醉破春愁”与“春来无计破春愁”

——关于白居易《同李十一醉忆元九》首句的异文问题

白居易《同李十一醉忆元九》一诗，见录于《白氏长庆集》，全诗作：“花时同醉破春愁，醉折花枝作酒筹。忽忆故人天际去，计程今日到凉（梁）州。”①该诗明白如话，不事雕琢，以浅近的语言表达了对好友元稹无尽的牵挂和思念。但在白行简的《三梦记》中，其首句作“春来无计破春愁”②。那么，该诗为何会出现这两处异文呢？关于该诗创作的本事，在白行简的《三梦记》中有明确记载：

元和四年，河南元微之为监察御史，奉使剑外。去逾旬，予与仲兄乐天、陇西李杓直同游曲江。诣慈恩佛舍，遍历僧院，淹留移时。日已晚，同诣杓直修行里第，命酒对酬，甚欢

① 《白氏长庆集》卷十四，文渊阁《四库全书》本。
② 汪辟疆校录：《唐人小说》，上海古籍出版社1978年版，第108页。

畅。兄停杯久之，曰："微之当达梁矣。"命题一篇于屋壁。其词曰："春来无计破春愁，醉折花枝作酒筹。忽忆故人天际去，计程今日到梁州。"实二十一日也。①

据此可知，该诗作于元和四年(809)，元稹奉使东川，白居易在长安与其弟白行简、李杓直(即李十一)同游曲江、慈恩寺后到李杓直家饮酒，白居易即席创作了这首诗。该诗的首句在白行简的《三梦记》中作"春来无计破春愁"，在《白氏长庆集》中却作"花时同醉破春愁"。后者是白居易晚年亲手编订的文集，考虑到这一点，笔者认为之所以出现这两处异文，其原因在于，"春来无计破春愁"，当是白居易即席创作的原句，白行简照此将该诗录入了《三梦记》中；而"花时同醉破春愁"，则是白居易后来的改定稿，所以也就有了《三梦记》与《白氏长庆集》在文本上的这种差别。除此之外，很难有另外的解释。

"花时同醉破春愁"与"春来无计破春愁"两相比较，到底哪一句更好呢？显然"花时同醉破春愁"更好。原因如下：

(一)题目中有"同"字，"花时同醉破春愁"，作为诗的首句，一开始即起到了点题的作用，它说明除了作者，还有其他人。而"春来无计破春愁"，可以是作者一个人，也可以是数人，总之，因为交待不清楚，导致题目中的"同"字无着落。

(二)"花时同醉破春愁"，更具体、形象，它点明了是春花烂漫的时节，而"春来无计破春愁"，只能说明是春天，至于是初春还是暮春等，并未交代清楚。

(三)"花时同醉破春愁"与"春来无计破春愁"相比，后者"春"

---

① 汪辟疆校录：《唐人小说》，上海古籍出版社 1978 年版，第 108 页。

字一句中两出，从用字角度而言，未免有些重复。

（四）更重要的，就全诗的章法来看，“花时同醉破春愁”与“春来无计破春愁”，虽然只是数字之差，但是却导致了全诗章法上的不同。就全诗来看，第三句在全诗中起到了转折的作用，意在强调“醉中有醒”，“忽”，突然，与《古诗十九首》中的“岁月忽已晚”之“忽”有异曲同工之妙，它强调的是突然的醒觉。第四句则以极平常之事、极朴实的语言说明了朋友之间感情的醇厚。

“春来无计破春愁”，强调的是“无计”，因为有愁而无计可破，遂“醉折花枝”，所以，就谋篇布局而言，“无计—醉折”是顺承的关系，其落脚点在有愁无计可破。“忽忆故人天际去”，开始折入对朋友的思念，但强调的依然是“愁”，是对朋友的思念。因而，从诗意上说，“醉折花枝”“忽忆故人”“计程今日”，都是有愁无计可破的种种表现，都可以看作是对首句的补足和展开。而“花时同醉破春愁”，强调的是“破愁”，破的方式是“同醉”，是“醉折花枝”，但是“忽忆故人天际去”一句，是对“破春愁”的否定。在这突然的醒觉中，“花时同醉破春愁，醉折花枝作酒筹”的快意瞬间跌落，而对朋友的牵挂、对朋友的情谊反而得到了进一步凸显——即便“花时同醉”、即便“醉折花枝”，但对元九是无法忘怀的！这等于反过来说愁未破。所以，就全诗表达的情感逻辑而言，后者是从“已破”说到“未破”，其表达的方式是矛盾的。然而正是这种矛盾，使全诗获得了更大的语言张力，从而使情感的表达深入一层，原因是什么？其原因乃在于“花时同醉破春愁”这一句起到了反折的作用——既使该诗表达的层次进一步拉开，也使该诗表达的情感更为起伏跌宕。

该诗首句这一微末的改动，不但非常紧要，而且其意义非同一般，该诗的章法由此而得以大变，情感的表现以反折的形式更进一层，更生动地传达出了作者对元稹的深情厚谊。在春花烂漫的时节，作者与朋友同醉，以了结心中的忧愁，继而醉折花枝以为酒筹酣醉，然而，酒的麻醉无法胜过对朋友的思念与牵挂。“忽忆故人天际去，计程今日到梁州。”第三句是转折之笔，也是点题中“忆”字之笔。作者醉中有醒，在醉中突然想起了远去天边的老朋友——估计他今天应该到梁州了吧？结句以极疏淡之笔，运极沉郁之思，以极平常之事，传极醇厚之情。元白一生之交情，于斯可见。同时，这最后两句，颇有扫处即生、旋扫旋生之妙。诗写至此，既是对“花时同醉破春愁”的交代——之所以有春愁，实在是因为有对朋友的思念和对其行程的牵挂！同时，又是对“花时同醉破春愁”的否定，尽管说是“破春愁”，然而这“春愁”又岂是“破”得了的？——即便在与兄弟友朋快意饮酒的时刻，在花开烂漫的春天，作者不是依然牵挂朋友的行程吗？诗从“破愁”写起，到“愁”不可“破”结束，这样写，诗的层次得以拉开，犹如逆锋运笔，反折而下，作者对元稹的感情，在“愁”“忆”的交错中以递进的方式进一步深入，因“忆”而“愁”，因“愁”而“忆”，“愁”不尽，“忆”不尽，笔笔抹，笔笔新意生发。全诗思致绵密，笔笔呼应，无一字虚设。“花时同醉破春愁”与“春来无计破春愁”相比较，以同样的篇幅，传达出了更为丰厚的情韵。这看似微末的改动，其产生的效果是何等微妙！就章法而言，前者用逆入法，后者用顺入法，而诗歌意蕴的丰与俭亦随之而变。这一改动，也只能是出自大家手笔，洵非俗手所能为。

通过对这两处异文的比较，我们不但可以一窥千载之上这位伟大的诗人文思运化的轨迹，而且更应该认识到白居易对待创作的认真态度，从而获得更多的诗学启迪。

二、“柳”缘何写作“杨”

——释李商隐《隋宫》的“垂杨”

李商隐的《隋宫》是咏史诗的名篇，全诗如下：“紫泉宫殿锁烟霞，欲取芜城作帝家。玉玺不缘归日角，锦帆应是到天涯。于今腐草无萤火，终古垂杨有暮鸦。地下若逢陈后主，岂宜重问后庭花。”

朱自清先生在《〈唐诗三百首〉指导大概》中谈七律时涉及李商隐的《隋宫》，他对该诗的颔、颈二联的解说如下：

> “玉玺不缘归日角，锦帆应是到天涯。于今腐草无萤火，终古垂杨有暮鸦”（李商隐，《隋宫》）。“日角”是额骨隆起如日，是帝王之相，这儿是根据《旧唐书》，用来指太宗。“锦帆”指隋炀帝的游船，见《开河记》。这一联说若不因为太宗得了天下，炀帝还该游得远呢。上句是因，下句是果。放萤火，种垂杨，都是炀帝的事。后联平列，上句说不放萤火，下句说垂杨栖鸦，一有一无，却见出“而今安在”一个用意。①

朱先生所说的“一有一无，却见出‘而今安在’一个用意”，这样的阐释，从艺术的角度来说，诚可谓得其环中。但朱先生说“种垂杨”是“炀帝的事”，未免与史实不合。② 因为就史实来看，当年隋

---

① 朱自清：《〈唐诗三百首〉指导大概》，见《朱自清说诗》，陕西师范大学出版社2005年版，第146页。

② 笔者按：朱先生之所以这样做，也许是考虑到了读者的接受能力，因为《〈唐诗三百首〉指导大概》面向的对象毕竟是中学生，为了避免行文上横生枝节，朱先生也就点到为止了。

炀帝在堤上种的是“柳”而非“杨”。兹有白居易《隋堤柳》为证：

隋堤柳，岁久年深尽衰朽。
风飘飘兮雨萧萧，三株两株汴河口。
老枝病叶愁杀人，曾经大业年中春。
大业年中炀天子，种柳成行夹流水。
西自黄河东至淮，绿阴一千三百里。
大业末年春暮月，柳色如烟絮如雪。
南幸江都恣佚游，应将此柳系龙舟。
紫髯郎将护锦缆，青娥御史直迷楼。
海内财力此时竭，舟中歌笑何日休。
上荒下困势不久，宗社之危如缀旒。
炀天子，自言福祚长无穷，岂知皇子封酅公。
龙舟未过彭城阁，义旗已入长安宫。
萧墙祸生人事变，晏驾不得归秦中。
土坟数尺何处葬，吴公台下多悲风。
二百年来汴河路，沙草和烟朝复暮。
后王何以鉴前王，请看隋堤亡国树。

另外，唐阙名《开河记》也明确记载了当年隋堤种“垂柳”的事实，并可与白诗相印证：

翰林学士虞世基献计，请用垂柳栽于汴渠两堤上：一则树根四散，鞠护河堤；二乃牵舟之人获其阴；三则牵舟之羊食其叶。上大喜，诏民间有柳一株，赏一缣，百姓竞献之。又令亲种，帝自种一株，群臣次第种，方及百姓。时有谣言曰：天子先栽，然后百姓栽。栽毕，帝御笔写赐垂杨柳姓杨，曰杨柳也。①

著名唐诗研究专家霍松林先生在朱自清先生的基础上，对《隋宫》一诗的阐释又做了进一步的展开。霍先生对李商隐《隋宫》颔联、颈联的解说是：

> 颈联是公认的佳句，涉及杨广逸游的两个故实。一个是放萤……另一个是栽柳：白居易在《隋堤柳》中写道："大业年中炀天子，种柳成行夹流水；西至黄河东至淮，绿影一千三百里。大业末年春暮月，柳色如烟絮如雪；南幸江都恣佚游，应将此树映龙舟。"……"终古垂杨有暮鸦"，当然渲染了亡国后的凄凉景象，但也另有深意。上句说于今"无"，自然暗示昔年"有"；下句说终古"有"，自然暗示当日"无"。当日杨广"乘兴南游"，千帆万马，水陆并进，鼓乐喧天，旌旗蔽空；隋堤垂杨，暮鸦哪敢栖息！只有在杨广被杀，南游已成陈迹之后，日暮归鸦才飞到隋堤垂杨上过夜……②

霍先生对"终古垂杨有暮鸦"一句的解释，前面说是"栽柳"，并引白居易《隋堤柳》为证，后面又重复两次说"隋堤垂杨"，那么到底是"柳"还是"杨"？

同样，著名唐诗研究专家林庚先生编写的《林庚推荐唐诗》一书对《隋宫》这两联的解释是："垂杨，隋炀帝开运河通扬州，沿河堤种柳，后世称为隋堤。两句是说，如今江都的隋宫旧址已经是断垣

---

① 〔唐〕阙名：《开河记》，见《说郛》卷一百十下，文渊阁《四库全书》本。

② 萧涤非等：《唐诗鉴赏辞典》，上海辞书出版社 1983 年版，第 1154 页。

荒草，萤火绝迹，满目荒凉；长久以来只有隋堤垂杨，暮鸦聒噪，显示着亡国的凄凉。”①该书前面说“种柳”，后面说“垂杨”，那么，到底是“柳”还是“杨”？为什么前面的“柳”变成了后面的“杨”？

诚然，在古诗文中，“杨”“柳”本一物，杨即柳，柳即杨。如北朝无名氏的《送别》诗：“杨柳青青着地垂，杨花漫漫搅天飞。柳条折尽花飞尽，借问行人归不归？”此处的杨花即柳花。苏轼的名词“似花还似非花”，明明写的是柳絮，但其题目称作《杨花词》。从这一角度来讲，霍松林、林庚二位先生的解释当然也是没有问题的。

但是，在此，我们也可以稍进一步，提出这样的问题，这就是——为何在李商隐的笔下并没有出现“柳”这一字面却出现了“杨”？换言之，既然“垂杨”即“垂柳”，那为何在诗中不干脆说成“垂柳”？或者说，此处是否可换成“垂柳”？

我们的结论是，这显然是李商隐在《隋宫》中出于格律的要求而进行“调声”的结果。尽管李商隐在写诗的时候，可以两取其便——既可说是“垂杨”，也可说是“垂柳”，但是因为“柳”为仄声，按照律诗黏对的要求，此处应该用平声字，所以只能用“垂杨”而不能用“垂柳”。李商隐之所以不说“柳”而言“杨”，只是为了适应格律的要求。但是，目前很多书的解释明显分为两截，前面说“柳”，后面说“杨”，之间并没有明确说明，如最常见者《唐诗鉴赏辞典》即如此。

李贺诗《高轩过》有“笔补造化天无功”一语，钱锺书先生指出，“此不特长吉精神心眼之所在，而于道术之大原、艺事之极本，亦一言道著矣”②。文艺的本质是笔补造化而非对现实的直接反映。因

---

① 袁行霈等注：《林庚推荐唐诗》，广陵书社2004年版，第198页。

② 钱锺书：《谈艺录》（补订本），中华书局1984年版，第60页。

此，文艺之于自然，或摹写，或润饰，或改造。“艺术中造境之美，非天然境界所及；至谓自然界无现成之美，只有资料，经艺术驱遣陶熔，方得佳观。”①因此，作家为了“造境”，有时出于形式化的需要而进行字面的润饰，也是常见现象。李商隐之《隋宫》，因用“垂柳”不合黏对的要求，为了适应律诗的体式而将之改为“垂杨”，即其中之一例。

三、结　论

上述两个例子，前者涉及的是异文问题，后者涉及的是律诗声律问题。如果再进一步放大，前者是文学传播问题，后者是文学阐释问题。第一个例子说明，在古代文学作品的传播过程中，除了因为文字的讹错或因后人有意识的改动而产生异文问题之外，作者有时还会对自己的作品进行修改，由此产生了前后稿的不同，这也是产生异文问题的原因之一。在面对异文时，如何比较取舍也是在古代诗歌阐释中经常面临的问题。除此之外，我们还可以认识到如何扣题、章法安排、情感的传达等都是确定诗歌优劣的重要因素，同时也可以获得创作旧体诗歌的经验。而通过第二个例子，意在说明虽然“诗无达诂”，但是在诗歌阐释的过程中，有时即便是一个细微的因素也不能放过。朱自清、林庚、霍松林三位先生皆为诗词名家，他们的解读通常是诗词解读的范例。但由于李商隐《隋宫》具有一定的特殊性，在解读过程中既需要结合史实，也需要解释李商隐为何在写作过程中对字面进行了润饰。要解决后面这一问题，实际上又涉及律诗声律的黏对规则及文学创作的本质问题。

① 钱锺书：《谈艺录》（补订本），中华书局 1984 年版，第 61 页。

通过这个例子旨在说明：古典诗歌的阐释，一方面不能就诗解诗，另一方面，在解诗过程中还要涉及诗歌文本方面的其他因素，等等。

宋代著名诗人黄庭坚说："若欲作楚词，追配古人，直须熟读楚词，观古人用意曲折处，讲学之，然后下笔。"①这是黄庭坚的经验之谈，也与文本细读有一致之处。在古典诗歌的阐释过程中，对古代诗人的用意曲折之处，须进行文本细读，方能体会古人的用心之妙和超凡的语言表达能力。例如，假设未对杜诗"碧瓦初寒外""月傍九霄多"这两句进行文本细读，那么对杜诗的诗歌语言艺术恐怕是很难体会的。同样，对以上所举白居易、李商隐诗歌的两个例子，如果不进行文本细读，获得的将是囫囵吞枣式的感受。而通过文本细读，传统意义上所谓的"只可意会，不可言传"的古代诗歌，就变得不但可以意会，而且可以言传，这正是文本细读的价值所在。

---

① 《宋黄文节公文集·外集》卷二一《与王立之》，见周裕锴著《宋代诗学通论》，巴蜀书社 1997 年版，第 158 页。

“文艺学专题(术语转型)”课程建设的相关问题

牛月明

“文艺学专题(术语转型)”课程建设缘起于两次学术讨论:中国文论的“失语”与“重建”①以及“文学”的边缘化或“终结”②。关于“文学”边缘化或“终结”的讨论指向200年来西方“文学”(literature)概念的形成及变化,关于文论“失语”与“重建”的讨论指向100多年来西方“文学”观念与汉字文化圈(主要是中日)传统文论的接触与碰撞,两次讨论的学术难点共同汇聚于20世纪之交的文论新变与文化互动。

宏观上,文论新变是文化互动的结果,但这种文化互动过程并不是“自然而然”“不言自明”的,而是“人为”“建构”的结果。因此,部分研究者开始注意从微观上探讨文论新变“人为”“建构”的

---

① 关于中国文论“失语”与“重建”的讨论,与20世纪后期文艺学的学科“反思”具有学术关联,其中包括“民族性”“现代性”“话语权”“失语症”“古代文论的现代转换”“话语重建”等学术讨论。文章集中发表于1995—2005年间,至今仍未有消停的迹象。

② 关于文学“边缘化”的讨论,始于20世纪90年代,至今似乎已成定论。关于文学“终结”在中国的讨论,则与21世纪初美国学者J.希利斯·米勒几次来华演讲研讨有关。童庆炳、李衍柱、杜书瀛、陈晓明、金惠敏、彭亚非、余虹等都曾撰文探讨过。

具体历史过程，例如彼得·威德森的《现代西方文学观念简史》，铃木贞美的《文学的概念》等。显然，从学科概念史的角度，只集中关注某一两个概念是远远不够的，特别是面对中国文论概念大换班的特殊历史景观。中国文论新变或中国文论概念大换班的研究，由于涉及其在中—西—日—苏—中的生成、选择、传播与普及等诸多方面，需要多语种的词汇史、文化交流史、学科史、社会思潮传播史等诸多方面的知识积累，需要跨学科、跨国境的大量书证。因此，全球视野的文论新变或中国文论概念大换班的研究需要共同研究，需要持续不断的接力研究。特别是当记忆涉及历史真实与现实利益的关系时，往往会有出于现实利益而选择、回避、遮掩、发明历史真实的情况。

所以，我们要对在文论新变或中国文论概念大换班的出现与定型过程中力求还原或反思新文化形成过程的复杂性有充分的认识。中国文论概念史研究是一项浩大的工程，以一己之力无法独立完成。那么，现阶段，过程研究——探索或铺设一条文论新变或中国文论概念大换班的宏观研究与微观研究相互过渡的道路，是比仅仅选择某一两个概念进行具体化、语境化、事件化、历史化更为基础的工作，也是当前以一己之力所能做的更有价值与意义的工作。但如果不能对具体文论关键概念进行语境化、事件化、历史化，文论新变与文化互动的研究会流于一般化或浮泛，中国文论概念大换班的宏观研究与微观研究相互过渡道路的打通也就成为一句空话，因此，本课程以对具体新概念进行微观研究为聚焦点，力图探索或打通中国文论概念大换班—汉语新学语—“新漢語”—中日同形词—汉字文化圈—中国文化传统—传统文论—传统文论概念—新兴文论概念，这样一条宏观研究与微观研究相互过渡的道路，此其一。

其二，对古今文论知识巨大差异之形成过程（微观）的研究还不到位；文论学术共同语——以语词（或关键词）为载体的术语、概念、范畴、观念——的历史研究尚有巨大空间。

以古代文论的专业背景去观照现代文学理论的观念与知识，会强烈地感受到其中的巨大差异和难于通约，困惑于古今文论巨大知识差异的形成过程。在十多年的研究生教学过程中，经常会有“学术史”（研究之研究）的讲授，通过对具体学人或著作的评介，梳理出学术进程的连续性与学术发展的脉络和走向，以省却后进者盲目摸索的工夫，引导其进入文论的学术共同体，并尽快操持本共同体的话语互相砥砺，进行承上启下的研究。

逻辑上讲，共同的学术话语——以语词（或关键词）为载体的术语、概念、范畴、观念——为学术共同体提供了可能性，学术史不应该只注重对“学人＋论著”的褒贬抑扬，不应该只注重对学术知识的讲授，更应该注重所操持学术共同语的清晰、严谨、简明。因此，对学术共同语的历史研究正在成为学术史新的增长点。

学科是相对独立的知识体系，学科的产生与发展离不开知识的积累与增长，而语词与术语的形成、变迁与优化为知识的传递、积累与增长提供了可能性，所以，学科史的表述是由一般语词与该学科的术语以合乎逻辑的方式组合起来的。分科治学与学制保障是学科术语得以稳定、连续、体系化以及术语体系传承发展的重要支撑。进一步讲，学科术语、概念、范畴、关键词的历史研究具体到不同领域已经成为、正在成为或将要成为学科史深化的关键。目前“文艺学”作为学科的缺陷之一，是缺少细致的学科概念史。尽管有一些出版物可供参考，但很多对于中国文论来说更为核心的关键词没被收录，收录的一些词也被简单化或省却了传播的中间一环。近现代文论交流中，非常独特的中—西—日—中的学术影响与选择模式没有得到应有的重视。本选题起源于研究生教学中对“文学”与“文艺学”学科史——学科概念史的思考。曾设想命名为“文化互动与文论新变:近现代中国文论概念流变史”,主要是为了解决笔者对古今文论巨大差异形成过程的困惑,揭示或提示汉语文论新变的图景与复杂性。

其三,知识透明度问题。宏观文论新变研究中去历史化、去事件化与去语境化现象需要纠正,源头认知与过程认知的不平衡,是“文艺学专题(术语转型)”课程建设的又一个缘由。

汉语文论的新变,不仅是拥有前理解的汉语使用者的翻译问题,更是文化互动问题。现在应该通过具体化、语境化、事件化、历史化重新唤起我们的文化记忆,将“自然而然的”“不言自明的”还原为“人为的”“建构的”文化互动过程,从而在译词的汉化与建构过程中有所发明(发现问题并把问题弄明白),并进而生成对汉语文论有所培养(培育养成)的意识。

古今文论巨大差异的形成过程与中—西—日—中的学术影响与选择模式密切相关,以“打通”为目标的中—西—日—中视域中的文艺学的透彻研究,离不开对关键词的执着与圆融,离不开概念史或历史语义学的方法。但在这种方法的使用过程中,由于缺乏原始资料的支撑,大量研究对日本因素或忽视或盲目强调。明治大正时期日本人以古汉语为前理解译介(格义)西方文论(其中一部分词汇汉语化成为现代汉语词汇),现当代中国人以现代汉语为前理解译介(格义)西方文论(即文论新变与文化互动)。古代文论范畴正在被中国人历史化、事件化与语境化;西方文论范畴正在被西方人历史化、事件化与语境化;西方文化研究和文学美学范畴以及当代本土概念也在被中国人历史化、事件化与语境化,但比较欠缺的是对西方文论范畴汉语化的日本因素的考源。

在中日近现代文艺学关系研究方面，宏观上的思潮、流派、作家之间的影响研究数量众多，成就突出，但缺少微观上对文艺学“新学语”个案正本清源的考察，更缺乏从“新学语”个案的源流考察入手，对中国文艺学的概念体系史和话语建构过程之研究。

甲午战争惨败是中国传统知识谱系巨大变革的重要节点。西学东渐从器物、制度到精神（伦理），逐步深入①，西方学科分类体系被纳入国家制度设计层面进行思考。但是，不同传统的知识谱系之间交汇、碰撞、冲突、融合、传播、接受的过程是通过具体的事件、人物、文本、语词等现实地发生的。汉语文论的剧烈新变发生在20世纪的前半期。但其演变过程则杂糅了古今中外众多的具体事件、人物、文本、语词等种种因素。概念的干巴巴是知识者的无能，而非概念本身的问题。我们的主要任务是将普遍主义概念事件化；把干巴巴的概念变成活生生的概念，恢复历史感与语境意识。

文化包括知（观念、精神），行（实践、制度），果（实在、物质）三部分。文化的生成得益于多种因素的相互影响与作用。而“新学语”的出现与定型，正是文“化”过程的凝结与浓缩。新文化是与“新学语”相始终的。但我们现在对新文化的记忆有了太多的选择、回避、遮掩、发明。所以，“新学语”的文化记忆，是在“新学语”的出现与定型过程中力求还原新文化过程的记忆。通过“新学语”来反思新文化形成过程的复杂性，我们对文学理论知识的西洋化源头倾注了大量的热情与精力，其效果如何，尚有待探讨。相对而言，我们对文学理论知识东洋化过程的认知，则要简陋粗糙得多。

① 参见陈独秀《吾人最后之觉悟》，见《陈独秀文选》，四川文艺出版社2009年版，第21～26页。

这或许与研究者的知识背景、学术经历、研究取向与外语能力有关。正如法律上追求程序正义一样，我们不仅要重视文学理论知识的西洋化源头，而且要重视文学理论知识的东洋化过程。强调知识本源在西方，而忽视知识流动途径的完整，像缺乏程序正义一样，会自设陷阱、自尝苦果。

如果我们意识到像“情感，感情，情绪，连想、联想，理想，幻想，空想，虚构，构思，思想，精神，意味，意志，意识，意识形态，形式，体裁，题材，主题，材料，小说，诗歌，戏剧，悲剧，抒情，叙事，世界，作品，反映，反应，模仿，再现，表现，天才，直观，创造，经验，体验，动机，冲动，意象，想象（想象力），表象，形象（形象性），象征，现象，抽象，典型，文体，写实，作用，欲望，消遣，游戏，发泄，解脱，价值，理性，理论，心理，人生，视觉，知觉，修辞，需要，主体，性格，个性，人格，文学，文艺，艺术，美术，审美，美学，美育，美感，批评，批判，灵感，知觉……”等关键词也许是经由东洋化而进入我们的思想与言论中或文论核心中的，就会理解重视文学理论知识的东洋化过程的原因。

其四，面对图像传播的冲击，要从理论上重新审视文学教育狭窄化问题。

中文系的文学教育以纸介质的文学文本为中心，纸介质的文学文本以小说为中心，其末流地位导致文学教育的狭窄化。要纠正文学教育的狭窄化就要从理论上重新审视“象”“文”同源的中国文学传统，超越“语言艺术”（印刷品）的误区。

其实，任何一种具体的艺境创造样式都不可能是永恒不变的，辞赋如此，骈文如此，诗歌小说也会如此；文学如此，戏曲如此，影视也许也会如此。随着人类智能的提高，艺术样式可能会改变，但万变不离其宗，无论体式上如何变异，形式上如何换形，其精神实质还在于以象兴境，还在于对人生的参与、介入、关怀和抚慰，还在于满足人类精神生命的需要。而这种满足通常并非一种理性的追求而是感性的追逐，就艺境创造而言，感性是第一位的，它是艺境存在的前提，理性是第二位的，它是艺术得以提高的底蕴，艺境所追求的是在全方位满足感性需要的基础上实现深邃的理性目的。对精神生命需要的满足，也许越真实、越方便，就越少耗费心力而越受欢迎，正是从这层意义上来说，无论是文字传播媒体，还是形象传播媒体，作为一种意境的创造方式，虽无高低贵贱之分，但有兴衰偏好之别，图像传播媒体对文学文本的冲击，是我们必须正视的现实。

洋化语境下的"语言艺术"的观念矮化了"象""文"同源的中国文学传统，是文学教育狭窄化及文学边缘化的重要理论根源。要在图像传播媒体冲击文学文本的今天，走出文学教育狭窄化及文学边缘化的困境，继续发挥文学教育对人生的参与、介入、关怀和抚慰功能，就需要重新审视"象""文"同源的中国文学传统。

与"文艺学专题(术语转型)"课程建设相关的研究主要集中在两个学科(文艺学和语言学)的两个研究领域(文论关键词研究、汉字文化圈词汇交流研究)。但是贯通两个学科两个领域，基于"新学语"及其根词的中国文论话语体系建构研究目前还没有出现。

关于文论关键词研究。关键词喻指重要的概念、术语、范畴，目前国内有关文论关键词的著述已有近五十种，就其研究内容可分为古、今、西三类：古代文论关键词研究的成果最多，自朱自清《诗言志辨》(1947)起陆续不绝；西方文论关键词研究既有西方学者论著的中译本，如韦勒克《批评的诸种概念》(1988)等，也有中国人的西方文论研究，如赵一凡等主编的《西方文论关键词》(2006)；现当代文论关键词研究有洪子诚等主编的《当代文学关键词》

(2002)、南帆主编的《二十世纪中国文学批评 99 个词》(2003)等。就其研究模式可分为四类:辞典式(如艾布拉姆斯《文学术语词典》,2009),类书式(如徐中玉主编的《中国古代文艺理论专题资料丛刊》全 8 册,1992 年起陆续出版),归纳阐释式(如蔡钟翔等主编的《中国美学范畴丛书》,2001 年起陆续有 20 本出版),概念史式(如彼得·威德森《现代西方文学观念简史》,2006)。其中,概念史式研究逐渐成为学界日益重视的模式。但是,目前对文论"新学语"及其体系的研究尚不充分,特别是涉及西—日—中的学术影响时,往往被简单化或遗漏中间一环。就中国文论话语体系建构而言,还有很多更为核心的关键词没被关注或没被充分阐发。

关于汉字文化圈词汇交流研究。与"新学语"相关的研究主要以新名词、"新漢語"、"和製漢語"、日语借词、回归词、中日同形词等名目出现。"新名词"研究始于汪荣宝、叶澜编的《新尔雅》(1903),它是入华日本新名词的一次早期集结,之后有黄人(1911)、彭文祖(1915)、柴萼(1926)、王力(1958)等人的相关研究,近年比较突出的是马西尼(Masini)的《现代汉语词汇的形成——十九世纪汉语外来词研究》(1993),研究了大量借词、译词、新词的引进与创造对于现代汉语词汇形成的影响。"新漢語"与"和製漢語"的主要研究者有十多位,其中陈力卫的『和製漢語の形成とその展開』(2001)比较突出。日语借词(或回归词、中日同形词)的研究始于胡以鲁《论译名》(1914),之后有众多中日学者参与其中,近年来沈国威(2008、2010)的研究成就比较突出。总体而言,国内外并不乏日制汉字新词的词汇列举与词典编纂,这在词汇史的意义上有开拓之功;也有几位学者(如冯天瑜、金观涛、朱京伟、周振鹤、方维规、黄兴涛、孙江等)运用概念史或历史语义学的方法对"新学语"进行研究,但是主要集中在历史、政治、哲学等学科术语方面，很少涉足文艺学领域。既没有对文艺学“新学语”总体的辨析与梳理，也没有对文艺学“新学语”接受、传播过程的调查与描述，只是一些个别语源的考查。

“文艺学专题（术语转型）”课程建设的研究意义基于两个需要。其一，文艺学课程的需要。文艺学为文学研究提供发展线索（史）、学理根据（论）、批评技术（评），是工具性知识；而其共同基础是专业话语－源代码，即文艺学术语，是工具的工具；现有文艺学课程有“文学概论”“古代文论”“西方文论”“美学”等，其专业术语的内在关联及流变过程亟待梳理。其二，文艺学知识增长的需要。文艺学源代码变化会引起整个操作系统的变化，是核心技术与核心竞争力，文艺学术语研究事关中国“文艺学”的根基（源代码）、未来、知识增长和学科学术史。

“文艺学专题（术语转型）”课程建设的主要研究内容应该包括：(1)“文艺学专题（术语转型）”课程建设的必要与可能；(2)“文艺学专题（术语转型）”课程建设的构架；(3)“文艺学专题（术语转型）”课程的教学方式；(4)“文艺学专题（术语转型）”课程的研讨方式与考核方式；(5)“文艺学专题（术语转型）”课程参考书目的布置与要求；(6)文艺学新变何以形成的研讨资料与研讨要求；(7)“新漢語”与文艺学新变的研讨资料与研讨要求；(8)“新学语”与文艺学新变的研讨资料与研讨要求；(9)文艺学“新学语”概念史举例的研讨资料与研讨要求。

“文艺学专题（术语转型）”课程建设的研究目标在于：通过对文艺学术语（新学语、关键词、新概念）产生与发展的原始资料之考查，运用文艺学、历史语义学、比较诗学、传播学、思想文化史的理论与方法，建立文艺学关键学术术语（新学语）—承载新术语的书籍—书籍的作者—作者的社会语境—语境的历史文化渊源之间的联系(出经入史),探讨文艺学关键学术术语(新学语)的生成与传播的内在机制,介入知识界的思想与精神研究,使选课学生省时省力地进入文艺学术语(新学语、关键词、新概念)研究的前沿,培养学生理解与研究文艺学术语(新学语、关键词、新概念)及文化基本概念与观念的能力,为中国文化建设提供观念、概念、语源和资料的支持。

"文艺学专题(术语转型)"课程建设拟解决的关键问题可从三个方面进行。其一知识,进入中国文论学术话语(概念)共同体,对文艺学术语的词化、固化、异化、汉化过程有深入理解。其二技能,辨别学术共同体同行话语(概念)运用的谱系与问题。其三态度,为中国文化建设提供观念、概念、语源和资料的支持,增强担当意识,运用中国文论学术共同体的话语(概念)对社会说话,对文本的深度说话。

"文艺学专题(术语转型)"课程建设的基本方法有四点需要特别提出:(1)用汉语史、日本国语史、中外文化交流研究、现代汉语词汇研究、中国古代和现当代文论、日本文论、西方文论、关键词研究等多学科的知识与资料对文论"新学语"进行辨析、量化;(2)在近现代学术史、学科史和教材史视野内对文论"新学语"的接受与传播进行描述。(3)运用概念史及历史语义学的方法对中国文论"新学语"根词系列原生—继生—新生路径进行考察与拓展;(4)用文艺学、比较诗学的理论与方法对文论"新学语"根词系列的异质性与普适性进行辨析与探索,探索宏观研究与微观研究接通的途径。

"文艺学专题(术语转型)"课程建设的创新点在于:深入文艺学术语的词化、固化、异化、汉化过程。以点带面,立足语源及历史语义,涉及中—西—日—俄—中之间的文化交流景观。通过对文艺学术语（新学语、关键词、新概念）产生与发展的原始资料之考查，探讨文艺学关键学术术语（新学语）的生成与传播的内在机制，进入本专业的话语共同体，介入知识界的思想与精神研究（因为文艺学术语是思想与精神研究术语的一部分）。

当前，人文社会学科的话语体系重建问题已经成为最大的学术热点，而人文社会学科的话语体系重建的难点在于如何既贯通本土的固有传统，又可以关联到洋化（西洋学从东洋来）的新传统，从而缩短文论双重传统的间距，缓解文论民族性与现代性的紧张，将话语系统建构从宏观指导落实到具体关键词和具体命题。解决这个难点绕不过中国文论概念大换班是如何发生的问题，因此“文艺学专题（术语转型）”课程建设深入文艺学术语的词化、固化、异化、汉化过程，有助于解决文艺学教学改革中的重点、热点、难点等问题，对推进高等教育教学改革有较大作用。

略论谢灵运诗歌的对偶

赵海岭

谢灵运是中国文学史上最伟大的诗人之一，是山水诗的开创者和大量写作的实践者。他的诗歌创作，在其当世即已备受世人瞩目、推崇。谢灵运“每有一诗至都邑，贵贱莫不竞写，宿昔之间，士庶皆遍，远近钦慕，名动京师”（《宋书·谢灵运传》），充分说明了谢灵运诗歌在当时的广泛影响和巨大魅力。后人也对谢灵运的山水诗创作给予高度评价，钟嵘在《诗品》中说，“谢客为元嘉之雄”，清人王士禛云，“迨元嘉间，谢康乐出，始并为刻画山水之词，务穷幽极渺，抉山谷水泉之情状，昔人所云‘庄老告退，而山水方滋’者也。宋、齐以下，率以康乐为宗”（《带经堂诗话》）。所以，人们对谢灵运山水诗的开创之功有比较一致的认识。

谢灵运不仅在题材上对山水诗有开创之功，在语言形式上也颇有建树和贡献。论者大多以为，谢诗在语言形式上的一个突出特点就是对偶。明代诗论家许学夷在《诗源辩体》中说：“至谢灵运诸公……其体尽俳偶，语尽雕刻……” 明代胡应麟《诗薮》曰：“康乐骈俪已极。”明代王世贞《艺苑卮言》：“谢氏俳之始也，陈及初唐俳之盛也，盛唐俳之极也。” 明人陆时雍《诗镜总论》云：“康乐神工巧铸，不知有对偶之烦。”清代文学家赵翼《瓯北诗话》：“自谢灵运辈始以对属为工，已为律诗开端。”沈德潜《说诗晬语》：“陶诗胜人在不排，谢诗胜人正在排。”以上论者都指出了谢灵运诗歌善于使用对偶排偶的特点。南宋的严羽在《沧浪诗话·诗评》中也说：“建安之作，全在气象，不可寻枝摘叶。灵运之诗，已是彻首尾成对句矣，是以不及建安也。”虽然对谢诗做出在气象上不如建安七子之作的评价，但也从侧面指出了谢诗善用对偶的特点。

因此，研究谢灵运诗歌对偶的特点和贡献，显得很有必要。

一

谢灵运的诗歌，不仅大量地、自觉地使用对偶，而且扩大了对偶的表现领域和表现功能。这不仅表现在奠定其文学史地位的山水诗中，也表现于其他体式的诗歌中。

首先，从数量上看，使用对偶并不是谢灵运的独创，但是大量地、自觉地、有意识地使用对偶，谢灵运是文学史上的第一人。先以五言乐府诗为例，有研究者做过统计，顾绍柏的《谢灵运集校注》中收谢灵运乐府诗 10 篇，对偶句在整首诗中所占比例达到或超过 1/2 的有 7 篇，比例高达 70%，其中《苦寒行》更是全篇对偶；没有对偶句的只有 2 篇。而在谢灵运之前，被公认在对偶句的使用上有较大贡献的曹植，其 23 篇五言乐府中，对偶句占全诗比例在 1/4 及以上的有 7 篇，低于 1/4 的有 10 篇，还有 6 首通篇没有对偶。[①] 由此可以看出，在五言乐府诗中，谢诗对偶句的数量、比例远远超过曹植诗歌。次以山水诗为例，谢灵运山水诗对偶句的一个重要特征便是其数量上的大量增加。根据比较粗略的统计，现存 38 首

① 参见景浩《曹植、谢灵运诗歌对偶比较研究》，载《山西煤炭管理干部学院学报》2014 年第 4 期。

谢灵运山水诗中，比较明显涉及景色描写的对偶句有近百组，可以说是空前的，就单篇来说，谢灵运使用对偶句的数量也是前无古人。如《从游京口北固应诏诗》全诗11联，有9联用了对偶，《晚出西射堂》全诗8联，6联用了对偶。而《登池上楼》对偶句的使用更是令人咋舌，全诗22句，除"衾枕昧节候，褰开暂窥临"两句，其余20句都是对偶句。萧统《文选》收录谢灵运山水诗共计24首，几乎每一首都有对偶句。所以，谢灵运山水诗，尤其是描写景物的部分，几乎到了无对不发的程度。① 由此可见，在谢灵运的山水诗中，对偶句的使用在数量上也是大大超过了前人。

其次，谢灵运的诗歌大大扩展了对偶的表现范围和功能，使得对偶句不仅可以描摹山水景物，还可以叙事、纪行、抒情、说理、阐发议论，几乎无所不能。

谢灵运用对偶句对山水景物进行了多角度、多侧面、细致入微的刻画描摹，这样的例子俯拾皆是、不胜枚举，可以随手拈来。"池塘生春草，园柳变鸣禽"（《登池上楼》），"莓莓兰渚急，藐藐苔岭高。石室冠林陬，飞泉发山椒"（《石室山》），"白花皓阳林，紫虈晔春流"（《郡东山望溟海》），"千圻邈不同，万岭状皆异"（《游岭门山》），"涧委水屡迷，林迥岩逾密。眷西谓初月，顾东疑落日"（《登永嘉绿嶂山》），"连障叠巘崿，青翠杳深沉。晓霜枫叶丹，夕曛岚气阴"（《晚出西射堂》），"溯流触惊急，临圻阻参错"（《富春渚》），"林壑敛暝色，云霞收夕霏。芰荷迭映蔚，蒲稗相因依"（《石壁精舍还湖中作》），"岩峭岭稠叠，洲萦渚连绵。白云抱幽石，绿筱媚清涟"（《过始宁墅》），"初篁苞绿箨，新蒲含紫茸。海鸥戏春岸，天鸥

① 参见林静《谢灵运山水诗对句艺术探微》，载《北京大学学报(哲学社会科学版)》2011年第1期。

弄和风”(《于南山往北山经湖中瞻眺》)……这里有高山大川，也有翠岭洲渚；有层峦叠嶂、急流飞瀑，也有潺湲溪水、茂林青丘；有初春的新蒲、嫩柳，也有深秋的霜叶、苍松；有朝阳云霓，也有暝色夕霏；有绿竹紫茸，也有白云碧水。谢灵运使用对偶句，全方位地、淋漓尽致地描绘了自然山水、自然风物在不同季节、一天中的不同时间、不同视角下的光影、色彩和不同情态。正如钟嵘在《诗品》中所指出的，谢灵运“兴多才高，寓目辄书，内无乏思，外无遗物”，至为“繁富”。

谢诗还用对偶来叙事、纪行，这样的例子也有很多。“宵济渔浦潭，旦及富春郭。定山缅云雾，赤亭无淹薄”(《富春渚》)叙述了诗人夜晚渡过渔浦江，早晨到达富春城，经过云雾缥缈的定山，路过赤亭，没有做停留的行止。“徇禄反穷海，卧疴对空林”(《登池上楼》)叙述了诗人为了谋生而回到边远的海乡永嘉，却卧病在床只能长久地面对空旷的山林的际遇。“江南倦历览，江北旷周旋”(《登江中孤屿》)为非常平实的叙述，江南因为游览了多次感到厌倦，而江北已经许久没有去转转逛逛了。“策马步兰皋，绁控息椒丘。采蕙遵大薄，搴若履长洲”(《郡东山望溟海》)，“随山逾千里，浮溪将十夕”(《夜发石关亭》)，“裹粮杖轻策，怀迟上幽室。行源径转远，距陆情未毕”(《登永嘉绿嶂山》)等，记叙了诗人的游览行迹、旅途所见。

谢灵运还善于用对偶进行议论、抒情，“虚泛径千载，峥嵘非一朝”(《石室山》)在描绘了石室山秀美的山水景色后，发出了这样的感慨；“欢愿既无并，戚虑庶有协……摘芳芳靡谖，愉乐乐不燮”(《登上戍石鼓山》)，前两句直抒胸臆，后两句借物抒情，抒发了摘萱草忘忧、借乐曲愉悦而皆不得的排遣忧愁郁闷，与开头的“旅人心长久，悠悠自相接”相呼应。“萱苏始无慰，寂寞终可求”(《郡东山望溟海》)，“节往戚不浅，感来念已深。羁雌恋旧侣，迷鸟怀故林”(《晚出西射堂》)，“含情易为盈，遇物难可歇。积疴谢生虑，寡欲罕所阙”(《邻里相送至方山》)，“孤客伤逝湍，徒旅苦奔峭”(《七里濑》)，“抚镜华缁鬓，揽带缓促衿”(《晚出西射堂》)等，也都抒发了诗人忧闷无欢的心情。

而在很多诗歌里，谢灵运用对偶的形式，将叙事或纪行、写景、议论、抒情融合在一篇之中。最典型的例子是《登池上楼》，这首诗几乎全诗对偶，除了“衾枕昧节候，褰开暂窥临”，其余皆是对偶句，这些对偶句有机地融合了叙事、写景、议论和抒情。前六句为“潜虬媚幽姿，飞鸿响远音。薄霄愧云浮，栖川怍渊沉。进德智所拙，退耕力不任。”第一、二句，既是比兴，又是写景，在描绘了“潜虬”和“飞鸿”自由遨游的灵动画面之后，对比之下，后四句抒发了诗人自己“进德”不成、“退耕”不胜的羞惭愧怍。“徇禄反穷海，卧疴对空林。衾枕昧节候，褰开暂窥临”四句，是叙事和纪行，前二句对偶，后二句不对偶，叙述了自己为了谋生而不得不追寻俸禄，来到了偏远的永嘉，忧闷之下卧病不起，缠绵榻上的始末。“倾耳聆波澜，举目眺岖嵚。初景革绪风，新阳改故阴。池塘生春草，园柳变鸣禽”六句，作者用清丽的文辞，从视、听的不同感官，从俯、仰的不同视角，从远、近的不同距离，描绘了一幅生机盎然的春之图卷，字里行间抒发了诗人的欣喜之情，“池塘生春草”二句，更是成为千古传诵的名句，写景、抒情，水乳交融。“祁祁伤豳歌，萋萋感楚吟。索居易永久，离群难处心。持操岂独古，无闷征在今。”最后六句把议论、说理和抒情交织在一起，从“祁祁”的繁盛春景联想到了悲伤的豳风，先说缠绵病榻离群索居，心情难以安定，而后又用“持操”“无闷”自慰。纵观全诗，叙述、描景、抒情、议论、说理，谢灵运赋予了对偶无所不能的表达功能，这是前所未有的。除《登池上楼》，《晚出西射堂》《郡东山望溟海》《登上戍石鼓山》等诗也是如此。

二

从语言形式的层面进行考察,谢灵运诗歌的对偶也很有特色,对诗歌体式和对偶的发展,做出了重要贡献。

谢诗的对偶,不仅继承、熔铸了前人的对偶形式,而且自出心裁地发展了对偶的形式。我们主要从节奏和句法结构方面加以探析:从节奏来看,谢诗的对偶主要有“二一二”和“二二一”两种形式;从句法结构来看,更是灵活多样,富于变化。

(一)“二一二”节奏

在谢灵运之前,这种“二一二”的节奏就已经存在,比较集中地表现于建安诗人的作品中。它的典型形式是“二一二”的节奏和主谓宾的句法结构,这实际上是诗人将对偶用于诗歌的早期探索,手法不太纯熟,因而结构还显得比较单调。例如,曹植备受后人称道的对偶佳句“秋兰被长坂,朱华冒绿池。潜鱼跃清波,好鸟鸣高枝”(《公宴》),就是典型的这种结构,从节奏上每一句可以分为三节,第一节是主语,中间一节是一个动词,是谓语,后一节是宾语。这样的例子比比皆是,建安诗人诗歌中的对偶句基本是这种形式,如“阊阖启丹扉,双阙曜朱光”(曹植《五游咏》),“南阳栖双鹄,北柳有鸣鸠”(曹植《芙蓉池诗》),“灵液飞素波,兰桂上参天。玄豹游其下,翔鹍戏其巅”(曹植《升天行》)等。谢灵运很好地继承了这种结构,并且使之更加丰富、更加多样化。

1. 主谓宾结构

例如“池塘生春草,园柳变鸣禽”,这是最经典的形式,是对前人成果的继承，这种结构在谢诗中仍然大量地出现。又如“潜虬媚幽姿，飞鸿响远音……初景革绪风，新阳改故阴……索居易永久，离群难处心”(《登池上楼》)，“白花皓阳林，紫虈晔春流”(《郡东山望溟海》)，“石室冠林陬，飞泉发山椒”(《石室山》)，“林壑敛暝色，云霞收夕霏”(《石壁精舍还湖中作》)，“近涧涓密石，远山映疏木”(《过白岸亭》)，“秋泉鸣北涧，哀猿响南峦”(《登临海峤初发疆中作与从弟惠连可见羊何共和之》)等。但是谢灵运又有自己的创造，一般来说，前人的诗句中，谓词通常是动词，而谢诗中，谓词不单单局限于动词，而是更加多样，“媚”“皓”“易”“难”等是形容词，“晔”“涓”等是名词活用作动词。

2. 变化的主谓宾结构

比如“泽兰渐被径，芙蓉始发池”“持操岂独古，无闷征在今”，仍然是主谓宾，但是单一的动词被动词短语取代，在动词前加上了副词或动词，如前引诗句中的副词“渐”“岂”“征”和动词“始”；与之相应，宾语也从双音节变成了单音节。

3. 主谓结构

例如“云日相辉映，空水共澄鲜”(《登江中孤屿》)，“江山共开旷，云日相照媚”(《初往新安至桐庐口》)。在这种结构中，没有了宾语，谓词也从单音节变成了双音节的“辉映”“澄鲜”“开旷”“照媚”。谓词的构成也更复杂，或是双音节动词，或是双音节形容词，或是一个单音节动词加一个单音节形容词。此外，全句在谓词前又添加了别的成分，或副词，或动词，如“相”“共”。

4. 主谓谓语句

例如“岩下云方合，花上露犹泫”(《从斤竹涧越岭溪行》)，“千圻邈不同，万岭状皆异”(《游岭门山》)。这些对偶句都是主谓谓语句，分别用一个主谓短语“云方合”“露犹泫”“邈不同”“状皆异”，描绘大主语“岩下”“花上”“千圻”“万岭”的姿态和情状。并且在主谓短语中，也已不限于使用单个的动词，而是用一个副词来修饰动词或形容词，如“方合”“犹泫”“不同”“皆异”，相较于使用单个动词，这样的搭配更加灵活，更加丰富，增加了语言的表现力。

5. 两个主谓结构并列

这样的例子很多，如“石浅水潺湲，日落山照曜”（《七里濑》），“日没涧增波，云生岭逾叠”（《登上戍石鼓山》），“崖倾光难留，林深响易奔”（《石门新营所住》），“石横水分流，林密蹊绝踪”（《于南山往北山经湖中瞻眺》），“涧委水屡迷，林迥岩逾密”（《登永嘉绿嶂山》），“岩峭岭稠叠，洲萦渚连绵”（《过始宁墅》）。以第一组诗句为例，“石浅水潺湲，日落山照曜”，每一个分句都是两个主谓结构，“石浅”“水潺湲”，“日落”“山照曜”，节奏上还是“二一二”。

6. 动宾＋主谓

例如“行源径转远，距陆情未毕”（《登永嘉绿嶂山》），“行源”“距陆”是动宾结构，“径转远”“情未毕”是主谓结构。又比如“出谷日尚早，入舟阳已微”（《石壁精舍还湖中作》），也是如此。

7. 两组动宾结构

例如“薄霄愧云浮，栖川怍渊沉……徇禄反穷海，卧疴对空林……倾耳聆波澜，举目眺岖嵚”（《登池上楼》），“策马步兰皋，绁控息椒丘。采蕙遵大薄，搴若履长洲”（《登东山望溟海》），“憩石挹飞泉，攀林搴落英”（《初去郡》）。这些诗句都是由两组动宾短语构成每一个分句，比如最后一组“憩石”“挹飞泉”，这是两个动宾短语，“攀林”“搴落英”也是两个动宾短语。

（二）“二二一”节奏

这种节奏的对偶形式在前代诗歌中比较少见，也比较简单，但在谢灵运诗歌中已经有了比较灵活的运用，结构上也比较多样化。

1. 主谓短语

例如“野旷沙岸净，天高秋月明”（《初去郡》），“春晚绿野秀，岩高白云屯”（《入彭蠡湖口》）都是一句中两个意象并列，句法上两个主谓短语并列。“晓霜枫叶丹，夕曛岚气阴”中的“霜”“曛”都是名词活用作动词，同样构成了两个主谓短语。再如“州流涓浍合，连统塍埒并”也基本是主谓短语并列。

2. 动宾结构

例如“即是羲唐化，获我击壤情”（《初去郡》），“不怨秋夕长，常苦夏日短”（《道路忆山中》）。

3. 谓语提前

例如“依稀采菱歌，仿佛含颦容”（《行田登海口盘屿山》），把谓词“依稀”“仿佛”提到了前面。类似的还有“挥霍梦幻顷，飘忽风电起”（《石壁立招提精舍》），“隐轸邑里密，缅邈江海辽”（《入东道路》）等，是把部分谓词提前。

4. 特殊的句式

比如含有“俯仰”“早晚”“宵旦”等词的诗句，也是采用“二二一”的节奏，“俯视乔木杪，仰聆大壑淙”（《于南山往北山经湖中瞻眺》），“俯濯石下潭，仰看条上猿。早闻夕飙急，晚见朝日暾”（《石门新营所住》），“宵济渔浦潭，旦及富春郭”（《富春渚》）。

总之，在文体演进的进程中，在对偶发展的历程中，谢灵运诗歌的贡献是一个不可忽视、不能逾越的重要节点，对新体诗的形成起着积极的促进作用。

魏晋南北朝时期山水诗的诗体演变

——以意象发展为例

孙　兰

魏晋南北朝是中国古代山水诗诗体发展的重要时期。作为中国古代山水诗的发轫期，本时期山水诗从先秦“比德”山水到自然审美，经历了一段长时期的发展与演变。本文试就山水诗的诗体发展进程进行梳理，以期探究山水诗从肇端到成熟的渐进历程。而意象在先秦两汉乃至魏晋时期虽然是作为一个哲学命题被探讨，但诗人敏锐地抓住了其作为文学要素的一面，在诗歌中淋漓尽致地进行了发挥。意象是诗歌浓缩的文化内核，对于我们探究诗歌的思想内涵有着极大的帮助。本文拟从意象切入，探究魏晋南北朝山水诗的诗体发展。

一、侍宴应制、文人集会山水诗

曹操的《步出夏门行》之《观沧海》①诗历来被认为是山水诗的开山之作。它以沧海、山岛、树木、秋风、洪波、日月等自然审美意

① 逯钦立：《先秦汉魏晋南北朝诗》，中华书局 1983 年版，第 353 页。（本文引用魏晋南北朝诗均据此书，不再一一注明）

象，让我们感受到了文学独立审美的情感而非先秦两汉的诗教观。可惜以乐府摹写山水这一形式未被时人进一步发扬，但公宴、应制山水诗意象对此有所发挥：

月出照园中，珍木郁苍苍。清川过石渠，流波为鱼防。芙蓉散其华，菡萏溢金塘。灵鸟宿水裔，仁兽游飞梁。华馆寄流波，豁达来风凉。生平未始闻，歌之安能详。投翰长叹息，绮丽不可忘。（刘桢《公讌诗》）

乘辇夜行游，逍遥步西园。双渠相溉灌，嘉木绕通川。卑枝拂羽盖，修条摩苍天。惊风扶轮毂，飞鸟翔我前。丹霞夹明月，华星出云间。上天垂光彩，五色一何鲜。寿命非松乔，谁能得神仙。遨游快心意，保己终百年。（曹丕《芙蓉池作诗》）

公子敬爱客，终宴不知疲。清夜游西园，飞盖相追随。明月澄清影，列宿正参差。秋兰被长坂，朱华冒绿池。潜鱼跃清波，好鸟鸣高枝。神飙接丹毂，轻辇随风移。飘摇放志意，千秋长若斯。（曹植《公讌诗》）

于皇我后，钦若昊乾。顺时省物，言观中园。讌及群辟，乃命乃延。合乐华池，祓濯清川。泛彼龙舟，溯游洪源。（张华《太康六年三月三日后园会诗四章》其二）

应该说，侍宴诗在这一时期对山水诗的发展起到了一定的推动作用。其中的“清川”“菡萏”“秋兰”“朱华”“潜鱼”“龙舟”等意象描写，较为生动地展示出公宴聚会的自然风景。但大部分此类诗作还是流露出传统的美颂色彩或者玄理之思，而且侍宴应制诗这一诗体本身就是温柔敦厚诗教观的呈现。在从四言诗向五言诗发展的阶段，此类山水诗意象显露出了难能可贵的文学独立审美追寻。

而且，在此基础上催生了魏晋南北朝上巳诗的发展。早期应制上巳诗到兰亭集会诗，和侍宴应制山水诗有着密切的关联。因此以《兰亭集》为代表的文人集会山水诗值得关注。文人雅士集会极大地推助了山水诗创作。如：

朝发晋京阳，夕次金谷湄。回谿萦曲阻，峻阪路威夷。绿池泛淡淡，青柳何依依。滥泉龙鳞澜，激波连珠挥。前庭树沙棠，后园植乌椑。灵囿繁石榴，茂林列芳梨。饮至临华沼，迁坐登隆坻。玄醴染朱颜，但愬杯行迟。扬桴抚灵鼓，箫管清且悲。春荣谁不慕，岁寒良独希。投分寄石友，白首同所归。（潘岳《金谷集作诗》）

流风拂枉渚，停云荫九皋。莺语吟修竹，游鳞戏澜涛。携笔落云藻，微言剖纤毫。时珍岂不甘，忘味在闻韶。（孙绰《兰亭诗二首》其二）

司冥卷阴旗，句芒舒阳旌。灵液被九区，光风扇鲜荣。碧林辉英翠，红葩擢新茎。翔禽抚翰游，腾鳞跃清泠。（谢万《兰亭诗二首》其二）

金谷和兰亭集会是文人集会的典型。较之侍宴诗的美颂倾向，此类诗作对自然山水的描写更为生动，泉水、修竹、箫管等雅致意象增色颇多。诗人在大自然中触景生情，诗歌意象比较丰富。但毕竟有时限于私人领地或者聚会显才，难免有附庸风雅之嫌。而且由于这一时期人们对《诗经》、乐府诗的学习与继承，比兴寄托痕迹明显。

但是，在“文学自觉”的文化氛围中，时人对山水之娱还是有了自己的感悟。像石崇在《思归引》中就表达了他对山水审美的认识。序言曰:“余少有大志,夸迈流俗……晚节更乐放逸,笃好林薮,遂肥遁于河阳别业。其制宅也,却阻长堤。前临清渠,柏木几于万株,江水周于舍下。有观阁池沼,多养鱼鸟。家素习技,颇有秦赵之声。出则以游目弋钓为事,入则有琴书之娱。又好服食咽气,志在不朽,傲然有凌云之操……恨时无知音者,令造新声而播于丝竹也。”其诗曰:

思归引,归河阳。假余翼鸿鹤高飞翔。经芒阜,济河梁,望我旧馆心悦康。清渠激,鱼彷徨,雁惊溯波群相将。终日周览乐无方。登云阁,列姬姜。拊丝竹,叩宫商。宴华池,酌玉觞。

石崇对山水标榜享乐,但好服食咽气,这某种程度上降低了他的审美品位,但客观上为其他文人提供了一定的审美借鉴。兰亭集会也是一次难得的山水吟咏良机,其中的山水诗意象有许多清新自然之处,但不可否认的是,大部分诗歌还是有美颂的痕迹。至陶渊明,愉悦山水自然的审美思想有了一定的提升,如《游斜川诗》序言:

辛酉正月五日,天气澄和,风物闲美。与二三邻曲,同游斜川。临长流,望曾城。鲂鲤跃鳞于将夕,水鸥乘和以翻飞。彼南阜者,名实旧矣。不复乃为嗟叹。若夫曾城,傍无依接,独秀中皋,遥想灵山,有爱嘉名,欣对不足。率共赋诗。悲日月之遂往,悼吾年之不留。各疏年纪乡里,以记其时日。

虽然诗中仅有“弱湍驰文鲂,闲谷矫鸣鸥。迥泽散游目,缅然睇曾丘"等少量山水吟咏,但序给了我们更多诗人自然审美的感触。陶渊明的愉悦自然审美在中国诗歌史上有着重要意义,但他的诗作毕竟是以田园题材为主,涉及山水相对较少,但诗人在田园诗中触发的文学愉悦功能无疑暗含着山水诗人潜在的审美特质。

南朝奉和、应制等山水诗创作在魏晋基础上进一步发展起来,数量很多,如任昉《奉和登景阳山诗》,沈约《侍游方山应诏诗》,梁昭明太子萧统《和武帝游钟山大爱敬寺诗》,陆罩《奉和往虎窟山寺诗》等,梁简文帝萧纲有《三日侍皇太子曲水宴诗》《九日侍皇太子乐游苑诗》《上巳侍宴林光殿曲水诗》,庾肩吾有《三日侍兰亭曲水宴诗》《奉和泛舟汉水往万山应教诗》《山池应令诗》《赋得山诗》《暮游山水应令赋得碛字诗》,鲍至有《山池应令诗》《奉和往虎窟山寺诗》,王台卿有《奉和往虎窟山寺诗》《奉和泛江诗》《山池应令诗》,还有孔焘《往虎窟山寺诗》和王冏《奉和往虎窟山寺诗》等。本时期此类诗作山水意象较魏晋更为成熟,景物描写也更生动,如:

> 上巳娱春禊,芳辰喜月离。北宫命箫鼓,南馆列旌麾。绣柱擎飞阁,雕轩傍曲池。醉鱼沉远岫,浮枣漾清漪。落花悬度影,飞丝不碍枝。树动丹楼出,山斜翠磴危。礼周羽爵遍,乐阕光阴移。(江总《三日侍宴宣猷堂曲水诗》)

较魏晋此类意象,上述描写少了些比兴寄托,多了些真正山水的审美。随着南朝山水诗创作的成熟,应制山水诗意象有了更大程度的发挥,特别是由集会引发的赋得、同咏等山水诗,艺术上的较量来得更明显,因而山水诗审美意象也得到了发展。刘勰《文心雕龙·明诗》篇所言"情必极貌以写物,辞必穷力而追新"的社会时尚客观上也推进了山水诗意象的发展。

二、骚体山水诗

除了侍宴应制、文人集会山水诗，骚体山水诗也是这一时期山水诗发展过程中的重要诗体形式。和侍宴应制的官方聚会与文人集会的以友辅仁不同，骚体诗从内容方面来讲多是承袭楚辞的自我抒怀，也偶有朋僚之间的酬和。如：

> 縻芜纷兮被皋陆，修竹郁兮翳崖趾。望江之南兮遨目桂林，桂林蓊郁兮鹍鸡扬音。凌波兮愿济，舟楫不具兮江水深。沉嗟回眄于北夏，何归轸之难寻。（夏侯湛《江上泛歌》）

> 登城隅兮临长江，极望无涯兮思填胸。鱼瀺灂兮鸟缤翻，泽雉游凫兮戏中园。秋风厉兮鸿雁征，蟋蟀嘈嘈兮晨夜鸣。落叶飘兮枯枝竦，百草零落兮覆畦垄。时光逝兮年易尽，感彼岁暮兮怅自悯。廓羁旅兮滞野都，愿御北风兮忽归徂。惟金石兮幽且清，林郁茂兮芳卉盈。玄泉流兮萦丘阜，阁馆萧寥兮荫丛柳。吹长笛兮弹五弦，高歌凌云兮乐余年。舒篇卷兮与圣谈，释冕投绂兮希彭聃。超逍遥兮绝尘埃，福亦不至兮祸不来。（石崇《思归叹》）

> 辞衡门兮至欢，怀生离兮苦辛。岂羁旅兮一慨，亦代谢兮感人。四运兮遒尽，化新兮岁故。氛惨惨兮凝晨，风凄凄兮薄暮。雨雪兮交纷，重云兮四布。天地兮一色，六合兮同素。山木兮摧披，津壑兮凝沍。感羁旅兮苦心，怀桑梓兮增慕。胡马兮恋北，越鸟兮依阳。彼禽兽兮尚然，况君子兮去故乡。望归涂兮漫漫，眄江流兮洋洋。思涉路兮莫由，欲越津兮无梁。

（湛方生《怀归谣》）

魏晋时期的骚体诗形式上以“兮”字联结语句，内容上沿袭楚辞回环往复的羁旅情怀或者慨叹年华易逝的思归之意，对山水自然的描摹较为丰富，这和楚辞的美人迟暮意象是相通的。本时期一些香草意象的运用倒不是太多，这也许缘于时人对玄学义理的探寻。香草意象的洁身自好让位于玄远之思或者放浪形骸。

“香草”在中国传统文学中一直作为一种独特的象征品质出现。虽然它最早仅仅是一种草，但因其“香”之气息，便被赋予了更多的人文色彩。像“兰”“菊”“杜若”“蕙”“蘼芜”“芸香”等皆为此类。它们在《楚辞》中第一次被大量运用：

纷吾既有此内美兮，又重之以修能。扈江离与辟芷兮，纫秋兰以为佩……余既滋兰之九畹兮，又树蕙之百亩。畦留夷与揭车兮，杂杜衡与芳芷……朝饮木兰之坠露兮，夕餐秋菊之落英。（屈原《离骚》）①

这些意象象征着诗人的高洁品质，逐渐定型。甚至有专门的诗作如郦炎《诗二首》其二、傅玄《秋兰篇》、繁钦《咏蕙诗》等描写香草。魏晋骚体诗沿袭楚辞在山水间抒发个体情怀的传统，南朝骚体山水诗则有更多的香草意象，看江淹的诗作：

枫岫兮筠岭，兰畹兮芝田。紫蒲兮光水，红荷兮艳泉。

---

① 汤炳正、李大明、李诚、熊良智：《楚辞今注》，上海古籍出版社1996年版，第2~8页。

(《爱远山》)

山棂静兮悲凝凉,涧轩掩兮酒涵霜。曾风激兮绿蘋断,积石闭兮紫苔伤。芝原寂少色,筠庭黯无光。沐予冠于极浦,驰予佩兮江阳。吊秋冬之已暮,忧与忧兮不忘。使杜蘅可剪而弃,夫何贵于芬芳。(《应谢主簿骚体》)

含秋一顾,眇然山中。檀栾循□,便娟来风。木瑟瑟兮气芬蒀,石戋戋兮水成文。擿江崖之素草,窥海岫之青云。愿芙蓉兮未晦,遵江波兮待君。(《刘仆射东山集学骚》)

这里的香草意象从诗体和内涵上都承袭了楚辞。骚体之外的山水诗也大量运用"香草"意象,暗示了诗人对自身人格高洁之质的标榜,这使得山水诗多了一层清新雅致的气息:

回阡被陵阙,高台眺飞霞。惠风荡繁囿,白云屯曾阿。景昃鸣禽集,水木湛清华。褰裳顺兰沚,徙倚引芳柯。(谢混《游西池诗》)

阶上晓露洁,林下夕风清。蔓藻嫚绿叶,芳兰媚紫茎。(刘义隆《登景阳楼诗》)

采蕙遵大薄,搴若履长洲。白花皓阳林,紫虈晔春流。(谢灵运《郡东山望溟海诗》)

泛荷分兰棹,沉槎触桂舟。(张正见《后湖泛舟诗》)

这些香草意象和楚辞一脉相承,美人迟暮以及思归等山水诗意象的出现也成为必然:

美人愆岁月,迟暮独如何。(谢瞻《游西池诗》)

水流本三派，台高乃四临。上有离群客，客有慕归心。落晖映长浦，焕景烛中浔。云生岭乍黑，日下溪半阴。信美非吾土，何事不抽簪。（沈约《登玄畅楼诗》）

回首望归途，山川邈离异。落日悬秋浦，归鸟飞相次。感物伤我情，惆怅怀亲懿。（刘显《发新林浦赠同省诗》）

这些山水诗中的意象多和思归联系，其实是暮色意象的一种延伸。“暮色”本是古代迎亲嫁娶时辰，后人多用此意象寄托相思，从《诗经》中的《王风·君子于役》到《楚辞》和《古诗十九首》，则发展为美人迟暮的迁逝之悲。魏晋南北朝时也沿用了这一意象。大小谢山水诗就渲染了这一主题：

出谷日尚早，入舟阳已微。林壑敛暝色，云霞收夕霏。（谢灵运《石壁精舍还湖中作诗》）

余霞散成绮，澄江静如练。喧鸟覆春洲，杂英满芳甸。（谢朓《晚登三山还望京邑诗》）

在这些耳熟能详的名句中，诗人更多地以“暮”作为客观审美对象，把山水诗放在“夕阳”时间段来描摹。兴膳宏谈到这点时，认为“他（谢朓）肯定在被朱红的夕阳所染的自然中发现了美的存在”，而且认为“落日的景色和作者隐栖之愿的融合是必然的”。[①] 因而“暮色”和“思归”意象有时是统一的，暗含着和“香草”意象贯通的某种士人情结。

① ［日］兴膳宏：《六朝文学论稿》，岳麓书社1986年版，第90、92页。

三、佛道及寺庙山水诗

魏晋南北朝时期僧人道人吟咏山水以及描写寺庙山水诗意象也很普遍。如：

崇岩吐清气，幽岫栖神迹。希声奏群籁，响出山溜滴……妙同趣自均，一悟超三益。（释慧远《庐山东林杂诗》）

超游罕神遇，妙善自玄同。彻彼虚明域，暧然尘有封。众阜平寥廓，一岫独凌空。霄景凭岩落，清气与时雍。有标造神极，有客越其峰。长河濯茂楚，险雨列秋松。危步临绝冥，灵壑映万重。风泉调远气，遥响多喈噰。遐丽既悠然，余盼觌九江。事属天人界，常闻清吹空。（王乔之《奉和慧远游庐山诗》）

虽林壑幽邃，而开涂竞进。虽乘危履石，并以所悦为安。既至则援木寻葛，历险穷崖，猿臂相引，仅乃造极。于是拥胜倚岩，详观其下，始知七岭之美蕴奇于此。双阙对峙其前，重岩映带其后，峦阜周回以为障，崇严四营而开宇。其中则有石台石池，宫馆之象，触类之形，致可乐也。清泉分流而合注，渌渊镜净于天池，文石发彩，焕若披面，柽松芳草，蔚然光目。其为神丽，亦已备矣……感良辰之难再，情发于中，遂共咏之云尔。

超兴非有本，理感兴自生。忽闻石门游，奇唱发幽情。褰裳思云驾，望崖想曾城。驰步乘长岩，不觉质有轻。矫首登灵阙，眇若凌太清。端坐运虚论，转彼玄中经。神仙同物化，未若两俱冥。（庐山诸道人《游石门诗并序》）

释慧远和王乔之的诗多有释道之义,《游石门》诗歌内容不及诗序中的山水描写,这都说明了僧人道人吟咏山水的不足。但是,东晋时期的这些山水诗开启了后人对此类山水意象的描写,而且较公宴诗人工山水意象而言,这些山水诗意象清新了许多。松、泉等意象对后世寺庙山水诗创作也产生了重要的影响。随着南朝佛教的盛行,寺庙山水诗意象由东晋佛道杂糅转向了佛教意象:

长风晦昆溟,潜龙动泗滨。紫烟翼丹虬,灵媪悲素鳞。(郑鲜之《行经张子房庙诗》)

望岭眷灵鹫,延心念净土。若乘四等观,永拔三界苦。(谢灵运《登石室饭僧诗》)

如果说上述诗歌多了些虚化的神灵意象,下面的寺庙山水诗意象则清新了许多:

朝日照花林,光风起香山。飞鸟发差池,出云去连绵。落英分绮色,坠露散珠圆……始得展身敬,方乃遂心虔。(萧衍《游钟山大爱敬寺诗》)

乔枝隐修径,曲涧聚轻流。徘徊花草合,浏亮鸟声遒……慧云方靡靡,法水正悠悠。(陆罩《奉和往虎窟山寺诗》)

丹藤绕垂干,绿竹荫清池。舒华匝长阪,好鸟鸣乔枝。霏霏庆云动,靡靡祥风吹。谷虚流凤管,野绿映丹麾……至理徒兴羡,终然类管窥。(萧统《和武帝游钟山大爱敬寺诗》)

细松斜绕径,峻岭半藏天。古树无枝叶,荒郊多野烟。分花出黄鸟,挂石下新泉……徒然嗟小药,何由齐大年。(萧纲

《往虎窟山寺诗》)

单纯地看这些山水诗意象上,景物描写非常生动。但是略加延伸,佛教义理就会显现,这正为唐代寺庙山水诗禅宗意象的发展提供了挖掘的余地。下面这些诗歌就开始朝着去义理的方向发展:

真心好丘壑,偏悦幽栖人。忽闻甑山旅,万里自相亲。泬寥晚霖霁,重叠晴云新。秋至蝉鸣柳,风高露起尘。动余忆山思,惆怅惜荷巾。(萧子云《赠海法师游甑山诗》)

幽人住山北,月上照山东。洞户临松径,虚窗隐竹丛。出林避炎影,步径逐凉风。平云断高岫,长河隔净空。数萤流暗草,一鸟宿疏桐。兴逸烟霄上,神闲宇宙中。还思城阙下,何异处樊笼。(刘孝先《和亡名法师秋夜草堂寺禅房月下诗》)

这是梁代两首完整的寺庙描写诗歌。虽然是赠和法师,但是山水意象的清新几乎掩盖了佛教义理的发挥。可见,从宋齐大小谢对山水诗的开拓以来,人们越来越关注山水的自然审美,即使是寺庙之游也是如此。有论者认为,齐梁文人在游历佛寺时,能自觉地将人生、宗教、自然融为一体,由此而体现一种生活和生命的价值形态。[①] 相比较魏晋僧人道人从山水体悟玄理来说,齐梁文人的寺庙山水审美从内涵到外延都有了一定的发展。梁陈时期,很多山水诗已经脱离寺庙山水原有的意象,关注山水而非寺庙:

① 普慧:《齐梁崇佛文人游写佛寺之诗歌》,载《人文杂志》2000 年第 5 期。

鹫岭春光遍，王城野望通。登临情不极，萧散趣无穷。莺随入户树，花逐下山风。栋里归云白，窗外落晖红。古石何年卧，枯树几春空。淹留惜未及，幽桂在芳丛。（阴铿《开善寺诗》）

时宰磻溪心，非关狎竹林。鹫岳青松绕，鸡峰白日沉。天迥浮云细，山空明月深。摧残枯树影，零落古藤阴。霜村夜乌去，风路寒猿吟。自悲堪出俗，讵是欲抽簪。（陈叔宝《同江仆射游摄山栖霞寺诗》）

这些寺庙山水诗，结尾义理说教隐退，自然风景描写比较精致，不看诗题，很难想象寺庙主题。唐宋寺庙山水诗意象正是在此基础上又有了新的发展，泉、钟、松、鹤等意象进一步深化，形成了一道特殊的文化风景。而此时由南入北的萧悫《和崔侍中从驾经山寺诗》诗云：

钩陈夜瞻徼，河汉晓参横。游骑腾文马，前驱转翠旌。野禽喧曙色，山树动秋声。云表金轮见，岩端画栱明。塔疑从地涌，盖似积香成。泉高下溜急，松古上枝平。仪台多壮思，丽藻蔚缘情。自嗤非照庑，何以继连城。

和南朝此类意象一样，去义理化明显。他的《春庭晚望诗》"窗梅落晚花，池竹开初笋。泉鸣知水急，云来觉山近"也很有情趣，梅、竹、泉意象也非常成熟，北朝山水诗意象可见一斑。

上述意象的发展，除了佛道盛行的社会思潮，创作主体本身也值得玩味。皇室要人吟咏，文学达人奉和。整个南朝，崇佛文人附庸风雅，他们把对山水诗的成功描摹，应用到寺庙山水意象上，把文学和佛教有机融合。主观上为佛学教义，客观上促成了特殊的山水诗意象群体。这种二而一的诗歌功效，既迎合了统治者，又彰显了才学。这一特殊意象群体的出现，是南朝别样的风景，和唐人于寺庙山水体认禅宗是有区别的。

四、成熟的自然审美山水诗

魏晋南北朝时期是中国古代山水诗的发端，除了前面所列各种山水诗体，大量以山水作为自然审美的山水诗，为后人提供了许多值得称道甚至借鉴的范本。如果说谢灵运是中国古代山水诗创作的鼻祖，那么前人的铺垫也不能忽视。东晋湛方生诗作虽然不多，但是比同时代的诗人更早步入了山水诗创作的成熟阶段：

> 彭蠡纪三江，庐岳主众阜。白沙净川路，青松蔚岩首。此水何时流，此山何时有。人运互推迁，兹器独长久。悠悠宇宙中，古今迭先后。（《帆入南湖诗》）
>
> 高岳万丈峻，长湖千里清。白沙穷年洁，林松冬夏青。水无暂停流，木有千载贞。寤言赋新诗，忽忘羁客情。（《还都帆诗》）
>
> 谅兹境之可怀，究川阜之奇势。水穷清以澈鉴，山邻而无际。乘初霁之新景，登北馆以悠瞩。对荆门之孤阜，傍鱼阳之秀岳。乘夕阳而含咏，杖轻策以行游。袭秋兰之流芬，幕长猗之森修。（《游园咏》）

由以上所列可见，白沙、青松、秀岳、夕阳等意象虽然稍显呆板，但在谢灵运之前如此集中描写山水的诗作确实不多。南朝大小谢则进一步发展了山水诗：

乱流趋孤屿，孤屿媚中川。云日相辉映，空水共澄鲜。（谢灵运《登江中孤屿诗》）

野旷沙岸净，天高秋月明。憩石挹飞泉，攀林搴落英。（谢灵运《初去郡诗》）

辟馆临秋风，敞窗望寒旭。风碎池中荷，霜剪江南菉。（谢朓《治宅诗》）

高轩瞰四野，临牖眺襟带。望山白云里，望水平原外。（谢朓《后斋回望诗》）

二谢突破了以往虚拟意象，把大量的自然山水完全呈现于世人面前。南北朝其他诗人也有精彩的描写：

夙龄爱远壑，晚莅见奇山。标峰彩虹外，置岭白云间。倾壁忽斜竖，绝顶复孤圆。归海流漫漫，出浦水溅溅。（沈约《早发定山诗》）

以兹峰石丽，重在芳树春。照烂虹霓杂，交错锦绣陈。（刘绘《入琵琶峡望积布矶呈玄晖诗》）

渔舟暮出浦，汉女采莲归。夕云向山合，水鸟望田飞。蝉鸣早秋至，蕙草无芳菲。故隐天山北，梦想日依依。（萧子云《落日郡西斋望海山诗》）

玲珑绕竹涧，间关通槿藩。缺岸新成浦，危石久为门。北荣下飞桂，南柯吟夜猿。暮流澄锦碛，晨冰照彩鸾。（萧纲《山斋诗》）

这些山水诗诗体比较成熟，语言生动活泼，而且还出现了后世山水诗中常常描摹的江月意象：

客行钩始悬，此夜月将弦。川澄光自动，流驶影难圆。苍苍随远色，瀁瀁逐漪涟。无因转还泛，回首眷前贤。（鲍泉《江上望月诗》）

澄江涵皓月，水影若浮天。风来如可泛，流急不成圆。秦钩断复接，和璧碎还联。裂纨依岸草，斜桂逐行船。即此春江上，无俟百枝然。（萧绎《望江中月影诗》）

大江阔千里，孤舟无四邻。唯余故楼月，远近必随人。入风先绕晕，排雾急移轮。若教长似扇，堪拂艳歌尘。（朱超《舟中望月诗》）

舟子夜离家，开舲望月华。山明疑有雪，岸白不关沙。（庾信《舟中望月诗》）

江月作为山水诗审美意象，在中国古代诗歌中常常出现。它一方面暗含着团圆思乡，一方面也有高洁情趣的意味，但这一意象在陈代才渐趋成熟，开启了后世此类意象的发展。除了江月，竹、松、鹤等意象在魏晋南北朝时期也有描写，这些意象都成为后世山水诗创作中不可或缺的主角。

北朝在与南朝对峙的同时，随着汉化的推行和南北文化的融合，山水诗审美意象也得以成熟地发展。除了前列由南入北的萧悫、庾信等人，其他人也有精彩的山水诗描写，如郑道昭诗：

山游悦遥赏，观沧眺白沙。云路沉仙驾，灵章飞玉车……此瞩宁独好，斯见理如麻。秦皇非徒驾，汉武岂空嗟。（《登云

峰山观海岛诗》)

潇潇步林石,缭缭歌道章。空谷和鸣磬,风岫吐浮香。(《于莱城东十里与诸门徒登青阳岭太基山上四面及中顶扫石置仙坛诗》)

虽然诗人留诗仅四首,但其中的山水描写比较生动,透露了北魏早期成熟的山水诗创作。北齐祖珽的《望海诗》也比较开阔、大气:

云岛相接连,风潮无极已。时看远鸿度,乍见惊鸥起。

其中“远鸿”“惊鸥”意象很好地烘托了主题,显得意境深远。

总之,魏晋南北朝时期的山水诗,从乐府诗的叙述到山水景物的摹写,从公宴应制的美颂到园林山水的讴歌,从骚体山水诗香草意象到其他山水诗香草、思归等意象的成熟,从佛道山水诗义理之说到山水自然先行,再到二谢、阴何等山水诗诗体的成熟,昭示着中国古代山水诗从美颂比兴到自然审美的流变,透露了山水诗不同诗体创作的分流与融合,也诠释了本时期文学独立的发展进程。

就山水诗而言,魏晋南北朝时期虽然没有形成独立的诗派,但诗人对玄学的哲学认知、对意象的深刻体认和对自然山水的审美自觉助推了这一诗体的发展。就《文选》的文体分类来说,虽然对诗歌进行了分类,但标准不一,山水诗也是如此。因此有学者认为,从《文选》选录谢(朓)诗来看,入选最多的并非是标志山水诗的游览类,而是杂诗,因而认为“有必要对谢朓诗歌成就重新进行分析评价”①。《文选》收录谢朓之诗有杂诗、乐府、行旅、赠答、咏怀、

① 傅刚:《〈文选〉与中古文学研究》,载《文史知识》1999年第11期。

招隐等各类内容。其实,除了标志山水的行旅诗,其他诗歌也大部分涉及了山水。所以这向我们透露了多方面观照山水诗诗体的必要性。也就是说,关注魏晋南北朝山水诗,在山水诗诗体并未独立的情况下,各种诗体流变处于一种分支与合流的交错进程中。或者说,侍宴应制诗、玄言诗、佛教诗、田园诗、骚体诗、乐府诗等不同分类标准下的诗体,都可以看成是山水诗的母体或者变体。因此,考察本时期山水诗的诗体流变,可以让我们感受到山水诗渐趋成熟的进程,同时也能让我们感受到山水诗意象在不同诗体中的文化内涵。

语言认同意识的转换与现代白话文体的生成[①]

——以胡适白话文学理论的建构为中心

王　平

自“五四”以来,现代白话文体在文学史上一直处于颇为微妙的位置。每当有新的文学思潮兴起,它往往成为令人瞩目的焦点,而且人们总是趋向于将它与“新文学”相提并论。对围绕着现代白话文而产生的种种文学论争做一回顾,我们即可体味到其中所包含的深刻意味。在这种情势下,细致探察“五四”白话文运动的源头,以此为切入口来深入剖析现代白话文体的文学史定位问题,就成了一个紧迫的研究课题。

众所周知,“五四”白话文运动发端于《新青年》,现代白话文体借由《新青年》而得以生成。这并非一种偶然的现象,事实上正是由于经历了晚清时期的积淀,“五四”的白话文运动才得以如火如荼地展开。从晚清到“五四”,知识者的“身份认同”意识发生了深刻的嬗变,其“语言认同”意识势必也随之有所改变,白话文由“俗”入“雅”乃是一种必然的趋势。若要探究这一“雅俗逆转”过程中的关键性环节,胡适自然会引起我们的关注。一方面是由于他在清

① 本文为国家社会科学基金项目“清末民初的语言变革与现代文学雅俗观的生成”(09CZW052)的阶段性成果。

末曾编辑过白话报刊，在“五四”时期又是《新青年》的骨干成员，亲身经历了晚清和“五四”的两场白话文运动；另一方面，则是因为他在《新青年》上所发表的理论主张，代表了白话文体由“俗”入“雅”的一种态度和实践路向。通过对此复杂历程进行深入分析，可以更加清晰地洞察现代白话文体生成的内在逻辑线索。

一

与陈独秀等其他“五四”同人相比，胡适属于晚近一代的知识分子，因而所受到的传统文化的熏染相对而言要薄弱些。作为新旧交替时代的读书人，他并未像陈独秀那样曾有过参加科举考试的经历，而是在1904年未满十三周岁即赴上海进入了新式学堂，可谓一个典型的“边缘知识分子”。在上海的六年间，胡适先后就读于梅溪学堂、澄衷学堂、中国公学和中国新公学，在中国公学就读时期，他参加了一系列社会活动，这对其早期思想的形成产生了重要的影响。在这里，胡适不仅参与了学生风潮，经受了最初的政治磨砺，而且还一度编辑过一张由学生社团创办的白话旬报，从此开始了他白话文章的写作生涯。这个名为《竞业旬报》的刊物是“竞业学会”的会报，在当时具有较为广泛的社会影响，“出版后，不胫而走，旬月之间，销了三千余份”①。

竞业学会乃是由中国公学的学生自发组织的学生团体，《竞业学会章程》申明“对于社会竞与改良，对于个人争自濯磨”，“专以养成高尚人格为目的，故于道德与法律均有一定之范围而不可逾

① 铁秋：《更生辞》，见《竞业旬报》第11期，1908年4月11日。

越。"①可以看出,与当时众多由新式学堂学生组织的社团一样,这个学会也以传播新知、推动社会进步为主旨。于是,为加强宣传力度,竞业学会创办不久,即于1906年10月28日创办了《竞业旬报》。据胡适在《四十自述》中回忆,《旬报》的宗旨共有四项:"一振兴教育,二提倡民气,三改良社会,四主张自治。其实这都是门面话,骨子里是要鼓吹革命。"因为"要'传布于小学校之青年国民',所以决定用白话文"②。创办白话报的目的,并非以通俗浅近的白话来对下层社会进行启蒙,而是要向具有一定文化知识的青年国民传播新知,以此来宣传革命思想,由此可以看出,《竞业旬报》的编辑者和其所设定的"潜在读者"其实都是来自学生社会的"边缘知识分子",他们是希望借助于白话报这一媒介平台、通过白话文这一"俗"文体,实现群体内部的交流和沟通。

从《竞业旬报》的栏目设置就可以看出,它对于新学甚为重视,设有"学术""译丛""新智囊"等栏目,专门引介西方的现代自然科学和社会科学知识。如在"学术"一栏中就相继对地理、经济、哲学、卫生、工业实验等多种学科门类进行了系统性的介绍,此外还转载了《科学杂志》的多篇报道最新科学成果的文章。与一般白话报刊相比尤为不同的是,《竞业旬报》还刊登了大量的外国诗歌作品,如英国诗人堪白尔的《军人梦》③、《惊涛篇》④,俄国诗人物都西

---

① 《竞业学会章程》,见《竞业旬报》第2期,1906年11月7日。

② 胡适:《四十自述》,见《胡适文集》(第1册),北京大学出版社1998年版,第79页。

③ [英]堪白尔著,铁儿译:《军人梦》,见《竞业旬报》第31期,1908年10月25日。

④ [英]堪白尔著,铁儿译:《惊涛篇》,见《竞业旬报》第33期,1908年11月14日。

石夫的《罪诗八章》①以及美国诗人马威克的《金玉之言》②，这些诗歌的译本虽然技巧并不纯熟，却给人耳目一新的感觉。作为一份由学生主办的白话报刊，《竞业旬报》虽然具有较为浓厚的新学背景，但它仍然同其他白话报一样，把宣传革命思想、培育"国民"意识作为刊物的恒定主题。"论说"栏目中的绝大多数文章都是以此为中心的，如《汉警逐摊之感言》一文即将批判的锋芒直接指向了专制、腐败的政府，对汉口横行妄为、肆意驱逐市场摊贩的警察诘问道："彼夫专利之政府，谁不知其为大害，而能逐之耶？彼夫腐败之官场，谁不知其为大害，而能逐之耶？"③文章义正词严，颇富感染力，起到了良好的宣传效果。

作为竞业学会的骨干成员，胡适自《竞业旬报》创办伊始就成了这张白话报的主要作者。在第一期的"学术"栏目里，他以"期自胜生"的笔名发表了一篇《地理学》，这是他所作的第一篇白话文章。之后，他还尝试着用白话文写了一部名为《真如岛》的长篇小说，在《竞业旬报》上连载，用意是"破除迷信，开通民智"。从1908年8月第24期开始，胡适就成了这个刊物实际上的主编，他回忆说："从第二十四期到第三十八期，我做了不少的文字，有时候全期的文字，从论说到新闻，差不多都是我做的。"④这一时期，胡适以

① ［俄］物都酉石夫著，斧译：《罪诗八章》，见《竞业旬报》第32期，1908年11月4日。

② ［美］马威克著，铁儿译：《金玉之言》，见《竞业旬报》第34～38期，1908年11月24日至1909年1月2日。

③ 公无：《汉警逐摊之感言》，见《竞业旬报》第18期，1908年6月19日。

④ 胡适：《四十自述》，见《胡适文集》（第1册），北京大学出版社1998年版，第81页。

"铁儿""适广"的笔名发表了大量的白话文章,如《上海的中国人》①、《婚姻篇》②、《中国的政府》③、《中国人之大耻》④等,题材内容颇为广泛,从婚姻改革、家庭财产继承问题到国内时事、国际评论,从探讨宗教信仰到批评时下政治,都有所涉及。同时,他还向范鸿仙主办的《国民白话日报》和李莘白主办的《安徽白话报》投过稿,颇富叛逆精神的《论承继之不近人情》一文即首先发表于《安徽白话报》第1期⑤,尔后又由《竞业旬报》第29期转载。

在这些白话文章中最值得一提的,就是《白话(一)爱国》一文。在这篇文章中,甫一开篇胡适就告知读者:"我今天所用这'白话'二字,并不是白话报的白话,是别有一个意思的。这个'白'字,是'白白地'的意思。""我这'白话'二字的意思,就是白白说掉的话儿。因为我要说的话,说得笔秃口枯,天花乱坠,列位看官终究不肯照这话实行,我的话可不是白白说掉了吗?""我很盼望列位看官切不可使我说的话,当真成了白话才好呀!"胡适之所以在篇首就发出这样一番感慨,原因就在于这篇文章的主题谈的是"如何爱国"的问题。在他看来,爱国并不是只在口头上说几句大话,而是需要落实到每个人的行动中。具体而言,就是一方面要把"祖国历史上的奇功伟业,息息不忘记",另一方面"便要竭力加添祖国的名誉"。⑥ 其实,胡适在这里谈的仍是"国民意识"问题,他的主旨就

---

① 适广:《上海的中国人》,见《竞业旬报》第24期,1908年8月17日。

② 铁儿:《婚姻篇》,见《竞业旬报》第24、25期,1908年8月17日、1908年8月27日。

③ 适广:《中国的政府》,见《竞业旬报》第28期,1908年9月25日。

④ 铁儿:《中国人之大耻》,见《竞业旬报》第36期,1908年12月14日。

⑤ 在《安徽白话报》发表时,这篇文章的标题为《论承继之非理》,署名"适之"。参见《安徽白话报》第1期,1908年10月5日。

⑥ 铁儿:《白话(一)爱国》,见《竞业旬报》第34期,1908年11月24日。

在于使人人都能牢记爱国的“本分”，成为真正的爱国者。在文末，他还引用了荷马的诗句“为祖国而战者，最高尚之事业也”，以此来与读者共勉。

《竞业旬报》时期的胡适，不仅思想观念与其他新知识者们毫无二致，而且他对白话文体的使用、把握也显得并不成熟。以《顾咸卿》一文为例，这篇文章讲述了一位名叫顾咸卿的义士，在危急时刻见义勇为，与流氓搏斗最终舍生取义的故事。胡适的本意是要以此树立一个堪称楷模的“国民形象”，但他的叙事方式却有些特别，就是采用了“说书人”的叙述口吻。在文章中，胡适俨然一副说书人的架势，向读者交代道：“看官是晓得的，我们中国人有几条大毛病。第一条就是贪生怕死；第二条是没有爱人心，没有恻隐心（恻隐是慈悲的意思）；第三条是见义不为。看官，兄弟现在所说这位顾咸卿，却是不怕死的好汉，又是慈悲的仁人君子，又是见义勇为的英雄。看官请听兄弟讲来，便知在下不是过誉的了。”①从这段文字可以看出，它与其他的白话报文本相比确无本质差异，不仅沿用了“说书人”这种“模拟宣讲”的表述形式，而且一旦文中出现“新名词”便会用俗语来加以解释。

由此可见，此时的胡适无论是思想观念还是语言观念，均与其他的新型知识者大体一致，都将白话文体视作一种培育“国民意识”的语言工具。正如《竞业旬报》刊载的一篇文章所指出的，“要救中国，先要联合中国的人心。要联合中国的人心，先要统一中国的言语”②，而白话这种浅显易懂、雅俗皆宜的文体形式恰能担当起

① 铁儿：《顾咸卿》，见《竞业旬报》第 24 期，1908 年 8 月 17 日。

② 大武：《论学官话的好处》，见《竞业旬报》第 1 期，1906 年 10 月 28 日。

这一重任。

二

离开上海之后，胡适考取了“庚子赔款”的官费留学生，于1910年7月赴美国，先后就读于康奈尔大学和哥伦比亚大学。在这里，他自称被“逼上梁山”，开始思考文学与文学语言的关系问题，写出了《文学改良刍议》这篇具有标志性意义的文章，“五四”白话文运动也由此拉开了帷幕。关于胡适的白话文学理论，已有众多研究者进行了深入、细致的研究，本文不再赘述。我所关注的问题是：胡适这一时期的语言观念较之《竞业旬报》时期有何异同？是什么因素导致了他在1906年至1917年间语言观的变化？他对于编辑白话报的这段早期经历又做何评价？这种评价究竟蕴藏着什么内涵？通过对这些问题进行梳理和探究，我们或许可以体察到白话文体由“俗”趋“雅”的根本性环节。

对于自己早年在上海公学读书期间办白话报、写白话文章的经历，胡适一直津津乐道，他曾坦言：“这一年多的训练给了我自己绝大的好处。白话文从此形成了我的一种工具。七八年之后，这件工具使我能够在中国文学革命的运动里做一个开路的工人。”①然而当他要正式面对晚清的白话文运动做出评价时，却又转为持一种彻底否定的态度，认为清末的新知识者们“可以说是‘有意的主张白话’，但不可以说是‘有意的主张白话文学’。他们的最大缺点是把社会分作两部分：一边是‘他们’，一边是

---

① 胡适：《四十自述》，见《胡适文集》（第1册），北京大学出版社1998年版，第85页。

'我们'。一边是应该用白话的'他们',一边是应该做古文古诗的'我们'。我们不妨仍旧吃肉,但他们下等社会不配吃肉,只好抛块骨头给他们吃去罢。这种态度是不行的"①。由此,胡适把当年的自己也包括在其中,予以了完全的否定。不过,参照他在《四十自述》中的回忆,我们会从胡适的这段话中发现一处自相矛盾的地方,那就是他明明指出《竞业旬报》之所以采用白话文,是因为要用白话文在新知识群体中传播革命思想,果真如此的话,那又何来上下等社会的区分呢?看来,问题的关键就集中于"文学"上面,也就是说,是否有意识地倡导白话文学才是区分晚清与"五四"白话文运动的主要标志。在这一意义上,他所提及的"我们"与"他们"的区别,就不能局限于社会阶层的范畴来理解,也应将其同"文学"这一概念联系起来。换言之,胡适所提出的晚清白话文运动的这两个缺陷,其实是一个问题的两个侧面而已。

诚然,在美国,胡适起先是要改良文言的教授方法,继而才从"中国文字问题转到中国文学问题",他认为这期间是一个"大转变"。那么,"文学"为何在语言的变革当中具有如此重要的作用?胡适在梳理文学史演变的内在逻辑脉络时道出了其中的玄机:"一部中国文学史只是一部文字形式(工具)新陈代谢的历史,只是'活文学'随时起来替代了'死文学'的历史。文学的生命全靠能用一个时代的活的工具,来表现一个时代的情感和思想。"②也就是说,文学的价值体现在它能表现时代的情感和思

---

① 胡适:《五十年来中国之文学》,见《胡适说文学变迁》,上海古籍出版社 1999 年版,第 143 ~ 144 页。

② 胡适:《四十自述》,见《胡适文集》(第 1 册),北京大学出版社 1998 年版,第 143、146 页。

想，而语言的功能则在于它直接关系到文学的这种表现力，富于活力的语言将提升文学的感染力，反之，僵化、陈腐的文体形式势必会妨碍文学的发展。很显然，胡适并非是在进行语文改良的过程中发现了文学的问题，而是与之相反，他是由思考文学而延伸到了思考语言问题。较之之前他所涉及的文言文教授方法的改进，由文学问题所引申出来的语言变革主张才真正触及了汉语书面语形式的本质。

在《文学改良刍议》所提出的"八事"当中，"须言之有物""不摹仿古人""不作无病之呻吟"这三项主张主要是为了鼓励人们自由地抒发自己的情感、表达独特的思想，而"须讲求文法""务去烂调套语""不用典""不讲对仗""不避俗字俗语"则是要根本摒弃既往陈旧的文言文体所凝固而成的语言模式。概而言之，"八事"主张从文学创作的主体和文学语言这两个层面，阐明文学须以鲜活的语言来表达"高远之思想""真挚之情感"。① 继而胡适又在进化论的启发之下提出了"历史的文学观念"②，其目的仍在于重申"一时代有一时代之文学"，呼吁人们抛却历史的因袭，在文学中抒发自己独特的胸怀抱负。最终，在《建设的文学革命论》中，胡适完成了他的白话文学观的理论建构，他所提出的"国语的文学，文学的国语"③标志着以现代白话为文体形式的"新文学"和以新文学为价值内涵的"现代白话"文体终于得以生成。

---

① 胡适：《文学改良刍议》，载《新青年》第2卷第5号，1917年1月1日。

② 胡适：《历史的文学观念论》，载《新青年》第3卷第3号，1917年5月1日。

③ 胡适：《建设的文学革命论 国语的文学——文学的国语》，载《新青年》第4卷第4号，1918年4月15日。

三

如果从语言变革的角度来探察的话，我们就会发现，“五四”白话文运动之所以同“文学革命”紧紧地联系在一起，与话语主体的身份转化密切相关。与晚清的革命派知识分子不同，以胡适为代表的现代意义上的知识分子已经彻底背离了传统的文人阶层，新的生活经历使其萌发了新的思想、新的情感，而这种新的思想、新的情感迫切地需要借助于文学加以释放和表达，但是新的文学形式若要冲破既有文学模式的桎梏，则需寻觅一种崭新的文学语言。就这样，新文学和白话文体最终结合在了一起。由此可见，文学与语言的关系实际上也可以被表述为思想、情感与语言之间的关系，在这里，新文学成为一种中介物，在它的作用下，现代知识分子终于拥有了自己独特的话语方式，与此同时，近代白话经历了漫长的过渡，也凭借新文学所赋予的崭新思想意蕴得以转化成为现代白话文体。

有研究者曾经指出，“白话文运动中蕴含着两个互相联系着的根本意图：一是‘传播’新思想”，“一是传播‘新思想’”①。如果说在清末，裘廷梁、陈荣衮这些白话文运动的倡导者们主要是将白话文体视作一种传播手段的话，那么到了“五四”时期，胡适等人倡导白话文运动的意图则在于“新思想”本身。我们知道，赴美留学的经历给胡适的心态带来了微妙的影响，杜威的实用主义理论以及他在美国真切的体验感受促使其发生了“从上海

① 黄子平、陈平原、钱理群：《论“二十世纪中国文学”》，见王晓明主编《二十世纪中国文学史论》（修订版），东方出版中心2003年版，第14页。

最后那几年的失望到对未来有一种克制而顽强之信心的转变"[①]。在美国留学的七年间,胡适"处处把中西联系起来进行对比考察"[②]。在中西文化对比的思想背景下,他的思想产生了深刻的变化,从而意识到"语言文字是世界上最保守的东西,比宗教更为保守","中古以后老的语言工具已经不够用了。它不能充分表达当时人的思想和观念。所以人们必须要选择一个新的工具"。[③] 就这样,为了能准确、自如地表达自己独特的思想情感,胡适由文学入手开始了对文学语言问题的思考。

众所周知,陈独秀和胡适都是从自身的人格建构出发,产生了彻底变革书面语体系的理论自觉。陈独秀从对旧伦理的反思中发现了文言文、旧文学与陈腐的思维模式的一致性,开始了他对"贵族文学"、"古典文学"和"山林文学"的激烈批判;而胡适则是出于自身思想情感的触发,希望造就出"国语的文学"和"文学的国语"来表达其独特的思想内涵。如果说陈独秀主要是立足于"破"的角度的话,那么,胡适则是以"建设"的态度投入到了白话文运动之中。然而,在他们之间有一点是相通的,即都是在取得了独立的"身份认同"意识的基础上,才对白话这一文体产生了深切的认同感。换言之,对于胡适和陈独秀而言,传统文人"内俗外雅-体用分离"的语言观已不复存在,他们将白话文视作自己表情达意的唯一语言形式。也就是在这一意义上,他们才会或对

---

① [美]格里德著,鲁奇译:《胡适与中国的文艺复兴》,江苏人民出版社1993年版,第37页。

② 罗志田:《再造文明的尝试:胡适传(1891—1929)》,中华书局2006年版,第109页。

③ 唐德刚译注:《胡适口述自传》,见《胡适文集》(第1册),北京大学出版社1998年版,第307、312页。

晚清的白话文运动持一种否定的态度，或对自己主办白话报的经历讳莫如深。①

自然，一种新的文体形式的生成需要经历一个漫长的过程，"解放了文言的束缚，使笔头语与口头语更接近，可说只是文学改革的第一步"②。如何把白话锻造成为一种能承载现代思想、可以应用到自然科学和社会科学中的现代书面语文体，这是"五四"时期知识分子所面临的一个重要问题。当时，针对文学语言的改造问题，涌现出了各种理论主张，或用方言、或用外来语、或从文言中吸取有用的词汇，不一而足。钱玄同就曾表示，"各人所用的白话不能相同，方言不能尽祛，这一层在文学上是没有什么妨碍的；并且有时候，非用方言不能传神；不但方言，就是外来语，也可采用"③。其实较之于方言，外来语对现代白话所起到的作用更为突出。与1903年《新尔雅》所掀起的"新名词热"相比，"五四"时期的"硬译"对汉语书面语体系的影响更大。据黎锦熙回忆，一时间"风气突变，不论教育性的书刊、文艺文和理论文，白话文都成了'正宗货'。又陆续出了大量的白话翻译品，吸收了许多外来语和欧化的造句法"④。就这样，在翻译文学的带动下，一种现代意义上的文学语言应时而生。不过，它的这种"与生俱来"的欧化色彩，却使其在现代文学史上屡屡受到

① 陈独秀断然否认自己曾主办《安徽俗话报》的经历，竟表示"于各种官话书报，素少探讨"。参阅《记者答沈慎乃》，载《新青年》第2卷第1号，1916年9月1日。

② 何干之：《近代中国启蒙运动史》，上海生活书店1937年版，第153页。

③ 钱玄同：《尝试集序》，载《新青年》第4卷第2号，1918年2月15日。

④ 黎锦熙：《新著国语文法·今序》，湖南教育出版社2007年版，第11页。

质疑。

在"五四"新文化运动高潮过后,首先对白话文提出责难的是学衡派。梅光迪、吴宓这些学衡派成员对现代白话文以至现代"新文学"仍持一种彻底否定的态度。他们特别强调"文学语言"与"日常语言"的区别,同时又认为文学语言的发展是一个逐渐演化的过程,切不可借人为的外力做生硬的变革,吴宓就曾指出,"文字之变迁,率由自然,其事极缓,而众不察,从未有忽由二三人定出新制,强全国之人以必从"①。在三十年代的"大众语"论争中,瞿秋白等人对"五四"白话文的批判则更为激烈,他们认为白话文浓厚的欧化色彩已构成对大众的文化压迫,他们由此提出要用最浅近的、与新型阶级具有内在一致性的文学语言来创造革命的大众文艺。瞿秋白解释说:"如果'白话'这个名词已经被五四式的士大夫和章回体的市侩文丐垄断了去,那么,我们可以把这个新的文字革命叫做'俗话文学革命运动'。"②在这里,一种新型的雅俗对峙的格局已初露端倪。1958 年的"新民歌运动"掀起了一场全民进行歌谣创作的热潮,其指归就在于试图以此来弥补现代白话诗的缺陷与不足。不过,这场轰轰烈烈的诗歌运动却"把中国文学史与文化史长期存在的一个基本的困惑点突然推到了极限",而这个基本的困惑点即"雅与俗的关系"③问题。九十年代中期以来,郑敏等人对现代白话文运动的指斥之词又使得"五四"白话文运动以及现代白话文体的历史地位问题成了一个热点论题,而王德威等海外汉学家的介

① 吴宓:《论新文化运动》,载《学衡》第 4 期。

② 瞿秋白:《普洛大众文艺的现实问题》,见氏著《俄国文学史及其他》,复旦大学出版社 2004 年版,第 127 页。

③ 赵毅衡:《礼教下延之后——中国文化批判诸问题》,上海文艺出版社 2001 年版,第 46 页。

入则将这一论题的外延更加泛化了,其所蕴含的意蕴也就变得更加繁复。由此可以看出,白话文体及其所引发的一系列文学论争业已贯穿现当代文学史的发展脉络,亦折射出“五四”以来文学雅俗之争的复杂内涵。其间,知识者语言认同意识的转换则起到了不容忽视的作用,将其与胡适的语言观做一比较,即可窥见其中的微妙之处。

庄子散文语体辨析

王小强

先秦诸子散文中,《庄子》散文以其独特的言语体式,形成了迥异于其他诸子的散文风格,对后世产生了深远的影响。关于庄子散文的言语体式,庄子在《寓言》《天下》等篇章里用“寓言”“重言”“卮言”三种体式做了总结,后世学者们对这三种言语体式概念做出了不同的解释,但是,对庄子何以选择这三种言语体式,这三种言语体式的内在性质规定如何,以及庄子的创作个性如何与这三种言语体式相契合从而生成独特的风格等问题,前人研究似有未尽之处。本文力图从庄子言意关系的看法出发,探讨他的散文中三种言语体式选择的因由;从他“齐物”论“道”的言语表达目的出发,探讨他的散文中三种言语体式内在性质的规定性;从他出世“逍遥”的人生态度出发,探讨他散文言语体式的独特风格。

一、“言”“意”之辨与庄子散文的语体选择

庄子散文的言语体式选择,与他对“言”“意”关系的看法,有着不可分割的联系。庄子关于“言”“意”关系的看法在他散文的很多篇章中都有体现,但是论证较为集中的主要有以下几个段落:

世之所贵道者书也，书不过语，语有贵也。语之所贵者意也，意有所随。意之所随者，不可以言传也，而世因贵言传书。世虽贵之，我犹不足贵也，为其贵非其贵也。故视而可见者，形与色也；听而可闻者，名与声也。悲夫，世人以形色名声为足以得彼之情！夫形色名声果不足以得彼之情，则知者不言，言者不知，而世岂识之哉！（《天道》）

可以言论者，物之粗也；可以意致者，物之精也；言之所不能论，意之所不能致者，不期精粗焉。（《秋水》）

荃者所以在鱼，得鱼而忘荃；蹄者所以在兔，得兔而忘蹄；言者所以在意，得意而忘言。吾安得夫忘言之人而与之言哉！（《外物》）①

上面这几段论述，体现了庄子关于“言”与“意”关系的基本看法。仔细分析，我们会发现庄子关于“言”与“意”关系的看法呈现出一定的矛盾性。首先，庄子认为语言并不能完全表达“意”与事物之“情”。庄子认为，世人在“言”说的时候，对应的表达物有三个层面：第一，可以表达清楚的，是事物视听领域的“形”“色”“名”“声”，这些对于事物而言都是外在的，都属于“物之粗”领域；第二，“言”所难以表达的领域，属于“物之精”领域，这就是“意”的层面；第三，对于事物，除了“言”“意”所能把握的“有”的层面，更高的是生成这些“有”的“无”的层面，这就是所谓“意之所随者”，或者说是“不期精粗”的“意之所不能致者”，这是“言”本身无法直接企及的地方。这样，基于这三个层面进行的语言表达，就会呈现出一个“可以表达—难以表达—无法表达”

① 陈鼓应：《庄子今注今译》，中华书局1983年版，第356、418、725页。

的“言荃”之链条。在这个链条中,庄子显然苦闷于第二个环节,即言语表达能否实现“物之精”的展示,或者说对“意”的言说。在这个问题上,庄子对当时诸子的言说,显然是失望的,这就产生了他上面《天道》篇中对当世书籍的贬斥。他认为,这些书仅仅停留在对“物之粗”,也就是事物“形”“色”“名”“声”的表达层面,而在对“意”的传达方面是无所作为的,他认定这些“书”只是古人的“糟粕”。虽然庄子对当世的“书”表现出了失望,认为以“言”达“意”是困难的,但是,他却认为以“得意而忘言”的方式去表达,仍然是可能的。为此,他没有放弃希望,他呼唤道:“吾安得夫忘言之人而与之言哉!”

以上是对庄子“言”“意”关系认知的一个粗线条的归纳和分析。在此,我们需要注意的是,庄子虽然认为以“言”达“意”很难,但却是可能的。做到这一点的关键,就在于不落言荃,要“得意而忘言”。对此,庄子在散文中,试图通过自己的努力来做到这一点。

在自己的散文创作中,庄子为了做到不落言筌,采用的是一种意向性的语言。庄子试图通过这种意向性的言语表述,给“意”的理解留下线索与暗示。而读者则通过这些线索与暗示的刺激展开自我思考,并在自我思考中去体会“言之所不能论”的“物之精”,甚至更进一步去领悟“意之所不能致者”的自然大“道”。为了实现这一点,庄子在散文创作的言语运用中,留下了这种努力的痕迹。比如,在《齐物论》第五小节,谈到语言分类与言语差异之间的矛盾时,庄子写道:“虽然,请尝言之。”第六小节“啮缺问乎王倪”的寓言中,在谈及关于认知万物的问题时,王倪有“虽然尝试言之”的努力;同一节“瞿鹊子问乎长梧子”寓言中,谈及圣人时,长梧子说:“予尝为女妄言之,女以妄听之奚?”在《田子方》里,老子在向孔子论述“游心于物之初”时说：“心困焉而不能知，口辟焉而不能言。”但即便如此，老子还是要为孔子努力讲解一番，老子说：“尝为汝议乎其将。”另外，在《骈拇》篇谈及“小惑易方，大惑易性”、《胠箧》篇论及圣人与大盗、《至乐》篇谈“至乐无乐”、《山木》篇大公任向孔子谈“不死之道”等地方，庄子都用了这种“尝”“尝试”言之的言辞。庄子的这种尝试性的说理表述，正是他正视以言达意的困境而做出的积极努力。通过这种努力，庄子并不是直接给所谈的问题下一个断语，而是试图通过这样尝试性的意向性言语，给听话者以暗示或者启示，让听话者通过暗示或者启示去理解意向性言语背后的精“意”所在，直至悟入更深层的自然大“道”。

对这种意向性语言的特点，庄子在他的散文中也有描写。在《则阳》篇第十一节中，庄子借用大公调之口论“道”，认为：“睹道之人，不随其所废，不原其所起，此议之所止。”为此，大公调批评了季真的“莫为”说和接子的“或使”说，认为“或始则实，莫为则虚。有名有实，是物之居；无名无实，在物之虚。可言可意，言而愈疏”，“或使莫为，在物一曲，夫胡为于大方？”在这里，大公调所批评的“莫为”说和“或使”说，它们论“道”或“实”或“虚”，各执一隅，都是些偏执之论，都不足以论“道”。那么如何才能以“言”论“道”呢，庄子借大公调之口指出：

> 言而足，则终日言而尽道；言而不足，则终日言而尽物。道物之极，言默不足以载；非言非默，议有所极。①

语言周遍，无论说什么都是在说道，语言不周遍，那么，终日所言

① 陈鼓应：《庄子今注今译》，中华书局 1983 年版，第 697 页。

都在于物。但是,道本身是物之极,该如何以“言”论之呢?庄子借大公调之口指出,虽然“言默不足以载”,但是,又必须采取“非言非默”的方式,才能达到议论的极致。这里,庄子道出了自己以“言”达“意”进而启发悟“道”过程中对“言”的要求:第一,是在言语表意的内容性质上,要求“言而足”;第二,是在语用方式上,要用“非言非默”的言语方式进行表达。在篇章体式上,“非言非默”言语形式,必然是一种需要读者填补空白的隐喻性言语方式,这直接促生了庄子所谓“寓言”的言语体式;在语用表述方式上,“言而足”的言语内容性质规定,要求“非言非默”言语形式必须不偏执,不执着于一孔之见,这直接导致了庄子对周遍性强,更易为世俗接受的“重言”言语体式的重视;在言语表述的性质上,庄子所谓合于“道”并可以“终日言而尽道”的言语规定,则直接开启了庄子“卮言”言语体式。

总之,庄子深刻地领悟到“言”“意”之表的复杂性和困难情形,这种领悟,使他抨击和否定了那些见解直接明确,但有失偏颇的诸子言语方式,并进而独创了符合自己表达需求的言语形式。这种言语形式是一种强烈吁求听话人或者读者理解参与的意向性语言,而这种语言独特的意向性诉求,又决定了庄子散文中具体言语体式的选择。

二、“不道之道”与庄子散文语体的内质规定性

庄子从以“言”达“意”的困境及“言”“意”关系的复杂性出发,选择散文表达所需的言语体式。但在“言”“意”之表的相互关系中,庄子的目的在于“得意而忘言”,并且“得意”的目的也不仅仅在于“意”本身,还在于更深层的“意之所随者”或者“意之所不能致者”,也就是庄子所认为支配宇宙间一切的自然之“道”。这种自然

之“道”,用“言”“意”关系的复杂情形来表述,庄子把它称作“不道之道”。

关于“不道之道”,在《齐物论》第五节中,庄子如此论述道:

> 夫大道不称,大辩不言,大仁不仁,大廉不嗛,大勇不忮。道昭而不道,言辩而不及,仁常而不周,廉清而不信,勇忮而不成。五者无弃而几向方矣。
>
> 故知止其所不知,至矣。孰知不言之辩,不道之道?若有能知,此之谓天府。注焉而不满,酌焉而不竭,而不知其所由来,此之谓葆光。①

在这段论述中,“方”为宇宙自然之“道”。而所谓“大道不称”,庄子这里继承的显然是老子论“道”时所谓“吾不知其名,强字之曰道,强为之名曰大”(《老子》第二十五章)。正因为“大道不称”,所以还可以“强名”为“大道”“大辩”“大仁”“大廉”“大勇”等。在这里,庄子想用“道昭而不道,言辩而不及”,“不言之辩,不道之道”等思想说明的道理,与其“言”“意”观是一致的,即“道”自身是不可“道”的。但尽管如此,“不道之道”在他的“言”“意”之表中仍然起着支配地位:“不道之道”支配着“意”的产生和内涵,为“意之所随者”或者“意之所不能致者”;而言出于意,“言者所以在意”,“意”是言的根据和出发点,这样,“不道之道”通过“意”间接地支配着“言”。也正因为如此,庄子认为,通过意向性语言,作为理想读者的“忘言之人”,在通过“言”领会“意”,并进而进入“不道之道”的澄明境界时,这里的“不道之道”,也就成为达“意”之“言”

① 陈鼓应:《庄子今注今译》,中华书局1983年版,第74页。

的内在规定之所在。

庄子散文意向性言语体式具体类型有“寓言”、“重言”和“卮言”，对于这三种语体，庄子在他的散文《寓言》篇和《天下》篇中分别做了说明：

> 寓言十九，重言十七，卮言日出，和以天倪。
>
> 寓言十九，借外论之。亲父不为其子媒。亲父誉之，不若非其父者也；非吾罪也，人之罪也。与己同则应，不与己同则反；同于己为是之，异于己为非之。（《寓言》）
>
> 重言十七，所以已言也，是为耆艾。年先矣，而无经纬本末以期年耆者，是非先也。人而无以先人，无人道也；人而无人道，是之谓陈人。（《寓言》）
>
> 卮言日出，和以天倪，因以曼衍，所以穷年。不言则齐，齐与言不齐，言与齐不齐也，故曰言无言。言无言，终身言，未尝言；终身不言，未尝不言。有自也而可，有自也而不可；有自也而然，有自也而不然。恶乎然？然于然。恶乎不然，不然于不然。恶乎可？可于可。恶乎不可？不可于不可。物固有所然，物固有所可，无物不然，无物不可。非卮言日出，和以天倪，孰得其久！万物皆种也，以不同形相禅，始卒若环，莫得其伦，是谓天均。天均者天倪也。（《寓言》）
>
> 以天下为沉浊，不可与庄语，以卮言为曼衍，以重言为真，以寓言为广。独与天地精神往来而不敖倪于万物，不谴是非，以与世俗处。（《天下》）①

① 陈鼓应：《庄子今注今译》，中华书局1983年版，第727～728、884页。

在庄子的这三种语体中，“寓言”是一种侧重于篇章的言语体式。对此鲁迅曾借鉴司马迁对庄子“寓言”《庚桑楚》以下杂篇“皆空语无事实”①的评断，进一步指出庄子“著书十余万言，大抵寓言，人物土地，皆空言无事实”②。鲁迅所言“著书十余万言，大抵寓言”，是从篇章体式的角度做出的评判。庄子所谓的“重言”，无论读zhòng做“世重之言”或“借重之言”或“庄重之言”解，还是读chóng做“重复之言”或“增益之言”解③，它都是一种侧重于语用形式的语体，即借“耆艾”身份来言说的言语方式。而“卮言”，则是一种侧重于表意性质的语体形式，也就是《则阳》篇里面所谓“言而足”之语，“卮言日出，和以天倪”，即“言而足，则终日言而尽道”的同义语。

庄子对“寓言”“重言”“卮言”三种言语体式的解释虽然各有侧重，但是“不道之道”对三种言语体式的内质规定性依然清晰可见。《天下》篇所谓“以天下为沉浊，不可与庄语”，对于“沉浊”，很多《庄子》译注著作没有再详细解释，当代学者孙通海把“沉浊”翻译为“沉迷不悟”④，大概是符合庄子的意旨的。对于宇宙自然之“道”，天下世俗之人沉迷不悟，庄子因此不能跟他们讲严正的话，所以用“寓言”“重言”“卮言”三种特别的言语体式，“独与天地精神往来而不敖倪于万物，不谴是非，以与世俗处”。在此，这三种言语体式必须做到三点：第一，“与天地精神往来而不敖倪于万物”。

① 〔汉〕司马迁：《史记》，中华书局2005年版，1704页。

② 鲁迅：《汉文学史纲要》，见《鲁迅全集》（第9卷），人民文学出版社2005年版，第375页。

③ 关于“重言”的释义，赵德鸿先生在《〈庄子〉诗化语言：“寓言、重言、卮言”辨析》一文中有较为详细的总结。赵文载《北方论丛》2013年第2期。

④ 孙通海译注：《庄子》，中华书局2007年版，第382页。

“与天地精神往来”，就是言行思虑能够体悟“道”，合于“道”；“不敖倪于万物”，则是悟“道”后，在“道”的支配下与万物齐一。第二，“不谴是非”，即只是以“言”表“意”，解“意”悟“道”，而不去评论谁是谁非。因为对于“道”而言，是非不辩自明。第三，能够“与世俗处”。庄子散文言语的意向性，决定了其言语交流的目的和性质，“与世俗处”展示出庄子试图通过意向性的潜在对话，启蒙世俗感悟大“道”的创作吁求。在庄子看来，百家言语大都是“敖倪于万物”的，因此，总免不了偏狭地看待问题，这样就充满了“是非”偏见，在与世俗处时不免有排他的倾向。

基于上述理解，我们来具体解析庄子在《寓言》篇中对“寓言”“重言”“卮言”的解释。关于“寓言”，庄子的总体解释是“借外论之”。在谈到具体理由时，因为“天下沉浊”，庄子所谓“亲父不为其子媒”云云，讲述的是他的一种“与世俗处”策略；谈及这一策略时，庄子显然是激愤的——“非吾罪也，人之罪也”。为何激愤呢？因为“人”（百家）之言论是偏狭的，这种偏狭的表现是：“与己同则应，不与己同则反；同于己为是之，异于己为非之。”庄子厌恶这种言论的偏狭。对于这一点，庄子在其他篇章里也多有表述，比如，他在《齐物论》第二节开始，就集中展现了那种“大言炎炎，小言詹詹”以言辩钩心斗角的丑态，对于这种言辩丑态，庄子认为都是人的“成心”在作怪：

> 夫随其成心而师之，谁独且无师乎？奚必知代而心自取者有之？愚者与有焉。未成乎心而有是非，是今日适越而昔至也。是以无有为有。无有为有，虽有神禹，且不能知，吾独且奈何哉！①

① 陈鼓应：《庄子今注今译》，中华书局1983年版，第49页。

“成心”即“成见、偏见”，庄子认为以“成心”去辩说，那种指鹿为马的言说，也是无可奈何的——“吾独且奈何哉”。因此，庄子所谓“寓言”，就是要摆脱“成心”“借外论之”，为了摆脱“成心”，其言论方法为“借外论之”。通过“借外论之”的“寓言”启发，成就“不敖倪于万物”和“与天地精神往来”的精神启蒙诉求。也就是说，通过“寓言”，避免偏执，以表达天地万物“道通为一”的道理，并最终于“忘言”处，让意向性读者领悟“不道之道”的精妙之所在。

关于“重言”，庄子则突出了言语者“耆艾”身份和言语的“已言”功能。庄子在《天下》篇中说：“以重言为真。”这里的“真”，因为是“耆艾”之言的结果；而“真”的结果是可以“已言”。在庄子的解释中，“耆艾”和“陈人”相对，是指有学问和德操的长者。在此，理解“耆艾”身份的语用中介意义，是理解“重言”的关键。对此，有学者认为“重言”是一种我国古代“阖”“辟”辩证思维渗透下的“超越对待，走‘中观’之道”①的言语方式。这一理解是符合庄子言论思维模式的。庄子在借“耆艾”身份进行言论的时候，他正面临着至少三重矛盾：第一，文化遗产的继承问题，许多先哲的文化遗产并不与庄子立场一致；第二，战国时期是一个百家争鸣的时代，对庄子而言这一时期百家言语大抵都为有“成

① 张小琴：《试析庄子的言说方式》，载《陕西师范大学学报（哲学社会科学版）》2001年第1期。崔宜明先生在《论庄子的言说方式——重释“卮言、寓言、重言”》中解释“重言”，认为“从老子开始，就是同时说出‘有’和‘无’两个分别开来各自可以理解的命题，使之不可理解，从而指向给予‘有’‘无’以可能性的更高的不可说领域”。他还指出“禅宗的‘对法’与庄子的‘重言’一样，其主旨仍在于同时承认肯定与否定相对待的命题，来破除对待，指向超越一切对待之上的不可说的‘中道’”。崔宜明文章，载《江苏社会科学》1994年第3期。之后，张小琴在《试析庄子的言说方式》一文中吸取了这一观点。

心"之言，这和他试图达到的无"成心"之言形成了对照；第三，庄子论道过程的"忘言"悟"道"，与庄子"与世俗处"的交流期待，显然也是有冲突的，这种冲突与"阳春白雪"和"下里巴人"之间的冲突相类似。面对这三重矛盾困境，庄子的散文创作，首先采取的语用策略是借由传说人物、历史人物、圣人等，以"耆艾"的身份发表言说。这些言说中，庄子在选择性继承的同时加以发挥改造，进而使之成为体现自己思想的言说。比如，《庄子》中孔子的言说，孔子在庄子散文中虽然见识不比老子，但是其身份依然是受人尊崇的，无论是孔子受教于老子还是他跟弟子谈"心斋""坐忘"，都呈现出"圣人"的谦虚和深远的见识。当然，这里的孔子及其言说已经和《论语》中的孔子，以及后世儒家思想中的孔子不一样了，这已经是庄子选择性继承并加以发挥改造过的孔子了。如果唐代韩愈及现代郭沫若等学者所论庄子思想自儒家出之说成立①，那么，庄子散文中借孔子身份，对孔子思想的继承及发挥的脉络，也就更清晰了。其次，除了假借传说人物、历史人物、圣人等公知人物之口言说之外，庄子的辅助策略，是虚拟一些子虚乌有的"耆艾"，然后以他们的身份来说话。比如《齐物论》中的南郭子綦、颜成子游，《大宗师》中的南伯子葵、女偊等。在庄子散文中，这些虚拟"耆艾"们在问答间也展示出深邃的见识，而他们的身份则与那些历史及传说中似有似无的"耆艾"们形成了呼应并相互混淆，这对于庄子阐述自己想表之意，起到了很重要的作用。最后，基于"与世俗处"的交流期待，庄子也会假借为

---

① 唐代韩愈曾怀疑庄子本出自儒家田子方之门。郭沫若在《十批判书》中则认为庄子出自"颜氏之儒"。《十批判书》，见《郭沫若全集》历史编第2卷，人民出版社1982年版，第144～145页。

"世俗"所知晓的"耆艾"身份来言说,这样既可以满足与"世俗"的交流,又可以在"亦此亦彼"的表述中最终超越彼意达到自己对"道"的昭示。所以,关于"重言",所谓"世重之言""借重之言""庄重之言""重复之言"或"增益之言"的解释,都是其应有之意。

关于"卮言",则完全是一种符合"不道之道"内质规定的庄子个性化的语言。语言是思维的工具,有什么样的思维方式,就会有相应的言语方式与之保持一致。庄子所体悟的"道",在"有"与"无"、"言"与"不言"、"然"与"不然"、"可"与"不可"之间,因此,在关于"道"的表述中,"卮言"就是基于这些规定之下的"无心"之言。既然"无心",自然就不会带有"成心""成见"。学界关于"卮言"的解释和争论较多,有从酒器角度释义的,有从音训角度释义的。① 但是,不管如何释义,都不能离开庄子散文言说需求的规定。成玄英注疏的"无心之言",以及张默生所注疏的"漏斗式的话",基本上符合庄子"不道之道"规定下的具体言说方式。也正因为"卮言"有如此性质上的规定,庄子才说"卮言日出,和以天倪,因以曼衍,所以穷年"。因此,庄子散文通篇言语都属于"卮言","卮言"合于"道",它是庄子言语体式中最为本色的言说方式。

三、"出世""逍遥"与庄子散文的语体风格

在庄子散文创作过程中,如果说"言""意"之辨的超越性言语形式的要求,决定了庄子三种意向式言语体式的选择,"不道之道"

① 关于这一方面的总结,见赵德鸿先生《〈庄子〉诗化语言:"寓言、重言、卮言"辨析》一文,载《北方论丛》2013 年第 2 期。

的终极言说目标,决定了庄子散文言语体式的内在规定,那么,庄子出世“逍遥”的人生态度,对他散文个性化语体风格的形成则产生了决定性的影响。

关于庄子的个性,资料中记载较少。《史记·老子韩非列传》中记载庄子个性对其散文风格的影响时说:“其言洸洋自恣以适己,故自王公大人不能器之。”就是说,庄子散文文辞宏赡,议论恣肆,适合自己的性情,所以,从王公大臣起,都没法起用他。对于庄子具体的事迹,司马迁只举了一个例子:“楚威王闻庄周贤,使使厚币迎之,许以为相。庄周笑谓楚使者曰:‘千金,重利;卿相,尊位也。子独不见郊祭之牺牛乎?养食之数岁,衣以文绣,以入大庙。当是之时,虽欲为孤豚,岂可得乎?子亟去,无污我。我宁游戏污渎之中自快,无为有国者所羁,终身不仕,以快吾志焉。’”①虽然司马迁对庄子的记载文字很少,但是,这一段对庄子出世的人生态度及这种态度下“逍遥”的个性追求,还是做了形象化展示。也正是这种个性,才形成了他“言洸洋自恣”的散文文体风格。

除了《史记》中的记载之外,我们理解庄子个性的其他依据,基本上主要靠《庄子》散文中和庄子自身相关的一些故事了。这些能够勾画出庄子性格的故事,比较著名的有“庄周梦蝶”(《齐物论》),“庄子钓于濮水”“惠子相梁”“庄子与惠子游于濠梁”(《秋水》),“庄子妻死”(《至乐》),“魏王召见庄子”(《山木》),“庄子论儒士”(《田子方》),“运斤成风”(《徐无鬼》),“涸辙之鲋”(《外物》),“庄子将死”(《列御寇》)等。这些故事,一方面,展示出庄子在生于斯长于斯的日常凡俗中,以“出世”的态度批判世俗生活中功利和伪善的一面;另一方面,又展示出他以悟“道”与“万物齐一”

① 〔汉〕司马迁:《史记》,中华书局2005年版,第1704、1705页。

的态度追求一种超越凡俗的哲学化生活。在这些故事中，庄子厌恶“入世”做官，他把做官看作是“王巾笥而藏之庙堂之上”的死龟或者是猫头鹰口中的“腐鼠”；即使面对权贵，他也敢于愤世嫉俗，敢于对“昏上乱相”的社会政治展开无情的揭露；而对生活中的伪善或者推诿的言行，他“忿然作色”态度鲜明，进行了毫不留情的揭示和讽刺；对于友情，他与朋友的辩论尖刻异常却又乐在其中，朋友去世他发出触及灵魂的哀叹与缅怀；他不免于世俗，却又能在与物“齐一”的哲学化人生中超越世俗，看淡生死，妻子去世他长歌当哭，而自己将死，则“以天地为棺椁，以日月为连璧，星辰为珠玑，万物为赍送”，豁达开导弟子们。庄子就是这样在世俗与“出世”之间追求一种极富个性的“逍遥”人生。

关于庄子自身的寓言故事，在《庄子》散文中记载甚详，在这里就不再具体展开叙述了。我们要探明的是，正由于庄子这种“出世”“逍遥”的个性和人生态度，使得他散文的言语少了一分市侩，多了一分洒脱，少了一些枷锁，多了几许随性自适。“寓言”“重言”“卮言”三种“不道之道”规定下的言语体式，也因为庄子的这种个性和人生态度，而从一种理智诉求的言语体式变成了灌注了庄子生命灵气的感性言语。对自己散文言语上的特点，庄子在《天下》篇中这样总结道：

> 芴漠无形，变化无常，死与生与，天地并与，神明往与！芒乎何之，忽乎何适，万物毕罗，莫足以归，古之道术有在于是者。庄周闻其风而悦之。以谬悠之说，荒唐之言，无端崖之辞，时恣纵而不傥，不以觭见之也……其书虽瑰玮而连犿无伤也。其辞虽参差而諔诡可观。彼其充实不可以已，上与造物者游，而下与外死生无终始者为友。其于本也，弘大而辟，深

闳而肆；其于宗也，可谓稠适而上遂矣。①

这里，“谬悠之说，荒唐之言，无端崖之辞，时恣纵而不傥，不以觭见之也”，这正是在表达对象的吁求和庄子个性选择基础上形成的庄子言语表达方式和言语内质规定方面的特点；其中，“时恣纵而不傥”，则展示了庄子散文言语根据表达对象而任性为之的生命气韵所在。在作品的文本语言特点方面，庄子自认为文本整体上是“虽瑰玮而连犿无伤”，也就是既奇特宏壮，又和顺婉转，无碍说理；文本中具体的言语则是“其辞虽参差而諔诡可观”，“参差”，成玄英疏为“或虚或实”，林希逸疏为“或彼或此、或抑或扬，不可定”，“諔诡”则是奇特之意。在创作个性方面，庄子强调了自己悟“道”“逍遥”的个性：“彼其充实不可以已，上与造物者游，而下与外死生无终始者为友。”这样，言语表达方式和言语内质规定、文本语言特点、创作个性等三个方面相契合，在具体言说表达方面，就形成了“弘大而辟，深闳而肆”“稠适而上遂”的表达特点。

鉴于《庄子》散文以言达意的客观选择与规定，及散文创作过程中庄子生命个性的任性发挥，阅读庄子散文，与其说是我们在理解庄子的思想，不如说是我们在感悟庄子的生命境界。而这种生命境界，也正是因为契合了他“与世俗处”的意向性言语体式选择，使得庄子的散文语体呈现出一种澄明可感的自然风格：他的“寓言”体表达，虽然哲思精微，但形象可感，是他生命境界的呈现，这同其他作为道理或者思想象征的寓言形式相比，具有截然不同的风格；并且同世界其他民族的象征类文艺作品相比，庄子的寓言没有不忍卒读的雕削晦涩，相反，它适合不同层次的读者，能够引发

① 陈鼓应：《庄子今注今译》，中华书局1983年版，第884页。

不同层次读者不同程度的意向性回应。他的“重言”体表达，不同于与其时代相近的古希腊柏拉图对话的理性风格，它少了许多柏拉图对话“爱智慧”的理性探究和苦思，多了许多对生命，对天地，对自然，对万物“道通为一”的生命感悟和关爱。他的“卮言”体，则因为生命灵气的灌注，成为一种率性、“直寻”的言语，这种言语体式以其自然而然的属性，逐渐成为后世我国艺术作品语言美方面的典范形态之一。另外，基于庄子散文这种澄明可感的自然风格在三种言语体式中的整一性呈现，庄子作品以“言”达“意”的意向性启示、“不落言筌”的隐喻与暗示效果与他的生命灵气深度凝结，造成了庄子散文“言有尽而意有余”的“篇隐”特征，这种“篇隐”的特征，为后世我国“意境”理论的生成产生了重要影响。

宋词中的水意象与词的特质

鞠　岩　刘珊珊

在宋词中，从词牌到意象，“水”俯拾皆是，足见词人对水的偏爱。“水龙吟”“浣溪沙”“浪淘沙”“西江月”“蓦山溪”……这些词牌名使得宋词甫一开始便带着氤氲的水汽扑面而至。从婉约词到豪放词，从离别相思到羁旅行役到怀古咏史，宋词中的“水”意象蕴含着词人们丰富的思想感情——离别相思之“恨”，久经羁旅之“厌”，流年似水之“伤”，时序催人之“愁”，时移世易之“忧”，青山绿水之“乐”，感士不遇之“悲”，美人家国之“爱”与“痛”。词人频频以“水”入词，传情达意，一是因为词诞生之初的音乐性、侧艳风格和女性特征与水的声音、形态皆有相似之处，而词的繁荣又是在山明水秀的江南，自然多以江南风物入词，不免染上江南灵秀柔婉的文化气质；二是水的清明灵动和词的“要眇宜修”有质的相通之处；三是水的流动性与阻隔性的特征与宋词情感的抒发与郁结有相通之处；四则水的空明澄澈映衬了士大夫光风霁月的高洁品格。

一、“水”与词的创作

词是一种具有音乐特性的文学体裁，其创作和流传都与音乐息息相关。词最早用于筵席歌唱，词人倚声填词，要协律可歌，所以词讲究韵律美和节奏美。韵位错落，平仄互转，如大珠小珠落玉盘；长短句相间，节奏参差，如泉流石间，泠泠作响。用于歌唱的词离不开乐器的伴奏，琵琶、笛箫、琴、檀板，音色皆清脆宛转，如枝头娇莺语，石上清泉声：

佳人学得平阳曲。纤纤玉笋横孤竹。一弄入云声。海门江月清。（张先《菩萨蛮》）①

牙板数敲珠一串。（欧阳修《蝶恋花》）

歌水调，韵琵琶。声声都是怨年华。（仲并《鹧鸪天》）

弦管伴奏，牙板打拍，令静态的诗文有了动感，更富韵致，加以妙龄少女的婉转歌喉清唱，词在创作之初便以其音乐性和泠泠水声结下了不解之缘。

词起初用于筵席佐乐，娱宾遣兴，多以女性为描写对象，多吟唱男女爱情，风格侧艳绮靡。欧阳炯《花间集序》云："则有绮筵公子，绣幌佳人，递叶叶之花笺，文抽丽锦；举纤纤之玉指，拍按香檀。不无清绝之词，用助娇娆之态。"再如欧阳修《减字木兰花》中对歌伎的描写："歌檀敛袂。缭绕雕梁尘暗起。柔润清圆。百琲明珠一线穿。　樱唇玉齿。天上仙音心下事。留住行云。满坐迷魂酒半醺。"女子是宋词中重要的抒情对象和抒情主体，女儿似水，阴柔纯净、清灵婉约、美丽善变、心思细腻、情思悠长。佳人弹丝吹竹，语娇声颤，画舫水榭中，美酒佳肴伴以轻歌曼舞，词作中以水起兴，写美人、写柔情也是理所当然。

---

① 唐圭璋编：《全宋词》，中华书局1965年版，第77页。本文所引宋词全部引自此书，以下不再一一注明。

词的繁荣是在江南。江南山川秀美、山明水净，烟雨朦胧、烟波浩渺，清婉柔媚、清空淡雅，令人"洗尽凡心，相忘尘世，梦想都销歇"（朱敦儒《念奴娇·垂虹亭》），水墨的江南孕育了如水的宋词。词的起源并不在江南，但是，唐末五代以降，藩镇割据，中原动荡不安，而江南、西蜀一带，偏安一隅，美丽的自然环境，富庶的社会环境，恰为词的勃兴提供了温床，于是文学的灵气钟于江南，词也带着江南的氤氲水汽，在香软柔媚的文化环境中繁盛起来。"江南都会是词体的发祥之地，江南丰腴的土壤培植，滋润着词体的内容和形式，随着江南审美文化的成熟并居于主导地位，词体的主位审美资质亦日益显露而成为江南审美文化的结晶和表征。"①

此外，词是一种音乐文学，产生于花间樽前，杏花烟雨江南，有小桥流水、梅柳荷花遍布，教坊楼肆、舞榭歌台云集，柔情似水的歌伎舞倡、泛舟歌唱的采菱佳丽、浣纱拾翠的越女吴娃，在这水泽浸润的环境里处处孕育着新词新声。一方水土养一方人，南方水土柔和，"人性柔慧"（《宋史·地理志》）。许多文人出身江南，如张先、秦观、周邦彦等，自幼得江南山水的浸润，江南纤弱阴柔、细腻婉约的地域风格也影响和塑造着人们的性格、气质。江南书生清秀淡雅、高洁清旷的气质也影响着他们对水的偏爱。

二、"水"与词的特质

王国维《人间词话删稿》云："词之为体，要眇宜修。能言诗之所不能言，而不能尽言诗之所能言。诗之境阔，词之言长。"②"要

---

① 邓嗣明：《中国词美学》，海天出版社2011年版，第3页。

② 施议对：《人间词话译注》（增订本），岳麓书社2008年版，第179页。

眇宜修”十分精当地点明了词的特点。张炎《词源·赋情》:“簸弄风月,陶写性情,词婉于诗;盖声出莺吭燕舌间,稍近乎情可也。”①词婉于诗,近乎情;水的特点是清明灵动,与词“要眇宜修”、婉约抒情的特质是相通的。有了水,宋词更加清婉动人;少了水,或许就少了宋词的灵性。

第一,从风格来看,词“以清切婉丽为宗”,婉约词也好,豪放词也好,骚雅词也好,水的运用使得词这一盛行于秦楼楚馆的文体洗尽铅华、洗尽凡尘,给词体增添了一分清婉、一分灵动、一分含蓄。宋词史上不乏多情才子,“恁偎红翠”的柳七郎,“自是有情痴”的晏几道,“古之伤心人”秦少游,冷笔深情的姜白石,追忆入梦的吴梦窗……艳情贯穿词发展的始终,“诗庄词媚”,尽管词相较于诗有大量写儿女情长、爱恨相思的成分,但仍然不似西方诗歌的大胆直露,更侧重于内心对恋情的执着和迷惘,欲吐还吞。例如:

肥水东流无尽期。当初不合种相思。梦中未比丹青见,暗里忽惊山鸟啼。　　春未绿,鬓先丝,人间别久不成悲。谁教岁岁红莲夜,两处沉吟各自知。(姜夔《鹧鸪天·元夕有所梦》)

离多最是,东西流水,终解两相逢。浅情终似,行云无定,犹到梦魂中。　　可怜人意,薄于云水,佳会更难重。细想从来,断肠多处,不与者番同。(晏几道《少年游》)

写水流无尽期,犹言相思之恨无尽期。元夕夜,重逢无望,相忆成

① 〔宋〕张炎著,夏承焘校注:《词源注》,见《词源注　乐府指迷笺释》,人民文学出版社1963年版,第23页。

梦，又被鸟啼声惊醒，梦里相会不成。上片后悔当初不该种下相思，下片也言“别久不成悲”，似是无情，却愈显深情，相对红莲，两处沉吟，彼此念念不忘，极尽缱绻，读来备感沉痛。流水虽会分流，终会合流，而人意薄于云水，难再相逢。“细想从来，断肠多处，不与者番同”，直言对方的情浅意薄，而自己仍深情苦恋。白石词以流水的迢迢无尽喻相思，而小山词以水的合流喻浅情难再会，都是低回曲折，令人回味无穷，又是语淡情深，荡气回肠。“水”意象的运用，使得这些爱情词媚而不俗，深情缱绻而又不流于轻浮。

第二，从情感表达来看，婉约词主言情，尚含蓄，“而发之又必若隐若见，欲露不露，反复缠绵，终不许一语道破。匪独体格之高，亦见性情之厚”①。要眇之情、凄迷之境若无从表达，涓涓流水恰与绵绵情思相似，蜿蜒的流水又恰能将其娓娓道出，意生言外，含蓄曲折，韵味无穷。例如谢逸《鹧鸪天》：

桐叶成阴拂画檐。清风凉处卷疏帘。红绡舞袖萦腰柳，碧玉眉心媚脸莲。　　愁满眼，水连天。香笺小字倩谁传。梅黄楚岸垂垂雨，草碧吴江淡淡烟。

“愁满眼”，美丽的舞姬因何生愁？因为思念心上人。放眼望去，只有连天水面，看不到恋人；欲寄香笺小字，又无人可做信使，或者她根本不知道恋人此时身处何方。她也只有对着楚岸吴江的“垂垂雨”“淡淡烟”空自惆怅了。这首词中，连天的浩渺烟水恰如舞姬的柔柔眼波，满是对恋人的思念，又如舞姬的绵绵心绪，满是音书难

① 〔清〕陈廷焯著，杜未末校点：《白雨斋词话》，人民文学出版社 1959 年版，第 5～6 页。

托的惆怅。楚岸吴江、丝雨淡烟，蒙蒙的水汽将若隐若现，似浅而深的相思寂寞徐徐晕染出来。

苏轼开豪放一派，"以诗为词"，虽不注重词的协律可歌，但其词抒情言志，将最真实的情感和壮志豪情如滔滔江水滚滚托出、一泻千里。词体要眇而贵含蓄，故豪壮之词亦宜表达得沉绵深挚，流水恰可进行一种缓冲，使之于豪壮之中更显沉咽缠绵，刚柔并济、侠骨柔肠，不至于与词体不合。如辛弃疾《菩萨蛮·书江西造口壁》：

> 郁孤台下清江水。中间多少行人泪。东北是长安。可怜无数山。　　青山遮不住。毕竟江流去。江晚正愁余。山深闻鹧鸪。

清江水、行人泪，将一腔豪壮之情化为绕指柔，将深挚的爱国之情缓缓道出。缪钺先生评稼轩既有"英发之雄姿"，又有"细美之情感"，[①]除了本人的性情之外，选用水这类纤细的意象摧刚为柔，也使其词有雄豪之情而不流于粗疏，从而具有"内蕴之境""郁勃之致"[②]。

三、"水"与宋词的情感表达

（一）水的流动性和传递性与宋词情感的激发和释放

水具有流动性和传递性，视线随着流水放射出去，心中的百感

① 缪钺：《诗词散论》，上海古籍出版社1982年版，第79页。

② 缪钺：《诗词散论》，上海古籍出版社1982年版，第77、79页。

也随之生发释放出来。如范仲淹《苏幕遮》：

碧云天，黄叶地。秋色连波，波上寒烟翠。山映斜阳天接水。芳草无情，更在斜阳外。　黯乡魂，追旅思。夜夜除非，好梦留人睡。明月楼高休独倚。酒入愁肠，化作相思泪。

由天到地，由黄叶到秋水，由水到烟，由烟到山和斜阳，再由天到水。独倚高楼，接天连地的一江秋水在带动词人视线移动的同时，更将思乡之情、羁旅之倦席卷带出。再如辛弃疾《水龙吟》上片：

楚天千里清秋，水随天去秋无际。遥岑远日，献愁供恨，玉簪螺髻。落日楼头，断鸿声里，江南游子。把吴钩看了，栏杆拍遍，无人会、登临意。

也是楚天秋水将深藏心底的愁愤激发了出来。凭栏远眺，江水远山，“献愁供恨”，家国之悲、士不遇之悲也如这滔滔江水般澎湃，一发而不可收拾，无奈把栏杆拍遍也无人会意。

“悠悠”常用来描写水，水的绵绵不断常常带动着忧思情感的传递，水又是没有约束性的，象征着情感一发而不可收。“离思迢迢远，一似长江水。去不断，来无际。”（欧阳修《千秋岁》）流水缠绵、源源不绝，激发人绵绵不断的情思，离人的目光、伊人的相思，都可以顺着流水延续千里。“我住长江头，君住长江尾。日日思君不见君，共饮长江水。此水几时休，此恨何时已。只愿君心似我心，定不负相思意。”（李之仪《卜算子》）流动的水连接两地、贯通两心，分开的人可以以水传情，可以思接千里。

水天相接，百川入海，浩渺的烟波、奔涌的江河令人感慨大自然的变与不变、无常与有常。生逢乱世则叹黍离苍生,“便挽取、长江入尊罍,浇胸臆”(赵鼎《满江红》),生逢盛世则叹宇宙人生,“是处红衰翠减,苒苒物华休。惟有长江水,无语东流”(柳永《八声甘州》)。

(二)“水”的阻隔性和流逝性与宋词情感传递的阻碍和郁结

古代交通不便,横亘于前的江河湖海是词人与恋人、友人的阻隔,是词人与家乡、亲人的阻隔;水也可以代指无法逾越的抽象意义上的阻碍或心灵隔阂,例如故国、亡人、无法企及的爱情、对往昔的追忆、对古人的凭吊。这在前人的诗文中也是常有的,例如,“花褪残红青杏小。燕子飞时,绿水人家绕。枝上柳绵吹又少。天涯何处无芳草。　　墙里秋千墙外道。墙外行人,墙里佳人笑。笑渐不闻声渐悄。多情却被无情恼”(苏轼《蝶恋花》)与“蒹葭苍苍,白露为霜。所谓伊人,在水一方。溯洄从之,道阻且长。溯游从之,宛在水中央”(《诗经·秦风·蒹葭》),同是写水对恋情的阻隔。而“一望乡关烟水隔”(柳永《归朝欢》)与“我家襄水曲,遥隔楚云端”(孟浩然《早寒有怀》),同是写水对故乡的阻隔。

山遥水远,音信难托,水的阻隔性令那份牵挂、思念无法传递,郁结于心,只有将这份怅惘诉诸流水。例如:

钿盒瑶钗,至今冷落轻弃。望极蓝桥,但暮云千里。几重山,几重水。(张先《碧牡丹》)

江南梦断横江渚……送孤鸿、目断千山阻。谁为我,唱金缕。(叶梦得《贺新郎》)

梦断故国山川,隔重重烟水。身万里,旧社凋零,青门俊游谁记。(陆游《双头莲·呈范至能待制》)

于是，经常借助飞翔的大雁、水中的游鱼来逾越流水的阻碍，传递思念，例如：

鸿雁在云鱼在水。惆怅此情难寄……人面不知何处，绿波依旧东流。（晏殊《清平乐》）

水还具有流逝性。流动的水拉开了距离，同样造成阻隔。迢迢江流转瞬间将人载至遥不可及的远方，“愁一箭风快，半篙波暖，回头迢递便数驿”（周邦彦《兰陵王·柳》）。流水易逝，覆水难收，流年似水，佳期如梦，美好事物的流逝令人心生叹惋，“春色三分，二分尘土，一分流水。细看来，不是杨花点点，是离人泪”（苏轼《水龙吟》）。流水无情、流水薄幸，水的流逝还带有不稳定、易改变的特点，成了盟发誓言、抱怨负心的载体，“多情惟有面前山，不随潮水来还去”（李之仪《踏莎行》）。

水的流逝极易引起词人的忧伤与感怀。淡烟流水，轻寒漠漠，心思纤密之人生无端闲愁；逝者如川，春秋代序，多愁善感之人感时伤怀，叹流年似水易逝，红颜如花易殒；滚滚江水，淘尽英雄豪杰，淘尽兴衰荣枯，豪放悲悯之人思接千古，叹时移世易，生故国之思。尤其是那淡如烟的水和情思最能体现宋词的特点，例如晏殊《浣溪沙》：

小阁重帘有燕过。晚花红片落庭莎。曲栏干影入凉波。一霎好风生翠幕，几回疏雨滴圆荷。酒醒人散得愁多。

初夏，燕过小阁重帘，花落庭院绿茵，栏杆影入小池凉波，雨滴水面圆荷——美丽的自然，恬静的生活，然而，“过”“落”“入”，一切似有若无，似乎拥有，又似乎已经逝去，好风吹过，酒醒人散，不禁生愁许多。这种闲愁如影入凉波，生发自纤细幽约的心思，恍若倒影，分明存在却又如梦似幻，触手可及却又遥不可及。

晏殊一生显达，却时常于诗意中思考生命，在圆满的生活中敏感地体悟到人生苦短这一不圆满之处。文人的闲愁是暂时跳出现实束缚的一瞬，于繁华的间隙中蓦然生出朦胧的忧伤，正所谓"可奈光阴似水声。迢迢去未停"（晏殊《破阵子》）。闲愁是清淡缥缈、细微平和的，似如镜的水面，倒映着心底最纤密柔软的情思；是无端生发、不期而至的，似层层的涟漪，不经意间被风吹皱，当你发觉时已经被这淡淡的忧伤轻轻笼罩着，正如"自在飞花轻似梦，无边丝雨细如愁"（秦观《浣溪沙》）。

四、"水"与宋代士人品格

缪钺先生在《诗词散论·论词》中指出，词体的生发因其与自然之境界、人心之情感相应和，"凡真正词人及有词之修养者，其表现于为人及治学，均有特征。其为人也，必柔厚芳洁，清超旷逸，无机诈之心，鄙吝之念"①。文章的体格、意象的选择都折射出作者的修养和品格。中国自古就有以山水比德的传统，宋代文人经常通过描写开阔澄净的水面、晴朗空明的月色，来映衬自己的高洁人格、旷达胸襟和俊朗风神。苏轼就经常在诗词中写水，尤其是月色下平如镜的水面，例如，"一叶舟轻。双桨鸿惊。水天清、影湛波平。鱼翻藻鉴，鹭点烟汀。过沙溪急，霜溪冷，月溪明"（《行香子·过七里滩》），"长恨此身非我有，何时忘却营营。夜阑风静縠纹平。

① 缪钺：《诗词散论》，上海古籍出版社1982年版，第63页。

小舟从此逝，江海寄余生”（《临江仙·夜归临皋》）。

再如张孝祥《念奴娇·过洞庭》：

> 洞庭青草，近中秋、更无一点风色。玉鉴琼田三万顷，着我扁舟一叶。素月分辉，明河共影，表里俱澄澈。悠然心会，妙处难与君说。　应念岭海经年，孤光自照，肝肺皆冰雪。短发萧骚襟袖冷，稳泛沧溟空阔。尽吸西江，细斟北斗，万象为宾客。扣舷独笑，不知今夕何夕。

在这里，素月银河下的洞庭湖如万顷玉田一般空明澄净。光风霁月，光照肝肺，澄明清空的自然境界与玲珑剔透的人格境界交相辉映，一句“表里俱澄澈”，道出了士大夫的气节——高洁傲岸、冰清玉洁。

与污浊的尘世相比，纯净、恬静的山光水色和乡村田园，既是游子迁客逃避现实、安抚心灵的精神乐土，也是隐逸之士远离尘俗污染的世外桃源。当文人士子仕途偃蹇、报国无门，静水流深恰能抚慰他们失落受伤的心灵。水的空明澄净，荡涤被尘俗所污、被世事所累的心灵。水的至纯至善，守护他们内心的淡泊、高洁和宁静。水的清明灵动正代表了宋代士人光风霁月的胸怀。

“可惜一溪风月，莫教踏碎琼瑶”（苏轼《西江月》），“叶上初阳干宿雨、水面清圆，一一风荷举”（周邦彦《苏幕遮》），“烟艇稳，浦溆正清秋。风细波平宜进楫，月明江静好沉钩。横笛起汀洲”（李纲《望江南》）。若没这不染纤尘、空明澄净的水世界，也难有这些明净如水、冰心一片的清词丽句了。

结　论

词是一种具有音乐美的抒情文体。“水”在宋词中出现的频率如此之高，正因为“水”的清明灵动和空明澄澈暗合了词清切婉丽的特质和宋代文人的高洁情操，其流动性与阻隔性的特征则暗合了宋词抒情特点的需要。有宋一朝，文人士大夫在优待文士的国策以及繁荣的经济文化的滋养下，过着琴棋书画、诗酒花茶的风雅生活，然而，积贫积弱的国情、险恶多变的仕途以及文人柔弱敏感的情思，令他们有着无尽的人生感慨、离愁别绪、家国恨和壮士悲。而“水”，恰以它的特点触发、传递和排遣着这些情思，作为一种独特的媒介频频出现在词作中。宋词也因此带着泠泠的水声，带着烟雨江南的氤氲水汽和才子佳人的涓涓清泪，成为中国古代文学史上最湿润的一卷。

论　侠

——以武犯禁之士

柳卓霞

关于侠的起源，学界历来众说纷纭，尚未形成定论，如侠源于士、源于刺客、源于儒、源于墨、源于民间、源于远古氏族遗风、源于某种精神气质、源于神话原型、源于英雄崇拜等。① 侠起源于何时，最初状态是什么样子，我们暂时无法确切考证，但不可否认，这些观点从不同的侧面分析和揭示了侠的特征。自侠产生以后，经过千百年的发展演变，侠文化已成为最具中国特色的文化形态之一，并且“侠的文化内涵不断延展，形成为侠与其他形式的合流与泛化”②。在侠文化与其他文化形式的交融中，“侠”与“士”的关系是其中非常重要的方面，现当代学者如顾颉刚、吕思勉、陈山、汪涌豪等对此已有论述。

本文将从重新审视“士最初为武士”的观点入手，通过考察“士”与“侠”的字源、古代的兵农合一与分化、古代教育的发展、古人的剑崇拜、韩非子的思想等方面，探讨“侠”在产生和发展初期与

① 关于侠的起源的诸种观点，可参看陈夫龙《侠的起源诸学说批判》，载《西南大学学报（社会科学版）》2010 年第 3 期。

② 韩云波：《侠的文化内涵与文化模式》，载《西南师范大学学报（哲学社会科学版）》1994 年第 2 期。

士文化的密切关系。

一、从“士”最初为“武士”说起

“士”最初为武士的观点，最早由张荫麟和顾颉刚两位学者提出。张荫麟在《中国上古史纲》中解释道：“士字原初指执干（盾）、戈、佩弓、矢的武士，其后却渐渐变成专指读书、议论的文人。”①顾颉刚在《武士与文士之蜕化》中提出：“吾国古代之士，皆武士也。士为低级之贵族，居于国中，有统驭平民之权利，亦有执干戈以卫社稷之义务，故谓之‘国士’以示其地位之高。……谓之‘君子’与‘都君子’者，犹曰‘国士’，所以表示其贵族之身分，为当时一般人所仰望者也。”②认为士是手执武器护卫国家之低级贵族。

关于“士”，《说文解字》解释为：“士，事也。数始于一，终于十，从一从十。孔子曰：推十合一为士。”③“士”就是负责做事的人，并且从一到十，善始善终。对于“士”具体负责什么事务，近代文字学家吴承仕曾做过阐述：“士古以称男子，事谓耕作也。知事为耕作者，《释名·释言语》云：‘事，傳也，傳，立也，青徐人言立曰傳。”傳，意为树立、建立、插入、刺入。又云：“盖耕作始于立苗，所谓插物地中也。士事菑古音并同，男字从力田，依形得义，士则以声得义也。事今为职事事业之义者，人生莫大于食，事莫重于耕，故臿物地中之事引申为一切之事也。”杨树达根据甲骨文对此加以补充：“士字甲文作丄，一象地，丨象苗插入地中之形，检斋之说与古文

① 张荫麟：《中国上古史纲》，台湾里仁书局1982年版，第64页。
② 顾颉刚：《史林杂识初编》，中华书局1963年版，第85页。
③ 《说文解字》，《四库全书》本。

字形亦相吻合也。”两位学者认为士乃古代从事农业耕作之男子。士是手持干戈保卫社稷的武人，还是在田间努力耕种的农人，这两种观点看似相差极大，其实在历史上，武士和农人这两种身份存在一个从统一到分化的过程。

中国古代曾有一段兵农合一的时期，吕思勉认为，“士则战士，平时肆力于耕耘，有事则执干戈以卫社稷者也”①。“士”在本氏族或本国遭遇战争时要担任冲锋陷阵的士兵，在安宁无事时则是努力耕种的农人。同时，吕思勉指出，此时还有一些不参与对外作战、不服兵役的人，即战争俘虏：“古之民，有征服者与所征服者之别。征服者居中央山险之地，服兵役，是为乡。所征服者，居四面平夷之地，其人亦非不能为兵，惟但使保卫闾里，不事征戍，如后世之乡兵然。”②所以，士在兵农合一这段时间内应该主要指在一个氏族或国家内部，有资格战时为兵、闲时为农的成年男子。

随着社会的发展和阶层的分化，战士和农人的身份渐渐地发生了分化，一批人专门从事农耕，一批人则专门从事武力征战和统驭平民，成了负责各项事务的最低等的贵族——士。谭戒甫在《墨经分类译注》中曾明确提到这一点：“士，最初本是一种耕田而又作战的氏族成员，后来不耕遂称武士，成份是在大夫和农民之间。”③关于“士”此时的社会地位，孟子回答北宫锜关于周代爵位问题时有言：“君一位，卿一位，大夫一位，上士一位，中士一位，下士一位，凡六等。”关于俸禄差异，又言：“大夫倍上士，上士倍中士，中士倍下士，下士与庶人在官者同禄，禄足以代其耕也。”④可见，“士”是

① 吕思勉：《先秦史》，上海古籍出版社 1982 年版，第 293 页。

② 吕思勉：《先秦史》，上海古籍出版社 1982 年版，第 413 页。

③ 谭戒甫编著：《墨经分类译注》，中华书局 1981 年版，第 196 页。

④ 王金芳编著：《孟子》，金盾出版社 2009 年版，第 161、162 页。

最低等有身份有职务的贵族。士作为最低等的贵族,可以追溯到商代。《尚书·牧誓》中武王指斥商纣王任用奸佞亡命之徒云:“是以为大夫卿士,俾暴虐于百姓,以奸宄于商邑。”①周代亦将“士”列入最末等贵族。《礼记·王制》记载:“王者之制禄爵:公、侯、伯、子、男,凡五等。诸侯之上大夫卿、下大夫、上士、中士、下士,凡五等。”②王学泰曾在《游民文化与中国社会》一书中就周代初期士的生存状态做过言简意赅的阐述:

> 士本是最低一个等级的贵族。它首先是武士,在军队中担任中下级军官,在周天子领地或诸侯国中的基层行政机构中担任职事官,以及卿大夫家中的邑宰或家臣。作为贵族,他们的地位和职业是世袭的,因此他们要有守职敬业的决心。他们为官作吏,或能分得一块土地,或能有禄足以“代耕”,因而不必如农民一样顶烈日犯霜露去耕田种地,这是“士”在周初的情况。③

上文提到顾颉刚先生在《武士与文士之蜕化》一文中所说:“吾国古代之士,皆武士也。士为低级之贵族,居于国中,有统驭平民之权利,亦有执干戈以卫社稷之义务,故谓之‘国士’以示其地位之高。”这应该是“士”从兵农结合的身份脱离,成为专门负责“统驭平民”“执干戈以卫社稷”的士人。“士”作为最低等的贵族,对内须负责各项具体事务,对外须手执干戈捍卫社稷,这就需要士兼备文

---

① 王世舜:《尚书译注》,四川人民出版社 1982 年版,第 112 页。

② 曾亦、陈文嫣:《礼记导读》,中国国际广播出版社 2009 年版,第 148 页。

③ 王学泰:《游民文化与中国社会》,学苑出版社 1999 年版,第 81 页。

武之才，关于这点，顾颉刚在《史林杂识初编》中曾指出古代的士为“古代文、武兼包之士”①。

中国古代的“士”由兵农合一，到兵农分离且主要担任武士，最后成为文武兼包的低等贵族的过程，从古代教育的发展可以得到证明。

中国古代虞夏时期有用于养老的庠，《礼记·王制》记载，“有虞氏养国老于上庠，养庶老于下庠”，《礼记·明堂位》记载，“米廪，有虞氏之庠也”。② 庠、序、校等后来成为学校的名称，这说明它们除了用于养老，还承担着教育的功能。《孟子·滕文公上》云：“设为庠、序、学、校以教之。庠者，养也；校者，教也；序者，射也。”③有学者认为：“我国古籍中有些关于‘虞庠’的传说，这种庠的组织一般被认为是最早的学校萌芽。它的作用是养老兼教育。”④“当时的教育直接为社会生产和生活服务，只是把生产经验、技能、社会生活的知识能力以及必须具备的品德，直接传授给后代。”⑤此时，最重要的社会生产和生活经验是耕种、狩猎及抵御外族的攻击，当然，道德的教化也是不可缺少的。

夏朝统治者重视军事技能的训练，教育场所“校”“序”皆有军事教育的作用。《说文解字》云，“校，木囚也。从木，交声”，段玉裁

---

① 顾颉刚：《史林杂识初编》，中华书局 1963 年版，第 89 页。

② 曾亦、陈文嫣：《礼记导读》，中国国际广播出版社 2009 年版，第 169、245 页。

③ 鲁国尧、马智强：《〈孟子〉注评》，凤凰出版社 2006 年版，第 83 页。

④ 刘兆伟等编：《中外教育管理史略》，辽宁师范大学出版社 1999 年版，第 4 页。

⑤ 毛礼锐、沈灌群主编：《中国教育通史》（第 1 卷），山东教育出版社 1985 年版，第 52 页。

注曰，“囚，系也。木囚者，以木羁之也”。[①] 说明“校”中有木栅栏作为羁绊。学者推论，这些木制的类似刑具的木材做成的围栏，是用来限制马的行动，教练“御”的场所，以此进行军事习武训练。[②]《尚书·甘誓》中有“左不攻于左，汝不恭命；右不攻于右，汝不恭命；御非其马之正，汝不恭命”[③]，这说明夏初已重视“御”的教习，即驾驭战车的训练。《说文》云：“序，东西墙也。”[④]《孟子·滕文公上》又云：“序者，射也。”马叙伦在《说文解字六书疏证》卷十八中对此做了进一步阐释：“‘廍’字见于虢季子白盘。其文曰：王在宣廍。廍盖从广，射声。射序声同鱼类。故孟子曰：序，射也”，“序亦廍之借”，“廍为可射之地，故即得声于射”。[⑤] 根据《左传·襄公四年》记载：“昔有夏之方衰也，后羿自鉏迁于穷石，因夏民以代夏政。恃其射也，不修民事，而淫于原兽。”[⑥]这些都说明，最晚在夏朝，军事训练已经成为教育的重要内容之一。

随着社会的发展，在商周时期，中国的教育内容就很明确了。《周官·保氏》和《周官·大司徒》皆记载了当时的“六艺”之教：礼、乐、射、御、书、数。通常来讲，礼主要指礼节，乐指音乐，射指投掷射箭技术，御指驾驭马车的技术，书指写字书法，数指算法算术。周朝崇尚文治、德治，从教育内容看，礼仪性的和文化性的内容受到重视，但实际上军事性的教育内容仍然存在。可以说，此时的教

---

① 段玉裁：《说文解字注》，上海古籍出版社 1988 年版。

② 仲卫东：《先秦学校称谓字探源》，载《黑龙江史志》2009 年第 2 期。

③ 王世舜：《尚书译注》，四川人民出版社 1982 年版，第 75 页。

④ 《说文解字》，《四库全书》本。

⑤ 转引自仲卫东《先秦学校称谓字探源》，载《黑龙江史志》2009 年第 2 期。

⑥ 杨伯峻编著：《春秋左传注》，中华书局 1981 年版，第 936 页。

育是文、武兼有的，这也就不难产生文武兼备的人才了。

由于社会生产的限制，古代的学习条件并不是很充分。就最早期农业生产和生活的经验来说，耳濡目染，日久浸润，大多数人是可以通过实践习知的。但是专门的军事训练和文化知识的学习则需要固定的时间进行练习，这时平民阶层就被抛出教育体系之外，只有贵族才能享受教育，而最低等之贵族“士”就成为最大的受教育群体。所以，从古代教育的发展可以窥见中国古代的“士”由兵农合一，到兵农分离主要担任武士，成为文武全才的过程。

二、侠，“以武犯禁”之士

战国末期，韩非子在《五蠹》中认为当时的儒和侠都是社会的蠹虫：“儒以文乱法，侠以武犯禁，而人主兼礼之，此所以乱也。夫离法者罪，而诸先生以文学取；犯禁者诛，而群侠以私剑养。”①这是现存最早关于“侠”的描述。

在《五蠹》这篇文章中，韩非子将儒、侠并举，并分别以文、武对其定性，不免使人产生错觉，即儒为文人，侠是武人，两者不可兼得。如顾颉刚在《武士与文士之蜕化》中说：“战国者，攻伐最剧烈之时代也，不但不能废武事，其慷慨赴死之精神且有甚于春秋，故士之好武者正复不少。彼辈自成一集团，不与文士混。以两集团之对立而有新名词出焉：文者谓之‘儒’，武者谓之‘侠’。儒重名誉，侠重义气……古代文、武兼包之士至是分歧为二……儒侠对

① 〔战国〕韩非子著，刘建生编译：《韩非子精解》，海潮出版社 2012 年版，第 567 页。

立，若分泾、渭，自战国以迄西汉殆历五百年。”①其实这一观点并不符合当时的实际状况。在《史记·游侠列传》中，司马迁明确记叙：“近世延陵、孟尝、春申、平原、信陵之徒，皆因王者亲属，藉于有土卿相之富厚，招天下贤者，显名诸侯，不可谓不贤者矣。比如顺风而呼，声非加疾，其势激也。”②延陵、孟尝、春申、平原、信陵作为皇亲重臣，名列游侠，不可能只是崇武无文之士。《史记·春申君列传》记载：“春申君者，楚人也，名歇，姓黄氏。游学博闻，事楚顷襄王。顷襄王以歇为辩，使于秦。”③“游学博闻”“顷襄王以歇为辩”皆是从文的方面强调春申君的才干，而非武力。可知，虽然韩非子以文、武对举来说明儒和侠的特点，但并不意味着儒不会武、侠不懂文，春申君正是侠者文武兼备的一个明证。

虽然有些侠者文武兼备，但从“侠”的字源、古人的剑崇拜、韩非子的论说等方面考察“侠”的最初状态，仍可以看出，“以武犯禁”是侠的主要行为方式，并且此种行为方式对“侠”这一群体的发展有深远影响。

（一）“侠”字考源

东汉许慎《说文解字》云：“侠，俜也。从人，夹声”，“俜，使也，从人，甹声”，“甹，亟词也。从丂从由。或曰：甹，侠也。三辅谓轻财者为甹”。④ 三辅，西汉时指治理京畿地区的三位官员京兆尹、左冯翊和右扶风，后来指这三位官员管辖的地区，辖境相当于现在陕西中部地区，也就是说东汉时期陕西一带还以“俜”或“甹”来称呼

① 顾颉刚：《史林杂识初编》，中华书局 1963 年版，第 88 ~ 90 页。

② 〔汉〕司马迁：《史记》，中华书局 1982 年版，第 3183 页。

③ 〔汉〕司马迁：《史记》，中华书局 1982 年版，第 2387 页。

④ 《说文解字》，《四库全书》本。

侠者。下面对这三个字分别进行考察。

由“甹，亟词也。从丂从由。或曰：甹，侠也。三辅谓轻财者为甹”，可以确定轻财好施是甹者的主要特征。根据《尔雅·释诂》“由，自也”①，《说文解字》“丂，气欲舒出。勹上碍于一也”②可知，甹者是注重自由、意气舒展之人。又《尔雅·释训》郭璞注引孙炎曰“甹”谓“相掣曳入于恶也”。甹者是否为恶尚不能知，而曳是相互牵引之义，所以，甹应该是相互牵引、辅助的意思。由此可知，甹者并非一人，可能是几人或一个团体，可以推测这可能是轻财好施的结果。综合起来，可以得出，甹具有轻财、使气、拼命的特征，原因是为了使气得以舒展，其人员构成可能是三五成群的小团体。

关于“甹”字，《说文解字》仅以“使也”进行解释。《说文解字》又有：“使，令也”，“令，发号也”。可见甹者是具有一定地位的人，能够对一个群体发号施令。关于“侠”字，《说文解字》仅注解“侠”义为“甹”，则侠、甹同义，是有一定地位、能号令一群人的人。

《史记·游侠列传》集解引东汉荀悦曰：“立气齐，作威福，结私交，以立强于世者，谓之游侠。”③关于“立气齐”，范宁《魏文帝〈典论·论文〉“齐气”解》考证，“齐”应该是“高”，古字二者“形似易讹”。④ 可见侠者不甘屈人之下，必须意气舒展。侠能够“作威福”，则需有一定的经济基础，即有财力。“结私交”，说明侠非一

① 《尔雅》，《四库全书》本。

② 《说文解字》，《四库全书》本。

③ 〔汉〕司马迁：《史记》，中华书局1982年版，第3181页。

④ 范宁：《魏文帝〈典论·论文〉“齐气”解》，见《范宁古典文学研究文集》，重庆出版社2006年版，第250页。

人,而是一个团体。“立强于世”,表明侠在社会上具有一定的威望。可见,荀悦对“侠”的描述与“甹”和“俜”的字义相一致,是以使气为主,轻财,立势,有一定的社会地位,且能对一群人发号施令的人。

(二)古代士人的“剑”崇拜

剑,是中国最古老的兵器之一。《管子·地数》记载:“葛卢之山发而出水,金从之,蚩尤受而制之,以为剑铠矛戟。”①在蚩尤即黄帝的时代,中国就已经掌握了铸剑的技术,说明中国铸剑的历史源远流长。

东汉许慎《说文解字》云:“剑,人所带兵也。从刃,佥声。”刘熙《释名》云:“剑,检也,所以防检非常也。”②剑,是用来防备不测之遇所佩带的兵器。中国古代战争中的兵器虽多,如刀、斧、矛等,但是作为短兵器,剑尤为世人所喜爱。《淮南子·氾论训》云:“古之兵,弓剑而已矣,槽柔无击,修戟无刺。”③认为在众多兵器当中,只有弓和剑最合人意。在冷兵器时代,剑用来防身和作战,具有“百刃之君”“百兵之帅”的美誉。

由于剑在防身和作战中的实用性,剑术在先秦时期就已经很发达,并且形成了一个高峰。早在《礼记·乐记》中就出现了“说剑”一词:“武王克殷,反商……然后天下知武王之不复用兵也。散军而郊射,左射《狸首》,右射《驺虞》,而贯革之射息也;裨冕搢笏,虎贲之士说剑也。”④有学者认为,“说剑”是“论剑”的意思。周武

---

① 〔战国〕管子著,李山译注:《管子》,中华书局 2009 年版,第 335 页。

② 《释名》,《四库全书》本。

③ 张双棣:《淮南子校释》,北京大学出版社 1997 年版,第 1359 页。

④ 杨天宇:《礼记译注》,上海古籍出版社 2010 年版,第 499~501 页。

王克商后,天下人知道武王从此不再兴兵打仗,将军队散在郊外用来狩猎,猛士不再用剑。可以看出,古代勇士在战争中是用剑搏击的。在先秦,也有因为好剑术而杀戮甚重的国君。《庄子·说剑》记载:“昔赵文王喜剑,剑士夹门而客三千余人,日夜相击于前,死伤者岁百余人,好之不厌。”①《孟子·滕文公上》记载滕国的国君自言:“吾他日未尝学问,好驰马试剑。”②《左传》记载莒国的国君“虐而好剑,苟铸剑,必试诸人”。这些都是极端的例子,但从中确可看出剑在当时的受欢迎程度。又《庄子·说剑》中有:“夫为剑者,示之以虚,开之以利,后之以发,先之以至。”③概括了剑术的虚实相应、后发先至、因敌变化的技法,说明剑术在当时已经到了出神入化的水平。

国之大事,在戎与祀。剑,不但用于武事,也用于祭祀,“剑是巫舞的主要道具之一,剑舞用来指挥祭祀活动的进行”④。屈原《东皇太一》:“吉日兮辰良,穆将愉兮上皇。抚长剑兮玉珥,璆锵鸣兮琳琅。”《楚辞补注》解释道:“抚,持也。玉珥,谓剑镡也。剑者,所以威不轨,卫有德,故抚持之也。”⑤在吉日良辰,恭谨地宴乐天神东皇太一,灵巫手持宝剑以辟邪,美玉锵锵相和。《少司命》中又有:“孔盖兮翠旌,登九天兮抚彗星。竦长剑兮拥幼艾,荪独宜兮为民正。”孔雀翎制成的车盖,翠鸟羽装饰的旌旗,少司命女神升上九

---

① 陈鼓应:《庄子今注今译》(最新修订版),商务印书馆 2007 年版,第 925 页。

② 鲁国尧、马智强:《〈孟子〉注评》,凤凰出版社 2006 年版,第 81 页。

③ 陈鼓应:《庄子今注今译》(最新修订版),商务印书馆 2007 年版,第 926 页。

④ 张涛:《浅析早期剑舞的祭祀文化》,载《群文天地》2011 年第 22 期。

⑤ 《楚辞补注》,《四库全书》本。

天，抚持彗星。一只手紧握长剑，一只手抱着儿童。剑的这种道具性，使得与其相关的另一种重要活动剑舞，与古代的祭祀活动也产生了很密切的关系。① 较早的记载源于《孔子家语》："子路戎服见于孔子，拔剑而舞之，曰：'古之君子以剑自卫乎？'"②这表明，剑舞最晚在春秋时期就已经出现。

古人有佩剑的风尚。屈原《涉江》有："带长铗之陆离兮。"西汉刘向《说苑·善说》描写楚国王族襄成君："始封之日，衣翠玉，带玉璏剑，履缟舄，立于流水之上。"③又《说苑·反质》描绘身处富贵乡的经侯："左带羽玉具剑，右带环佩。左光照右，右光照左。"④可见，剑也是册封贵族仪式上的必备品。

佩剑是身份和精神的象征，赠剑乃非常之举。春秋时期吴国贤公子季札挂剑的故事是千古美谈：

> 延陵季子将西聘晋，带宝剑以过徐君，徐君观剑，不言而色欲之。延陵季子为有上国之使，未献也，然其心许之矣。使于晋，顾反，则徐君死于楚，于是脱剑致之嗣君。从者止之曰："此吴国之宝，非所以赠也。"延陵季子曰："吾非赠之也，先日吾来，徐君观吾剑，不言而其色欲之，吾为有上国之使，未献也。虽然，吾心许之矣。今死而不进，是欺心也。爱剑伪心，廉者不为也。"遂脱剑致之嗣君。嗣君曰："先君无命，孤不敢受剑。"于是季子以剑带徐君墓即去。徐人嘉而歌之曰："延陵

---

① 张涛：《浅析早期剑舞的祭祀文化》，载《群文天地》2011 年第 22 期。

② 《孔子家语》，《四库全书》本。

③ 〔汉〕刘向撰，向宗鲁校证：《说苑校证》，中华书局 1987 年版，第 277 页。

④ 〔汉〕刘向撰，向宗鲁校证：《说苑校证》，中华书局 1987 年版，第 522 页。

季子兮不忘故，脱千金之剑兮带丘墓。”①

季札出使晋国必须佩带宝剑，说明宝剑不但是个人身份地位的象征，也代表着国家的尊严。季札出使晋国返经徐国，徐君已经去世了，季札就想赠送给下一任国君，但嗣君觉得这是父亲心爱的宝剑，而且没有父亲的命令，自己不敢接受。这说明宝剑不是可以随便赠送和接受的。

剑在社会活动和人们心目中具有重要的意义，佩剑是身份的象征，因此，并不是所有的人都可以佩剑。据《初学记》记载："古者天子二十而冠，带剑；诸侯三十而冠，带剑；大夫四十而冠，带剑；隶人不得冠，庶人有事得带剑，无事不得带剑。"②《周礼·考工记》云："桃氏为剑。腊广二寸有半，两从半之。以其腊广为之茎围，长倍之。中其茎，设其后……身长五其茎长，重九锊，谓之上制，上士服之；身长四其茎长，重七锊，谓之中制，中士服之；身长三其茎长，重五锊，谓之下制，下士服之。"③佩剑根据等级有一定的规格，有上制、中制、下制之分，上士、中士、下士分别服之。故剑不是普通庶民能佩带的，只有士以上的人可以佩剑。

佩剑已是风尚，剑术高明的人，世人对其刮目相看。人们所熟知的冯谖客孟尝君的故事就是一个很好的例子：

齐人有冯谖者，贫乏不能自存，使人属孟尝君，愿寄食门下。孟尝君曰："客何好？"曰："客无好也。"曰："客何能？"曰：

① 卢元骏：《新序今注今译》，天津古籍出版社1987年版，第221页。

② 《初学记》，《四库全书》本。

③ 吕友仁：《周礼译注》，中州古籍出版社2004年版，第576页。

"客无能也。"孟尝君笑而受之曰:"诺。"左右以君贱之也,食以草具。

居有顷,倚柱弹其剑,歌曰:"长铗归来乎!食无鱼。"左右以告。孟尝君曰:"食之,比门下之客。"居有顷,复弹其铗,歌曰:"长铗归来乎!出无车。"左右皆笑之,以告。孟尝君曰:"为之驾,比门下之车客。"于是乘其车,揭其剑,过其友曰:"孟尝君客我。"后有顷,复弹其剑铗,歌曰:"长铗归来乎!无以为家。"左右皆恶之,以为贪而不知足。孟尝君问:"冯公有亲乎?"对曰,"有老母。"孟尝君使人给其食用,无使乏。于是冯谖不复歌。①

冯谖贫穷时,做孟尝君的门客,起初不受优待,冯谖三次弹铗而歌,要求美食、车马等,孟尝君皆应其请。其后,冯谖也没有辜负孟尝君,为孟尝君尽心竭力出谋划策,通过薛国市义、营造三窟、游说诸国国君等行为,为孟尝君获得人心,得到齐国国君的信任,表现出非同常人的智慧。

剑是有一定身份的人才能佩带的,故学剑也并非人人都能,而冯谖作为贫穷之士怎么会有剑且习得剑术呢?冯谖的身份现在已经不可考,但是从冯谖薛国市义、营造三窟、游说诸国国君的才能来看,他应当是修养较高,具有一定造诣的人。前面我们已经论述过在春秋战国时期,士由兵农合一,到兵农分离主要担任武士,最后成为文武全才的过程。所以有理由相信,冯谖具有士人的素养。那么士人作为低等贵族,怎么会成为衣食毫无着落、需要做门客的人呢?

---

① 王守谦等:《战国策全译》,贵州人民出版社1992年版,第295~296页。

关于士的转变，余英时在《士与中国文化》中认为，士阶层作为最低等之贵族，在春秋战国时代发生剧烈变化，“这种变化的一个最重要的方面是起于当时社会阶级的流动，即上层贵族的下降和下层庶民的上升。由于士阶层适处于贵族与庶人之间，是上下流动的汇合之所，士的人数遂不免随之大增。这就导使士阶层在社会性格上发生了基本的改变”。在这一激荡转变中，士由贵族变成庶民，形成了后来以士、农、工、商为主体的四民社会，即“四民社会的成立必须以士从最低层的贵族转化为最高级的庶民为其前提”，而“士成为四民之首，是战国游士既兴以后之事”。① 关于士如何成为游士，王学泰在《游民文化与中国社会》中有简要说明：

西周中叶以后，随着“礼崩乐坏”，“强凌弱，众暴寡”，周初分封的贵族秩序被打乱，形成了“君不君，臣不臣”的局面，士作为一个社会等级逐步解体。不少诸侯国和卿大夫家庭的破灭，使得许多士，不仅没有了“世官”之可守，甚至连家业也都零落殆尽，成为无所依归、为当时社会所不再管、只得自谋出路的游士。②

在春秋战国的激烈动荡中，作为最低等之贵族的士，转化为游士，并成为最高等之庶民。随着这一变化，先前只有贵族才能佩带的剑，在民间也可获得，不再被视为身份的象征。“士”作为文武兼备之才，只能凭借自己的才学，在社会上博得一席之地，而剑此后

① 余英时：《士与中国文化》，上海人民出版社 2003 年版，第 10、15、14 页。

② 王学泰：《游民文化与中国社会》，学苑出版社 1999 年版，第 81 ~ 82 页。

作为才略胆识的象征，继续为士人所喜爱。

（三）侠，以武犯禁之士

根据现存文献，先秦法家代表人物韩非子是最早且较多论述“侠”的人。在韩非子的《八说》、《五蠹》和《显学》中都曾论及“侠”，其中《五蠹》对“侠”的描述最受学者关注：

> 儒以文乱法，侠以武犯禁，而人主兼礼之，此所以乱也。夫离法者罪，而诸先生以文学取；犯禁者诛，而群侠以私剑养……废敬上畏法之民，而养游侠私剑之属。举行如此，治强不可得也。国平养儒侠，难至用介士，所利非所用，所用非所利。是故服事者简其业，而游学者日众，是世之所以乱也。①

在《五蠹》中，韩非子将“侠”与“儒”并举，认为儒者和侠者或采用语言文字的方式表达不同见解，或诉诸武力的方式来解决问题，这两种做法都会威胁王权和法律的威信，但是君主对这两类人都非常优厚，这是整个社会陷入混乱的原因。因为如果人主纵容这些人的行为，就是“废敬上畏法之民，而养游侠私剑之属”，必然会造成仿效之风，以至形成“国平养儒侠，难至用介士，所利非所用，所用非所利”的错误治理政策，造成百姓不从事生产性劳动，“游学者日众”的局面，导致国家混乱。

在《五蠹》中韩非子提到社会上有五类人必须取缔，即学者、言谈者、带剑者、患御者与工商者，其中“带剑者，聚徒属，立节操，以

---

① 〔战国〕韩非子著，刘建生编译：《韩非子精解》，海潮出版社 2012 年版，第 567、569 页。

显其名，而犯五官之禁”①。《韩非子·问辩》又言：“是以儒服、带剑者众，而耕战之士寡；‘坚白’、‘无厚’之词章，而宪令之法息。”②有学者认为“带剑者”意为用剑者、剑客、喜好武力的人，即侠者，这与“侠以武犯禁”相应，也与儒家多文学文雅之人相对。关于《韩非子》中儒与侠的相对关系，钱穆先生在《释侠》一文中运用大量论述指出，“侠之兴起，盖值古者封建社会崩溃，孔子墨翟，弟子来自四方”，故集私人之门下，但“其所议论施设”，“即韩非之所谓以文乱法也”。后来“其风愈下愈甚，自魏文齐威国君养贤，进而变为公子养贤，则贵族阶级失其控制，平民阶级崛起，即如孟尝春申平原信陵四君之所为。若认此等所为谓之侠，则孔子墨翟适成为侠之首耳。贵族阶级愈崩溃，平民社会愈崛起，于是而有布衣闾巷之侠。惟百家兴起皆尚文，必各有一番学术思想，而成为一集团。此集团必是一私集团，故称之曰家。而儒家最先起，故韩非以儒为以文乱法之代表。至于侠，亦成一集团，而初不以学术思想为号召，故侠不得与百家为伍，然可见平民社会势力之日兴矣。故太史公取以与货殖商贾并列，此皆当时社会中一流品，而与儒墨百家之为流要不同”③。侠者出于养贤的国君、养贤的公子，是一团体之首领，然后才有平民之侠。陈广宏在《关于中国早期历史上游侠身份的重新检讨》中对此进行了大量的补充论述，重申“游侠”与“私剑”的关系，即侠者“不是寄人门下的宾客（当然也不是什么武专家或者

① 〔战国〕韩非子著，刘建生编译：《韩非子精解》，海潮出版社 2012 年版，第 577 页。

② 〔战国〕韩非子著，刘建生编译：《韩非子精解》，海潮出版社 2012 年版，第 497 页。

③ 钱穆：《释侠》，见杜正胜编《中国上古史论文选集》（下），华世出版社 1979 年版，第 927 页。

武士)，而是以盛养宾客、招纳'私剑'、藏匿亡命而拥有相当权力的'私门'之主"①。这又可与《说文解字》"侠，俜也""俜，使也""使，令也"相参证，即侠者、俜者是具有一定地位的人，他们能够对一个群体发号施令。

韩非子在《显学》中又有：

> 立节参民，执操不侵，怨言过于耳，必随之以剑，世主必从而礼之，以为自好之士。夫斩首之劳不赏，而家斗之勇尊显，而索民之疾战距敌而无私斗，不可得也。国平，则养儒侠；难至，则用介士。所养者非所用，所用者非所养，此所以乱也。②
>
> 儒、侠毋军劳，显而荣者，则民不使，与象人同事也。夫祸知磐石象人，而不知祸商官儒侠为不垦之地、不使之民，不知事类者也。③

在韩非子看来，为保持个人名节或是为个人意气所进行的争斗，是私斗。当时私斗之风被世人赞誉，国君也礼遇他们，称之为"自好之士"。但与此相反，国君并不厚赏那些为国而战有军功的人。"象人"即俑人，儒、侠一类人没有军功却荣耀尊贵，这就会使百姓不听役使，就像俑人一样。在这些论述中，有一点值得注意，韩非子所痛心疾首的这类私斗之人，在世人看来乃"自好之士"。战国

---

① 陈广宏：《关于中国早期历史上游侠身份的重新检讨》，载《复旦学报(社会科学版)》2001 年第 6 期。

② 〔战国〕韩非子著，刘建生编译：《韩非子精解》，海潮出版社 2012 年版，第 583 页。

③ 〔战国〕韩非子著，刘建生编译：《韩非子精解》，海潮出版社 2012 年版，第 586 页。

末期，士的指称范围虽然扩大，已不限于社会之贵族，但其仍须有一定的修养和学识。“侠”作为“自好之士”，具有一定的社会地位和声誉，这点在《韩非子·八说》中也可以得到证明：

为故人行私谓之“不弃”……弃官宠交谓之“有侠”……有侠者，官职旷也……此八者，匹夫之私誉，人主之大败也。反此八者，匹夫之私毁，人主之公利也。人主不察社稷之利害，而用匹夫之私誉，索国之无危乱，不可得矣。①

在韩非子看来，侠的行为之一是“弃官宠交”，即轻视朝廷授予的官职而重视私人交际，造成朝廷用人不足。关于侠“弃官宠交”，在韩非子的《八奸》中有这样的论述：“凡人臣之所道成奸者，有八术……七曰‘威强’……为人臣者，聚带剑之客，养必死之士，以彰其威，明为己者必利，不为己者必死，以恐其群臣百姓而行其私，此之谓‘威强’。”②由此可见，“威强”是当时立于世而离于国君的一种资本，而树立“威强”的方法是“聚带剑之客，养必死之士”。“聚带剑之客，养必死之士”这句话是互文，即聚带剑之客之士，养必死之客之士。关于带剑者，前已有论，春秋时期侠者会客养一些“带剑者”，而侠者本人并不称为“带剑者”。第二是关于“士”，前亦有论述，侠者被认为是“自好之士”，此处带剑者、必死者，皆亦称为“士”，说明士的范围在扩大，侠和侠所客养的人皆可称为士，这与士脱离贵族阶级走向平民阶层有关，而士带剑，则与剑是士人才能的表征之一有关。《八说》又有“人

---

① 〔战国〕韩非子著，刘建生编译：《韩非子精解》，海潮出版社 2012 年版，第 535 页。

② 〔战国〕韩非子著，刘建生编译：《韩非子精解》，海潮出版社 2012 年版，第 53～54 页。

臣肆意陈欲曰侠”①,侠者放纵自己的行为和欲望,这些行为直接危及君主的权威,是国家的祸害,所以侠是游离于国君、朝廷之外的具有武力的、自由的“士”群体。

关于战国时期游离于朝廷之外的士的兴起与发展,《管子·小匡》记载了齐桓公时游士盛行的场景:

> 又游士八十人,奉之以车马衣裘,多其资粮,财币足之,使出周游于四方,以号召收求天下之贤士。②

关于此条记叙,清代史学家顾炎武在《日知录》中解释道:“春秋以后,游士日多。《齐语》言桓公为游士八十人奉以车马衣裘,多其资币,使周游四方,以号召天下之贤士。而战国之君遂以士为轻重,文者为儒,武者为侠。呜呼!游士兴而先王之法坏矣。”③即韩非子所论游侠“匹夫之私誉,人主之大败也”。从中也可以看出,随着春秋时期社会巨变,原先的士阶层在新的社会秩序中或保持了贵族的身份,这些贵族士中有一部分成了侠,如战国四公子被司马迁盛称为卿相之侠,或成了具有一定素养的庶民,这些庶民士中的一部分成了侠所客养的带剑者或必死之士。但是在动乱的社会中发展出的各种学说如儒家、墨家、纵横家等都不能规范这些人的行为,这些人最主要的特点就是以私剑、私门立于世,在乱世中秉持自己所认为的道义,故在其身上又或多或少能找到各家学派的影子,如儒家的入世、庄子的出世、纵横家的游说。

---

① 〔战国〕韩非子著,刘建生编译:《韩非子精解》,海潮出版社 2012 年版,第 544 页。

② 钟肇鹏等:《管子简释》,齐鲁书社 1997 年版,第 177 页。

③ 〔清〕顾炎武著,黄汝成集释:《日知录集释》卷七,上海古籍出版社 2014 年版,第 52 页。

关于“游侠”之“游”，王学泰曾有过精彩的论述：

游在这里作何解释？从来很少有人追问，仿佛它不成问题，因为人们自然而然地认为“游”就是游动、游走。这种固定观念源于后世对“侠”的理解，后世人们认为“侠”都是四处行义，打抱不平的，他们自然应该是个“游走者”。我认为，这里用来解释《史记·游侠列传》中所记载延陵和“四公子”是不妥的。因为这些人的行侠（聚集门客）与交友，似乎与其游动、游走没有多大关系。只是到了汉代的“游侠”，游走、奔走的色彩才浓了起来。我认为，太史公所说的“游侠”的“游”似乎应该理解为交游之游。这是古人都懂的，他们常说的某人与某人游就是交友之意。这些公子哪一位不是善于交游的呢！

我们对《史记·游侠列传》、《汉书·游侠传》所入选的游侠事迹一分析，便可知他们的最大公约数就是善于交游、有人追随（这是善于交游的结果）。《史记》写的游侠有（只说有传记的）朱家、田仲、剧孟、郭解；《汉书》中有朱家、田仲、剧孟、郭解、万章、楼护、陈遵、原涉等。史书中很少写到这些人物“武”的行为。特别是《汉书》中的楼护、陈遵、原涉，都是取得了政治地位的高官。他们都生活在王莽当权时，其共同点是“好交游”，朋友很多。当时王姓的五位诸侯争名斗胜，互不相让，但他们都与楼护有着良好的关系。楼护母死，“送葬者致车二三千辆，闾里歌之曰：‘五侯治丧楼君卿’”。陈遵以好客闻名于世。他请客饮酒不许逃席，不仅关闭大门，连客人车子车辖都要拔下来，扔在井中。说他们是“侠”，主要指他们都善于交友，并有着相当多的支持者。

我们从反对游侠的声音中也可以看出“侠”的特点在交游。东汉史学家荀悦反对游士、游侠。他在《前汉纪》中概括游侠时，说了三点："立气势，作威福，结私交以立强于世者，谓之游侠"。游侠之所以能够作威作福、树起威势的根本在于"结私交"。①

游侠之"游"乃是交游，结交之游，侠通过结交、交游形成一种游离于政权和法律之外的力量。依照韩非子的观点："明主之国，令者，言最贵者也；法者，事最适者也。"②一切须以朝廷律令为准，杜绝个人的辩争。如果君王宠信辩论之言，褒奖私斗之行，则"儒服、带剑者众"，就会造成"耕战之士寡"的局面，所以侠者与"带剑者，聚徒属，立节操，以显其名，而犯五官之禁"，不为君主所用，重庭外私誉，结私交，形成私门，重个人名节，好用武力，享有社会声誉和地位的这类人必须取缔。侠是以交游的方式扩大影响，是游离于朝廷和法律之外的自由力量，也因为这个缘故，"侠"在君主集权的时代成为统治者诛杀的对象。

综上所述，侠的产生与先秦士阶层的社会职责、教育、震荡、分化有密切关系。侠文化在先秦士文化的肥沃土壤中产生，并在士文化的强劲助力下完成。春秋时期的好剑之风，对武艺和勇力的推崇，为侠风的昌盛提供了机缘。韩非子所谓侠之"弃官宠交""肆意陈欲"都是在高度集权的君主统治下，侠对不自由的反抗，对自由的追求；是在春秋战国社会巨变时期，一部分士人以学识修养，秉承管理社会的职责，采用"以武犯禁"的行为形式，而非学说的形式，游离于朝廷之外，对于重建社会秩序的一种回应。故在君权高度集中的朝代，"侠"必然会受到摧残和取缔。

---

① 王学泰：《游民文化与中国社会》，山西人民出版社 2014 年版，第 96 ~ 97 页。

② 〔战国〕韩非子著，刘建生编译：《韩非子精解》，海潮出版社 2012 年版，第 497 页。

集汉魏六朝文体论之大成

——浅探《文心雕龙》文体论的渊源

李　婧

中国传统文学素来重“体”，视文体①为文章之本，对文体的研究也一直源远流长、久盛不衰。中国古代文论巨典《文心雕龙》就有五分之二的篇幅属于文体论，《梁书·刘勰传》在谈到此书时，仅有一句评语，即“论古今文体，引而次之”②，显然是将之看成一部文体论专著。刘勰在《文心雕龙》的《明诗》到《书记》这二十篇中，按“原始以表末，释名以章义，选文以定篇，敷理以举统”③的体例，对大小百余种文体进行了辨析，规模宏大、体例严整、实践性强，创中国古代文体论之高峰。但这并非无源之水，无本之木，它能在南朝产生，既是时代风气使然，更是历史积累造就，实乃刘勰集汉魏六朝文体论之大成，金声玉振、笼罩群言的结果。《文心雕龙》文体

---

① “文体”之含义，有广狭之分，狭义的“文体”仅指文章体裁，而广义的“文体”则包括体裁、语体、风格。本文取其狭义，文中所述文体论专指对文章体裁的分类和辨析。

② 《梁书·刘勰传》，见〔唐〕姚思廉《梁书》卷五十，中华书局1973年版，第710页。

③ 〔梁〕刘勰：《文心雕龙·序志》，见范文澜《文心雕龙注》，人民文学出版社1958年版，第727页。下引《文心雕龙》均据此本，仅注篇目，不注页码。

论直接继承由挚虞、李充开启的划分文体、彰显含义、追源溯流、文章品藻的文章流别传统，同时又继承了曹丕《典论·论文》、陆机《文赋》对文体风格的辨析。刘勰将二者完美结合，开创了辨析文体、进而总结风格的文体论模式。

一、文章流别传统与《文心雕龙》文体论

（一）文章流别体例对《文心雕龙》文体论的影响

《文心雕龙》文体论的重要理论贡献是开创了谨严的文体论体例，即“原始以表末，释名以章义，选文以定篇，敷理以举统”四项，其具体含义为：追溯各种文体之起源并考察其演变，利用解释文体名称的方法来阐释文体含义，列举各种文体之代表作而予以评定，敷陈各体文章的写作之理而总结其体制要点、风格特色。其中前三项体例是直接继承由挚虞、李充开启的划分文体、彰显含义、追源溯流、文章品藻的文章流别传统。

在《文心雕龙》之前，已经产生了不少文体论，而首先对所有文体之渊源发展、命名由来、作家作品进行全方位辨析的则当属晋代挚虞的《文章流别论》。其产生有深刻的历史原因，汉代文体在大发展的同时，也导致了文体类型众多，大大小小文体纷繁复杂的局面，这直接影响了文章创作，使作者在创作中无章可循，出现体类混用、不符合体制规范、文体名实不符等种种弊病。而当时这些应用文体是十分重要的，汉代的种种文体，或是代表国家颜面的朝廷公文，或是仕途进取的必由阶梯，于公于私都不可忽视。这样，对当时琐碎、繁杂的众多文体进行全方位辨析，明确类别、彰明内涵、限定规范以指导创作，就成为迫切的需要，这就是文体辨析产生的

根本原因。

但直接触发文体辨析的则是文集的兴起,特别是总集的编纂。汉代创作的繁盛,文章的剧增,直接带来结集的需求。《隋书·经籍志》称:

> 总集者,以建安之后,辞赋转繁,众家之集,日以滋广,晋代挚虞,苦览者之劳倦,于是采摘孔翠,芟剪繁芜,自诗赋下,各为条贯,合而编之,谓为《流别》。是后文集总钞,作者继轨,属辞之士,以为覃奥,而取则焉。①

很明显,总集是由于文章发展、别集繁盛,为遴选择别以便于鉴赏,进而指导创作而产生的。总集的产生,直接触发了文体辨析。这是因为,文集的编纂,特别是总集之编选是按文体进行的。《隋志》在介绍第一部总集《文章流别集》时,清楚标明它是"自诗赋下,各为条贯,合而编之,谓为流别"。《晋书·挚虞传》也说,"虞撰《文章志》四卷,注解《三辅决录》,又撰古文章,类聚区分为三十卷,名曰《流别集》"②,明确表示《文章流别集》是将当时文章进行"类聚区分"、按照不同文体"各为条贯"而成的。按体编排,可以说是当时文集编纂的基本体例,六朝时期最重要的总集《昭明文选》就是"凡次文之体,各以汇聚"③。

文集按体编排,自然就要对文章进行分类,对文体进行辨析。正如郭绍虞先生在《文笔说考辨》中所指出的:"文体分类的开始,

---

① 〔唐〕魏征等:《隋书·经籍志·集部》,中华书局1973年版,第1089页。

② 《晋书·挚虞传》,见〔唐〕房玄龄等撰《晋书》卷五十一,中华书局1974年版,第1427页。

③ 《文选序》,见〔梁〕萧统编《文选》,上海古籍出版社1986年版,第3页。

是由于结集的需要……至于编选总集,则对文体的辨析就成为更重要的问题,因为必须类聚区分,才能眉目清楚。"①所以,伴随着第一部多体总集《文章流别集》的产生,中国古代第一部全面系统的文体辨析专著《文章流别论》也出现了。《文章流别论》本来就是《文章流别集》的一部分,《晋书·挚虞传》载:"(挚虞)又撰古文章,类聚区分为三十卷,名曰《流别集》,各为之论,辞理惬当,为世所重。"②挚虞在对古文章"类聚区分"、按体编排成文集时,对每一种文体,都"各为之论",此即《文章流别论》。

所谓"流别",实具多重含义。其一,指划分文体。《晋书·挚虞传》云:"(挚虞)又撰古文章,类聚区分为三十卷,名曰《流别集》。"可见"流别"之名与对古文章的"类聚区分"大有关系,徐复观先生即指明:"其所谓'流别'者乃文章之分类。"③其二,彰显含义。划分文体的根本是明确文体的内涵。彰显文体的含义,可以说是辨析文体之核心。其三,追源溯流,《隋志》集部总序言:"(挚虞)自诗赋下,各为条贯,合而编之,谓为《流别》。"即指挚虞不仅将所有文章像"诗""赋"那样划分成体,更"各为条贯"梳理每体之发展演变。罗根泽先生即言:"挚虞为书,以'流别'命名,因为他特别注重各体文学的流别;以今语释之,就是历史的演变。"④其四,"流别"还含有文章品藻之义。从现存《文章流别论》佚文来看,挚虞对各体文章都进行了具

① 郭绍虞:《文笔说考辨》,见《照隅室古典文学论集》(下编),上海古籍出版社1983年版,第293页。

② 《晋书·挚虞传》,见〔唐〕房玄龄等《晋书》卷五十一,中华书局1974年版,第1427页。

③ 徐复观:《〈文心雕龙〉的文体论》,见《中国文学论集》,台湾学生书局2001年版,第9页。

④ 罗根泽:《中国文学批评史》(上),商务印书馆2015年版,第194页。

体品评。“流别”一词也因此带有品评之义,后世钟嵘《诗品》在品评诗歌时即言:“谅非农歌辕议,敢致流别。”①

这样,挚虞《文章流别论》便开创了以划分文体、彰显含义、追源溯流、文章品藻为主的文章流别传统。在此之后,又产生了谢混《文章流别本》十二卷、孔甯《续文章流别》三卷、李充《翰林论》三卷等不少具有文章流别性质的著作,可见,文章流别确已成为晋宋齐梁间的一种潮流。其中,李充《翰林论》是今存能够窥探这一潮流的另一部重要著作,与《文章流别论》的性质一样,《翰林论》亦是附于总集的理论著作,其总集原名《翰林》,其评论则称《翰林论》。② 但与《文章流别论》不同的是,李充《翰林论》“所论多评价作家”③,“喜于每体之中,选举几首以为此体之代表作。似乎《文章流别志论》(即《文章流别论》)较近于历史的探讨,《翰林论》较近于美恶的批判”④。

在这样的时代背景下,《文心雕龙》文体论应晋宋齐梁间文章流别的时代潮流而生,不难看出,刘勰所设立的“原始以表末,释名以章义,选文以定篇”三项体例,正是直接继承由挚虞、李充开启的文章流别传统。

(二)《文章流别论》《翰林论》对《文心雕龙》文体论的影响

《文心雕龙》文体论在具体内容上也深受《文章流别论》《翰林

---

① 〔梁〕钟嵘:《诗品序》,见周振甫《诗品译注》,中华书局 1998 年版,第 23 页。

② 郭绍虞先生对此有精审考辨,见其《〈文章流别论〉与〈翰林论〉》,见《照隅室古典文学论集》(上编),上海古籍出版社 1983 年版,第 146 ~ 148 页。

③ 郭绍虞:《〈文章流别论〉与〈翰林论〉》,见《照隅室古典文学论集》(上编),上海古籍出版社 1983 年版,第 148 页。

④ 罗根泽:《中国文学批评史》(上),商务印书馆 2015 年版,第 196 页。

论》二书的影响。特别是《文章流别论》，黄侃在《文心雕龙札记》中就敏锐指出《文心雕龙》“《颂赞》篇大意本之《文章流别》，《哀吊》篇亦有取于挚君”。的确，刘勰在《才略》篇明确称赞挚虞“品藻流别，有条理焉”，《文心雕龙》继承了挚虞不少精当之见。

在彰显文体内涵上，《文心雕龙》对《文章流别论》有所承继。如关于赋的内涵，《文章流别论》云：“赋者，敷陈之称，古诗之流也。古之作诗者，发乎情，止乎礼义。情之发，因辞以形之；礼义之旨，须事以明之。故有赋焉，所以假象尽辞，敷陈其志。”①指出赋的内涵在于“敷陈”，即借助物象文辞来敷陈情志。显然，刘勰《诠赋》篇认为“赋者，铺也，铺采摛文，体物写志也”，正是基于《文章流别论》的观点。

在追源溯流上，《文章流别论》对《文心雕龙》也有影响。如《文章流别论》追溯“铭”“碑”的源流时称，“上古之铭，铭于宗庙之碑”“古有宗庙之碑”，最早的“铭”“碑”是一体的，铭乃是刻于宗庙之碑上的文字。“后世立碑于墓，显之衢路”，在宗庙之碑外，又出现了墓碑，于是“碑”就从“铭”中分化出来，成为一种独立的文体，但“其所载者铭辞也”，文辞上仍是相同的。挚虞对“铭”“碑”源流的追溯十分精当，刘勰《铭箴》《诔碑》篇正是充分吸收了挚虞的观点，而在此基础上总结出“碑实铭器，铭实碑文”（《诔碑》）的精赅之论。

在文章品藻方面，《文章流别论》被《文心雕龙》吸收的痕迹更为明显。如《文章流别论》评李尤之“铭”曰：“李尤为铭，自山河都

① 〔晋〕挚虞：《文章流别论》，见郭绍虞、王文生编《中国历代文论选》（一），上海古籍出版社 1979 年版，第 190 页。下引《文章流别论》同出于此书，不另注。

邑，至于刀笔平契，无不有铭，而文多秽病；讨论润色，言可采录。”《文心雕龙·铭箴》云：“李尤积篇，义俭辞碎。蓍龟神物，而居博弈之中；衡斛嘉量，而在臼杵之末；曾名品之未暇，何事理之能闲哉！”不难看出，二书间存在鲜明的承继关系。

刘勰对某些文体的辨析，更是全面吸收了《文章流别论》的观点。黄侃在《文心雕龙札记》中就指出“仲治论颂，多为彦和所取”①。的确，在辨析“颂”体时，《文章流别论》云：“颂者，美盛德之形容”，“其称功德者谓之颂”，“故颂之所美者，圣王之德也”，“古者圣帝明王，功成治定而颂声兴”，指出颂是称颂圣王功德的文体，并且“奏于宗庙，告于鬼神”。《文心雕龙·颂赞》沿用其说，称“颂者，容也，所以美盛德而述形容也”，“容告神明谓之颂”。《文章流别论》继而选定“颂”体之代表作：

> 昔班固为《安丰戴侯颂》，史岑为《出师颂》《和熹邓后颂》，与《鲁颂》体意相类，而文辞之异，古今之变也。扬雄《赵充国颂》，颂而似雅；傅毅《显宗颂》，文与《周颂》相似，而杂以风雅之意。若马融《广成》《上林》之属，纯为今赋之体，而谓之颂，失之远矣。

其中列举并称赞班固之《安丰戴侯颂》、史岑之《出师颂》《和熹邓后颂》和扬雄之《赵充国颂》为典范之作；对傅毅《显宗颂》，则略有贬义；于马融的《广成颂》《上林颂》，更严厉指责其“纯为今赋之体，而谓之颂，失之远矣”。挚虞的品藻，基本上均为刘勰所沿承，《颂赞》篇云：

① 黄侃：《文心雕龙札记·颂赞》，上海古籍出版社2000年版，第73页。

若夫子云之表充国，孟坚之序戴侯，武仲之美显宗，史岑之述熹后，或拟《清庙》，或范《駉》《那》，虽浅深不同，详略各异，其褒德显容，典章一也。

文中所标举赞扬的篇目，除傅毅《显宗颂》外，均与《文章流别论》相同。而《颂赞》篇评："马融之《广成》《上林》，雅而似赋，何弄文而失质乎！"不仅参考挚虞将《广成》《上林》归入颂体①，连评语也与之一致。

挚虞《文章流别论》对《文心雕龙》文体论更重要的影响还在主导思想上。挚虞精研经学，其学问文章俱本经术，《文心雕龙·才略》便称"挚虞述怀，必循规以温雅"，其文论著作《文章流别论》亦是以儒家思想为指导。挚虞在定位文章时说："文章者，所以宣上下之象，明人伦之叙，穷理尽性，以究万物之宜者也。"正是从儒家的教化观着眼，盛赞文章的巨大作用。《文心雕龙》也是这样，高度肯定文章对政教的意义，《原道》所谓："文之为德也大矣。"《序志》云："唯文章之用，实经典枝条，五礼资之以成，六典因之致用，君臣所以炳焕，军国所以昭明，详其本源，莫非经典。"

《文章流别论》的儒家思想还表现在，挚虞在叙述每种文体的发展演变时，蕴含鲜明的雅俗、正变观念和正末归本意识。如在叙述"赋"的发展时，挚虞指斥其逐渐偏离本旨，趋于淫邪，而产生了"四过"：

夫假象过大，则与类相远；逸辞过壮，则与事相违；辩言过

① 当时的文体论多将"马融《广成》"当作"赋"体，如皇甫谧《三都赋序》。

理，则与义相失；丽靡过美，则与情相悖。此四过者，所以背大体而害政教。是以司马迁割相如之浮说，扬雄疾“辞人之赋丽以淫”。

一针见血地指出了赋体的弊病，表现出他对儒家诗教的维护。刘勰在对各种文体“原始以表末”时，也表现出鲜明的正末归本思想。可以说，在秉承儒家思想上，《文心雕龙》与《文章流别论》是完全一致的。

虽然刘勰盛赞《文章流别论》，认同并吸收其不少观点，但并非一味照搬照抄，而是时时纠正其谬，并欲从整体上予以超越。在《文心雕龙》明确提及《文章流别论》的六次中①，有三次是指摘其谬。其一，《文章流别论》评价傅毅《显宗颂》“文与《周颂》相似，而杂以风雅之意”，《文心雕龙·颂赞》篇就明确指斥：“至云‘杂以风雅’，而不变旨趣，徒张虚论，有似黄白之伪说矣。”查《后汉书·傅毅传》：“毅追美孝明皇帝功德最盛，而庙颂未立，乃依《清庙》作《显宗颂》十篇奏之。”②可见《显宗颂》是傅毅追美汉明帝功德而创作的庙颂，不应“杂以风雅之意”。观严可均《全后汉文》所辑其佚文两则：“体天统物，济宁兆民”，“荡荡川渎，既澜且清”，③并为颂德之语。看来，刘勰说挚虞“杂以风雅，而不变旨趣，徒张虚论”，并非没有根据。可见，比之挚虞，刘勰更能立足作品发论。

① 分别见《颂赞》两次，《诔碑》《时序》《才略》《序志》各一次，其中《颂赞》两次及《诔碑》是指摘观点之误。

② 《后汉书·傅毅传》，见〔南朝宋〕范晔《后汉书》卷八十上，中华书局1965年版，第2613页。

③ 〔清〕严可均辑：《全后汉文》（上）卷四十三，商务印书馆1999年版，第433页。

其二,《文心雕龙·颂赞》篇云:"及迁《史》固《书》,托赞褒贬。约文以总录,颂体以论辞,又纪传后评,亦同其名。而仲洽流别,谬称为述,失之远矣。"《史记》《汉书》的篇后总评,挚虞立为"述"体,刘勰则认为其具有"托赞褒贬,约文以总录"之用,正符合"赞"体"飏言以明事,嗟叹以助辞"的意义,故应属"赞"体,挚虞称为"述"是错误的。

其三,《文心雕龙·诔碑》篇又指摘了挚虞在品评"诔"时的一处疏漏:"扬雄之诔元后,文实烦秽,沙麓撮其要,而挚疑成篇,安有累德述尊,而阔略四句乎!"孙诒让《札迻》云:"此谓扬雄作《元后诔》,《汉书·元后传》仅撮举四句,非其全篇也。'挚疑成篇',挚,当即挚虞。盖扬文全篇,虞偶未见,撰《文章流别》,遂疑全篇止此四句,故彦和难以累德述尊,必不如此阔略也。"①《文章流别论》对扬雄《元后诔》的品藻已佚,但正如孙氏所言,应该是挚虞未见《元后诔》全文,就误将《汉书》所引之四句看作全篇。刘勰能及时指出这一瑕疵,正说明他在品藻文章时,要比挚虞更注意核实原作。

至于李充《翰林论》,刘勰也十分重视。《序志》在列举前代重要论文著作时,并提"仲洽《流别》,宏范《翰林》",与《文章流别论》一样,李充的《翰林论》也是《文心雕龙》的重要参借。李著较《文章流别论》亡佚更甚,其对《文心雕龙》文体论的重要影响已难详考,但从其现存数条,亦可窥见一斑。《翰林论》往往以简略文句揭示各种文体产生的缘由、所宜遵循的体制规范,继而评选优秀代表作品,如:

---

① 〔清〕孙诒让:《札迻》卷十二《文心雕龙》条,齐鲁书社 1989 年版,第 401 页。

容象图而赞立。宜使辞简而义正。孔融之赞杨公,亦其义也。

表宜以远大为本,不以华藻为先。若曹子建之表,可谓成文矣。诸葛亮之表刘主,裴公之辞侍中,羊公之让开府,可谓德音矣。

驳不以华藻为先。世以傅长虞每奏驳事,为邦之司直矣。

研求名理而论难生焉。论贵于允理,不求支离。若嵇康之论,成文矣。

在朝辨政而议奏出。宜以远大为本。陆机《议晋断》亦名其美矣。

盟檄发于师旅。相如《喻蜀父老》,可谓德音矣。①

对重要的作家作品,并有具体评论,如:

或曰:"何如斯可谓之文?"答曰:"孔文举之书,陆士衡之议,斯可谓成文矣。"

扬子论秦之剧,称新之美,此乃计其胜负、比其优劣之义。

应休琏五言诗百数十篇,以风规治道,盖有诗人之旨焉。

潘安仁之为文也,犹翔禽之羽毛,衣被之绡縠。②

不难看出,相比挚虞《文章流别论》,李充《翰林论》在彰显含义、追源溯流方面的内容大为减少,而以文章品藻为主。可以说,《翰林论》是

① 〔晋〕李充:《翰林论》,见王运熙、杨明《魏晋南北朝文学批评史》,上海古籍出版社 1989 年版,第 150 页。

② 〔晋〕李充:《翰林论》,见王运熙、杨明《魏晋南北朝文学批评史》,上海古籍出版社 1989 年版,第 151 页。

晋代最为重要的一部文章品藻著作,无疑成为刘勰"选文以定篇"的重要参借。如《文心雕龙·章表》篇称赞:"及羊公之辞开府,有誉于前谈。"范文澜指出此正本《翰林论》之"羊公之让开府,可谓德音矣"①。所谓"有誉于前谈",即指李充《翰林论》曾加以品评称赏;可见,刘勰对李充的文章品藻颇为重视。李充另外推重曹植、诸葛亮之表,嵇康之论,孔融之书;《章表》云,"陈思之表,独冠群才","孔明之辞后主,志尽文畅……并表之英也",《才略》云,"嵇康师心以遣论",《书记》云,"文举属章,半简必录",均与其一致。

但对李充的评选,刘勰并非完全赞同,如李充称赞傅咸、陆机的议,刘勰在《议对》篇中虽承认"晋代能议,则傅咸为宗","及陆机断议,亦有锋颖",但同时指出,"长虞识治,而属辞枝繁",陆机"谀辞弗剪,颇累文骨",对《翰林论》做出修正。另外,《翰林论》对文章体制风格的归纳,也对《文心雕龙》有所影响,如李充言,"论贵于允理,不求支离",刘勰《论说》亦云,"故其义贵圆通,辞忌枝碎",即一例。

综上可见,《文心雕龙》文体论深受挚虞《文章流别论》、李充《翰林论》的影响。但刘勰在取其精华的同时,也着力更其谬误,修正其很多观点。更重要的是,挚虞《文章流别论》、李充《翰林论》虽不乏精审之论,但作为总集附论,其理论落脚点皆为总集编选服务,而不在于指导创作。挚虞《文章流别论》归纳文体体式的内容,只见其论"哀"辞体制"以哀痛为主,缘以叹息之辞"一条。而李充《翰林论》虽往往以简略文句揭示各种文体所宜遵循的体制规范,但很明显,它是为文章品藻服务的。这种为文集编选服务的整体

① 〔晋〕李充:《翰林论》,见王运熙、杨明《魏晋南北朝文学批评史》,上海古籍出版社 1989 年版,第 150 页。

理论定位，是远远不能令旨在指导创作的刘勰满意的。

二、文体风格辨析与《文心雕龙》文体论

——《典论·论文》《文赋》对《文心雕龙》文体论的影响

刘勰虽然沿承挚虞、李充开启的文章流别传统，但其理论之落脚点，并不止于鉴别文体，而有更高的理论追求，即进行文体风格辨析，从而指导写作。遍查中国古代文论，鲜有独立的文体论，而总是依附于某类著作，这就决定了其各自的理论性质。《文章流别论》《翰林论》，分别附于《文章流别集》《翰林》，以编纂总集为理论目标。而《文心雕龙》文体论，作为《文心雕龙》的一部分，自然是以矫讹翻浅、指导写作为理论追求。

龙学界一直格外注重《文心雕龙》下篇创作论，而忽视上篇文体论，这除了受中国古代文学批评史研究重心的影响以外，更因为很多研究者认为创作论更符合《文心雕龙》矫讹翻浅、指导写作的主旨，而文体论在指导写作上的作用有限。实际上，文体论乃创作论之基础，本身直接就蕴含矫讹翻浅、指导写作的内容。刘勰通过"敷理以举统"的体例，对三十多种[①]文体进行具体切实的创作指导，可以说，上篇文体论就是一部分体创作论。而下篇创作论的各项原则如"情采芬芳""风骨""通变"等也都蕴含在"敷理以举统"中。[②] 可见，通过"敷理以举统"这一体例，刘勰在上篇文体论中，已极好地完成了矫讹翻浅、指导写作的目标。

---

① 刘勰虽论及文体百余种，但真正"敷理以举统"的，仅限其中三十多种重要者。

② 详见戚良德《"论文叙笔"初探》，见中国《文心雕龙》学会编《文心雕龙学刊》（第6辑），齐鲁书社1992年版，第185页。

而所谓“敷理以举统”，是指通过敷陈各体文章的写作之理，来总结其体制要点，特别是其风格特色。詹锳先生认为：“所谓‘举统’就是举出文章的‘体统’，也就是该体的标准风格。”①可见，“敷理以举统”的根本在于文体风格辨析，这可以说符合刘勰论文主旨的体例内容，是使其文体论超越一般文体论著作，达到更高的指导写作之理论追求的根本所在。

但很显然，文体风格辨析并非刘勰首创，前代早已有之，这一传统始于曹丕，盛于陆机。魏晋时期，文学的自觉使理论家开始关注创作，始从创作角度来审视各种文体，兴起了对文体风格的辨析。曹丕在《典论·论文》中提出“四科八体”：“夫文本同而末异，盖奏议宜雅，书论宜理，铭诔尚实，诗赋欲丽。”②将八种文体分为“四科”，各用一字概括其风格。值得注意的是，曹丕所总结的各体风格，都是根据其功用，如“奏、议”作为政府公文自然“宜雅”，“书、论”作为表志论理文体应当重“理”。

陆机《文赋》发展了曹丕的文体风格辨析，称：“诗缘情而绮靡。赋体物而浏亮。碑披文以相质。诔缠绵而凄怆。铭博约而温润。箴顿挫而清壮。颂优游以彬蔚。论精微而朗畅。奏平彻以闲雅，说炜晔而谲诳。”③不仅辨析之文体增加到十体，对每体之辨析也较曹丕更为细致。但与曹丕相同的是，陆机也是据文体之功用来确定其风格。

刘勰文体论之“敷理以举统”正是继承这一文体风格辨析传

---

① 詹锳：《〈文心雕龙〉的风格学》，人民文学出版社 1982 年版，第 131 页。

② 〔魏〕曹丕：《典论·论文》，见郭绍虞、王文生编《中国历代文论选》（一），上海古籍出版社 1979 年版，第 158 页。

③ 〔晋〕陆机：《文赋》，见郭绍虞、王文生编《中国历代文论选》（一），上海古籍出版社 1979 年版，第 171 页。

统，对三十多种重要文体进行体制分析，总结风格特色。创作论之《定势》篇对此进行了全面总结，沿《典论·论文》例，将所论文体分为六种风格，即“章表奏议，则准的乎典雅；赋颂歌诗，则羽仪乎清丽；符檄书移，则楷式于明断；史论序注，则师范于核要；箴铭碑诔，则体制于宏深；连珠七辞，则从事于巧艳”，堪称是“《文心雕龙》文体风格论的纲领”①。

刘勰对各种文体的风格辨析，沿承了曹丕、陆机运用的据文体之功用来确定其风格的原则，因而很多结论都与其保持一致。如《章表》篇认为“章表奏议”是大臣“所以对扬王庭，昭明心曲”，向皇帝的上书，“既其身文，且亦国华”，不仅是个人的光彩，更关系国家之颜面；这样的“经国之枢机”，自然需要文风典雅。所以，《典论·论文》曰“奏议宜雅”，陆机《文赋》云“奏平彻以闲雅”，刘勰也继承了他们的看法，而称“章表奏议，则准的乎典雅”。

又如，魏晋以来，盛行子书和论说文，针对其说理议论的特点，曹丕总结其风格为“书论宜理”，正切中其功用。陆机在此基础上云“论精微而朗畅”，则不仅要求这类文章内容“精微”，语言也须“朗畅”。至刘勰，称“史论序注，则师范于核要”，对“论”类文章提出“核要”，即切实扼要的标准。具体说来，也就是《论说》所要求的“义贵圆通，辞忌枝碎，必使心与理合，弥缝莫见其隙；辞共心密，敌人不知所乘：斯其要也”。所谓“义贵圆通”，“必使心与理合，弥缝莫见其隙”，即指内容上切实、精微；而“辞忌枝碎”“敌人不知所乘”，则指形式之扼要、朗畅，此与曹丕、陆机之论如出一辙。

再如“铭”“诔”一类为死者撰写的颂德纪念文章，汉以后大盛，并出现了溢美失实的现象，曹丕称“铭诔尚实”正是针对此弊病，而

① 詹锳：《〈文心雕龙〉的风格学》，人民文学出版社 1982 年版，第 132 页。

要求此类文章在内容上切实、可信,同时要求整体风格朴实而不华艳。到了陆机,更从“铭”“诔”的具体特点出发,认为“诔”以述哀,故“缠绵而凄怆”,“铭”以题勒示后,故“博约而温润”。刘勰充分参考了他们的观点,《铭箴》称“铭兼褒赞,故体贵弘润”,正与陆机“铭”须“温润”同;又称“其取事也必核以辨,其摛文也必简而深”,强调“铭”之内容要考核事实,形式表达须简约深远,正取曹丕“尚实”和陆机“博约”之义。而对“诔”,刘勰认为:

> 详夫诔之为制,盖选言录行,传体而颂文,荣始而哀终。论其人也,暧乎若可觌,道其哀也,凄焉如可伤。此其旨也。

刘师培《文心雕龙诔碑篇口义》对此有精辟的解释:“诔须贴切本人,不应空泛,故谓之‘传体’”,“‘论其人也,暧乎若可觌。’此即谓叙言行,非贴切不可,一人之诔,不可移诸他人也”。[①] 显然,这正是继承曹丕尚实之义。而“道其哀也,凄焉如可伤”,刘师培认为是说“诔之后半,须有缠绵悱恻之情,使读者引起悲哀之同感”[②],此又本陆机“诔缠绵而凄怆”之说。

除了“铭”“诔”,《文赋》还较《典论·论文》多提到两种此类性质的文体,即“碑”和“箴”,陆机归纳两体的风格为“碑披文以相质,箴顿挫而清壮”。刘勰对“碑”的要求是:“夫属碑之体,资乎史才。其序则传,其文则铭。”刘师培《文心雕龙诔碑篇口义》说:“彦和‘其序则传’一语,盖谓碑序应包括事实,不宜全空,亦即陆机《文

① 刘师培著,万仕国辑校:《刘申叔遗书补遗》(下),广陵书社 2008 年版,第 1563、1564 页。

② 刘师培著,万仕国辑校:《刘申叔遗书补遗》(下),广陵书社 2008 年版,第 1564 页。

赋》所谓'碑披文以相质'之意，非谓直同史传也。"①而关于"箴"，刘勰《铭箴》篇认为"箴全御过，故文资确切"，詹锳先生认为：

> 至于写箴的目的，既在于裨补阙失，就须立言谨严，也就是文字要写得"确切"。因为要求不严格，不能起到抑制的作用。这和《文赋》所说的"顿挫""清壮"之义也是比较接近的。②

至于最具文学特质的"诗""赋"，由于魏晋以来文的自觉，理论家对其形式之美都十分重视，故曹丕称"诗赋欲丽"，陆机言"诗缘情而绮靡，赋体物而浏亮"，刘勰也说"赋颂歌诗，则羽仪乎清丽"。只是，由于"质文代变"（《文心雕龙·时序》），"从质及讹，弥近弥澹"（《文心雕龙·通变》），"诗""赋"从质朴发展到绮靡，以至讹滥的过程，使三者对形式之"丽"有不同的限定。曹魏时期，"诗""赋"文风质朴，"造怀指事，不求纤密之巧；驱辞逐貌，唯取昭晰之能"（《文心雕龙·明诗》），故曹丕强调追求形式之美，所谓"诗赋欲丽"。到了西晋，"采缛于正始，力柔于建安，或析文以为妙，或流靡以自妍"（《文心雕龙·明诗》），绮丽轻靡之风大盛，受此影响，陆机提出"诗"应"绮靡"，"赋"要"浏亮"。逮及南朝，文风讹滥，"饰羽尚画，文绣鞶帨"（《文心雕龙·序志》），刘勰遂强调"清丽"，即在"丽"之同时，更要求"风清骨峻"（《文心雕龙·风骨》），正是蕴含其矫讹翻浅的良苦用心。

从以上例证充分可见，刘勰在文体风格辨析上，从整体思路到

---

① 刘师培著，万仕国辑校：《刘申叔遗书补遗》（下），广陵书社 2008 年版，第 1572 页。

② 詹锳：《〈文心雕龙〉的风格学》，人民文学出版社 1982 年版，第 139 页。

具体观点都深受曹丕《典论·论文》、陆机《文赋》影响。但其亦非一味沿承,而是积极对二书观点进行修正,如对陆机所言“说炜晔而谲诳”就提出尖锐批评。刘勰《论说》篇认为“说者,悦也;兑为口舌,故言咨悦怿”,“说”是说服主上接受自己意见的一种文体,故须“言资悦怿”,要让主上听着高兴:

> 自非谲敌,则唯忠与信。披肝胆以献主,飞文敏以济辞;此说之本也。而陆氏直称说炜晔以谲诳,何哉?

刘勰指出既然“说”是用来说服主上,而不是欺诈敌人的,就应该讲忠和信,要把真心诚意的话献给主上,用敏锐的文思来完成说辞,这是“说”的根本,可陆机却称“说”要用明丽的辞藻来修饰狡诈的内容,这有什么道理呢?刘勰后在《檄移》篇谈到“檄”之大体时,指出这种文体“虽本国信,实参兵诈”,虽本于国家的信用,实参杂用兵之诈谋,才应具“谲诡以驰旨,炜晔以腾说”之风格。

从刘勰对陆机的指摘来看,陆机之所以对“说”体的风格把握出现偏差,是因为文体风格辨析,乃据文体之功用,但陆机对“说”之功用的见解不明,故对其风格亦不可能有准确的总结。可见,文体风格辨析要建立在文体辨析的基础上,只有对文体之源流发展、意义内涵有明确的认识和深刻的理解,才能正确辨析其体制、风格。而大规模的文体辨析自晋代挚虞、李充之后才发展起来,所以曹丕、陆机都未能及时利用这些成果①,故其文体风格辨析难以细

① 虽然挚虞生年早于陆机,但据邓国光《挚虞研究》考证,《文章流别集》和《文章流别论》当作于公元 302 年,挚虞 57 岁,秘书监任上。而据陆侃如《中古文学系年》,公元 303 年,陆机已卒。可见,挚虞《文章流别论》当作于陆机《文赋》之后。

致确切，尚存在不少问题。两百多年后的刘勰，弥补了他们的不足，《文心雕龙》文体论充分吸收了挚虞、李充文章流别之体例和成果，用了大量篇幅，全面辨析百余种文体，在此基础上归纳各体之风格，其结论自然远比曹、陆切实详赡。

刘勰将文章流别与文体风格辨析结合，不仅为文体风格辨析找到坚实基础，同时，也使挚虞、李充之文章流别为辨析风格、规范写作服务，较其之前指导总集编纂，无疑提高了一个理论层次。而这正是刘勰"弥纶群言"所取得的成果。《序志》详举近代之论文者，对"魏文述典，陈思序书，应玚文论，陆机文赋，仲洽流别，宏范翰林"六家格外看重，并引用贯穿《文心雕龙》全书，而文体论部分，则可明显看到受曹丕《典论·论文》、陆机《文赋》、挚虞《文章流别论》、李充《翰林论》的巨大影响。但正如刘勰所指出的，这四家"各照隅隙，鲜观衢路"：挚虞、李充开创了"文章流别"传统，但缺乏对文体体制风格之总结，所以"精而少巧""浅而寡要"，对创作起不到切实的功效；而曹丕、陆机虽然进行了文体风格归纳，但由于没有全面细致地辨析文体，所以"密而不周""巧而碎乱"，对创作的指导未能周密核要。刘勰正是看到了他们各自的缺憾，因而弥纶文章流别与文体风格辨析这两大传统，使之完美结合，从而开创了辨析文体进而总结风格的文体论模式，后世论文体者莫不宗此，这不得不说是刘勰对中国古代文体论的卓越贡献。

王士禛七古声调批评刍议

贺 琴

古典诗歌就体裁而言,“古体诗”与“近体诗”相对,并以音律相区别。古体诗押韵自由,不讲究对仗;近体诗在平仄、用韵、对仗等方面都有严格的规定。近体诗的声调从魏晋南北朝开始已经受到关注,唐以后越加成熟。而古诗的声调在中国诗史上发展缓慢,直到明清时期才有较大的发展,明代复古派出于学古的需要,注意各体诗歌的音节,因此关注古诗声调,最具代表性的是李东阳,他在《麓堂诗话》中对诗歌的声调规律进行过探讨,谈及古诗,提出了“古不可涉律”的原则:“古诗与律不同体,必各用其体乃为合格。然律犹可间出古意,古不可涉律。”①“古律诗各有音节,然皆限于字数,求之不难。惟乐府长短句,初无定数,最难调叠。然亦有自然之声。古所谓声依永者。谓有长短之节,非徒永也,故随其长短,皆可以播之律吕,而其太长太短之无节者,则不足以为乐。”②李东阳之外,李梦阳、徐祯卿、李攀龙、王世贞、谢榛等都曾注意到古诗的声调,谢

① 〔明〕李东阳:《麓堂诗话》,见丁福保辑《历代诗话续编》,中华书局1983年版,第1369页。

② 〔明〕李东阳:《麓堂诗话》,见丁福保辑《历代诗话续编》,中华书局1983年版,第1370页。

榛云:"作古体不可兼律。"①王世懋亦云:"律诗句有必不可入古者,古诗字有必不可为律者。"②明人已经注意到古诗与律诗在声调上有所区别,古诗虽不像律诗一样有严格明确的格律规范,但也有自己的内在规律,其中,古诗不涉律是一个重要的发现,对清代的古诗声调论有直接启发。

明代诗学对于古诗声调的探讨比较零散,不够深入,进入清代,随着实学思潮的盛行,音韵学在清初得到了重要的发展,对于古诗声调的探讨也逐渐深入。王士禛作为一代宗匠,以"神韵说"总持康熙诗坛,"神韵说"之外,他对古诗的音律、声调研究有所创获,影响了有清一代,翁方纲有"古诗平仄之有论也,自渔洋先生始也"③之说。细究之,可以发现王士禛的古诗声调论主要成就和贡献集中在七言古诗上,形成了一个较为完整的七古声调理论体系。他的相关批评和研究集中在《师友诗传录》《师友诗传续录》《然灯记闻》等著作中,都是由其弟子郎廷槐、刘大勤、何世璂记录的他晚年的观点。乾隆年间,后人王允熙刻《王文简古诗平仄论》,专论七古,翁方纲得之于新城学宫,评价甚高,并将其收入《小石帆亭著录》中。这几部著作中王士禛的言论、观点有相近、重合之处,其中大部分的观点是针对七言古诗而发的,通过对七言古诗声调的研究,他总结了关于七古声调的若干原则,从声调角度进行辨体,且将声调与诗歌审美风格、情感等联系起来,构成了他的七古声调理论。

---

① 〔明〕谢榛:《四溟诗话》,见丁福保辑《历代诗话续编》,中华书局1983年版,第1221页。

② 〔明〕王世懋:《艺圃撷余》,见〔清〕何文焕辑《历代诗话》,中华书局1981年版,第777页。

③ 〔清〕王士禛撰,翁方纲录:《王文简古诗平仄论》,见丁福保辑《清诗话》,上海古籍出版社1978年版,第223页。

一、不可入律:七古的声调原则

王士禛七言古诗声调论的代表作是《王文简古诗平仄论》,其中观点在其他著作中有所印证。总体而言,关于七言古诗的声调,王士禛总结出以下三条原则:

(一)七古平韵,不可杂入律句,其关键在落句第五字。王士禛在《然灯记闻》中曾经有简短的总结:

> 古诗要辨音节。音节须响,万不可入律句,且不可说尽,像书札语。①

他强调音节对于古诗的重要性,“万不可入律句”是对李东阳“古不可涉律”的继承,这是王士禛古诗声调论中最主要的原则,也可以把它看作一个总原则,因为王士禛在这里并没有单独拈出“七古”一体。同时,这个原则也略显笼统,古诗中入律的诗歌很多,如白居易七古《长恨歌》《琵琶行》,王维的五古《桃源行》等,古诗是否入律与诗歌的韵脚有关,所以,在《王文简古诗平仄论》中,王士禛做了具体的规定:

> 平韵到底者,断不可杂以律句。其要在第五字必平。②

---

① 〔清〕王士禛述,何世琨录:《然灯记闻》,见《清诗话》,上海古籍出版社1978年版,第119页。

② 〔清〕王士禛撰,翁方纲录:《王文简古诗平仄论》,见《清诗话》,上海古籍出版社1978年版,第224页。

可见不可入律是针对平韵这种情况的，这里的“第五字”，从王士禛所举的韩愈《谒衡岳庙遂宿岳寺题门楼》、欧阳修《啼鸟》等诗中所标注平声字来看，应指落句中第五字。在平韵到底的情况下，七古不入律，这是符合七古的创作规律的，唐代近体诗成熟之后，很多诗人在创作古诗时，尽量避开律句，以便与律诗相区别，王士禛强调“第五字”切中要害，因为七律平韵诗中，“仄仄平平仄仄平”“平平仄仄仄平平”等第五字均为仄声，为了避免入律，七古第五字必为平声。王士禛在《师友诗传续录》中也有相关规定：

一韵到底，第五字须平声者，恐句弱似律句耳。①

可见关注落句第五字，最终还是为了与律诗相区别，这一点也被赵执信所继承，在《声调谱》中有进一步的发挥。以第五字为基础，王士禛还强调落句中与第五字相邻的第四字，如第五字为平，则第四字必为仄，这样才能平仄相合。第四、五字平仄相合之后，第二字用平声更佳。他还特别注意到七古平韵中出句的音调，认为出句第五字多用仄声，第二字多用平声。他在《师友诗传录》中解释道：“七古平韵，上句第五字，宜用仄字，以抑之也；下句第五字，宜用平字，以扬之也。”②说明上句第五字用仄声，是为了与下句之间形成抑扬顿挫的音节。

（二）七古仄韵，可杂入律句。七古仄韵突破了古诗“万不可入

① 〔清〕刘大勤问，王士禛等答：《师友诗传续录》，见《清诗话》，上海古籍出版社 1978 年版，第 149 页。

② 〔清〕郎廷槐问，王士禛等答：《师友诗传录》，见《清诗话》，上海古籍出版社 1978 年版，第 135 页。

律句”的总原则，王士禛云：“若仄韵到底，间似律句无妨。”①因为仄韵诗多半是古体，总体上已经保证了古诗的体制，所以间有律句也无妨。对于七古仄韵的声调规则，王士禛阐述得并不详细，只认为诗歌的平仄抑扬、音节顿挫，最关键在第二字和第五字，要求第二字和第五字要抑扬顿挫、声调起伏，如苏轼《石鼓》、韩愈《寒食日出游》、欧阳修《读张李二生文赠石先生》三首诗，其中多数句子第二字、第五字出、落平仄相对。

（三）七古换韵，可用律句，须整齐、规律。换韵是古诗中的一种特殊形式，王士禛云：“若换韵者，已非近体，用律句无妨。大约首尾腰腹须铢两匀称为正。”②这种情况较为简单，因为在实际的创作中，换韵是古诗的一种形式，五、七言律诗、绝句则没有换韵的情况，所以在换韵七古中出现律句是无妨的。在此基础上，王士禛强调匀称相对，他在《师友诗传录》中也有类似的看法，认为七古换韵之法起源于南北朝陈、隋之际，初唐四杰善于换韵，盛唐王维、高适、李颀尚有古韵，至李白、杜甫“大变其格”，“大约首尾腰腹，须铢两匀称，勿头重脚轻，脚重头轻，乃善”。③ 七古换韵从诗史上来说，初唐四杰确实应用较多，只是节奏不一，或两句一换，或四句一换，或六句、八句一换，至清人吴伟业创“梅村体”，四句一换成为基本定式，格律自由，节奏整齐，取得很大的成就。而王士禛的声调之学得自于吴梅村，所以他对于七古换韵提出的“铢两匀称”包含着

---

① 〔清〕王士禛撰，翁方纲录：《王文简古诗平仄论》，见《清诗话》，上海古籍出版社 1978 年版，第 232 页。

② 〔清〕王士禛撰，翁方纲录：《王文简古诗平仄论》，见《清诗话》，上海古籍出版社 1978 年版，第 235 页。

③ 〔清〕郎廷槐问，王士禛等答：《师友诗传录》，见《清诗话》，上海古籍出版社 1978 年版，第 136 页。

对整齐、规律的要求，他在答刘大勤问时也说古诗换韵忌头重脚轻，“或四句一换，或六句一换，须首尾腰腹匀称，无他秘也”①。《古诗平仄论》举王维《桃源行》，为七次换韵，六次皆为四句一换，苏轼《往富阳新城李节推先行三日留风水洞见待》为两句一换，皆十分匀称。对于换韵多寡不一者，王士禛认为虽然是效仿古人做法，但不可常为。

以上是王士禛对七古声调原则的总结，他的七古声调批评在《古诗平仄论》、《师友诗传录》和《师友诗传续录》中互有印证，观念统一，形成一套自己的七古声调观。但需要指出的是，七古声调原则在王士禛这里并不是一种僵化的规定，总体而言，他还是要求古诗要音节自然。刘大勤问古诗平仄之法于无定式中是否亦有定式，王士禛答云：“毋论古、律、正体、拗体，皆有天然音节，所谓天籁也。唐、宋、元、明诸大家，无一字不谐。”②可见古诗虽有一定的声律规则，但在创作中不能完全被规则所束缚，要音节天然，才能创作出好的作品。

与七古声调规则密切相关的是由声调所体现的审美风格，王士禛在七古方面有与五古不同的要求。

二、抑扬顿挫：声调与审美风格

古典诗歌中不同的诗体有不同的声调规则，也就呈现出不同的审美风格。七言古诗与五言古诗相比，增加了两个音节，节奏、

① 〔清〕刘大勤问，王士禛等答：《师友诗传续录》，见《清诗话》，上海古籍出版社1978年版，第156页。

② 〔清〕刘大勤问，王士禛等答：《师友诗传续录》，见《清诗话》，上海古籍出版社1978年版，第152页。

声调上也就增加了变化的可能。王士禛尤其强调七古音节上的变化,总体来说,王士禛对于古诗音节追求抑扬顿挫、跌宕起伏,要求古诗以音节为顿挫,这是王士禛提出的一个总体要求。也就是说,要通过音节、声调的变化来造成诗歌的美感,说明音节、声调与审美风格密切相关。至于如何形成顿挫,刘大勤曾经向其请教,王士禛解释道:

此须神会,难以粗迹求之。如一连二句皆用韵,则文势排宕,即此可以类推。熟子美、子瞻二家,自了然矣。专为七言而发。①

在这里王士禛举押韵的例子来说明音节对于诗歌风格的影响,强调这是专为七言古诗而发,需要"神会""类推",是一种经验式的总结,虽不甚明确,但已经把声调与审美风格联系起来了。

除此之外,刘大勤还曾引张实居之论问其师:

萧亭先生曰:"所云以音节为顿挫者,此为第三第五等句而言耳。盖字有抑有扬,如平声为扬,入声为抑,去声为扬,上声为抑。凡单句住脚字,必错综用之,方有音节。如以入声为韵,第三句或用平声,第五句或用上声,第七句或用去声。大约用平声者多;然亦不可泥,须相其音节变换用之。但不可于入声韵单句中,再用入声字住脚耳。"

(王士禛)答:"此说是也。然其义不尽于此,此亦其一端

① 〔清〕刘大勤问,王士禛等答:《师友诗传续录》,见《清诗话》,上海古籍出版社1978年版,第149页。

耳。且此语专为七言古诗而发，当取唐杜、岑、韩三家，宋欧、苏、黄、陆四家七古诸大篇，日吟讽之，自得其解。”①

张实居以韵脚为基础，关注七古上句的平仄，通过上句音节的变化来形成顿挫之感。王士禛是同意张实居的看法的，说明七古音节制造顿挫确有其法，但他认为张实居的看法也只是其中一端而已，仍旧没有给出确切的方法，并特别强调熟读唐宋名家七古来体验，这是王士禛七古声调论的一个特点，要求诗人的体悟，也是他的理论不深入、不完备之处。但从另一方面来看，古诗虽然在声调上有规律可循，但总体而言，要音节自然，而一旦形成定式，反而会拘泥于格调，失去音节的自然之美，这也许正是王士禛在“音调何以顿挫”这个问题上的困惑和矛盾之处。

张实居对于音节顿挫的论述从韵脚出发，停留在对声调本身的探讨上，而王士禛则将韵脚和审美风格联系在一起，“大抵通篇平韵，贵飞扬；通篇仄韵，贵矫健。皆要顿挫，切忌平衍”②。不管是平韵还是仄韵，都追求一种抑扬顿挫、节奏分明的美感，这是王士禛对七言古诗在音节方面的要求。从王士禛本人的七古创作来说，也是注重声调音节的，如《故明景帝废陵怀古》：

金山南临裂帛湖，荒陵十里鸺鹠呼。
夺门事往二百载，行人过此犹唏嘘。
红墙剥尽古瓦落，莓苔溜雨生铜铺。

① 〔清〕刘大勤问，王士禛等答：《师友诗传续录》，见《清诗话》，上海古籍出版社 1978 年版，第 152 页。

② 〔清〕郎廷槐问，王士禛等答：《师友诗传录》，见《清诗话》，上海古籍出版社 1978 年版，第 135 页。

老松离立色枯槁，但穴虫蚁余根株。
蕺涂龙辅礼本杀，矧乃劫火经樵苏。
咫尺天寿云气接，抔土独葬西山隅。
洪宣老臣稍凋丧，国成一旦归刑余。
勃鞮之问史所贬，讵有宦寺干征诛。
黄沙惨淡鼓声死，万乘一掷成累俘。
国有君矣社稷重，孙申谋郑无差殊。
白登城南翠华返，钱塘司马功难诬。
纷纷南渡议和战，乃知计左非良图。
仝寅之占信奇中，朝衣东市嗟何辜。
剑南归来西内闭，唐家父子输厩奴。
处人骨肉事非易，子臧季札今则无。
功罪千秋有特笔，九鼎一发须人扶。
谥同泉鸠理太酷，纪年犹幸无革除。
裁令流水良亦足，宁论玉匣还珠襦。
欲落不落夕阳下，吊古且复留斯须。
残碑灭没牛砺角，石�横卧苍髯须。
君臣一代尽宿草，雍门太息当何如？①

这首怀古诗风格遒劲，是王士禛"越三唐而事两宋"的代表作，通篇平韵到底，完全避免入律，全诗的落句第五字均为平声，正实践了他所持的七古不入律句、第五字必平的原则，与之相邻的第四字则绝大多数为仄声，而上句第五字大部分为仄声，与落句相对。除了

① 〔清〕王士禛：《渔洋续诗集》卷二，见袁世硕主编《王士禛全集》，齐鲁书社 2007 年版，第 718 页。

第五字，全诗偶数句的最后三字均为平声，也就是现在所说的“三平调”，这正是七古的正格，追求一种飞扬的音调，所以翁方纲评价此诗是王士禛七古中最整顿之作。诗歌怀古、记事、写人，情感悲慨，而三平调的运用使诗歌在音节上舒展、辽阔，一唱三叹。这样的做法在王士禛诗歌中并不鲜见，还有如《眉州谒三苏公祠》《戴嵩牛图》《送洪昉思由大梁之武康》《摩崖碑》《归经鹊华二山间即目》等七古，都十分注重音调。王士禛七古创作重视音调固然是抓住了要点，做到了顿挫、铿锵，但正如其所说，古诗“有天然音节”，创作中着意于声调，则容易被声调所限，这也正是翁方纲说他的七古“为格调所牵”的原因。

七古诗歌的风格除了音节的抑扬顿挫，还需要字句、章法的配合，王士禛在句法上强调古诗不可入律句，“大抵七古句法字法，皆须撑得住，拓得开，熟看杜、韩、苏三家自得之”。在章法上，虽然“未有不同”，但“五言着议论不得，用才气驰骋不得。七言则须波澜壮阔，顿挫激昂，大开大阖耳”。① 所以，五古和七古各自所适应的内容风格是不同的，“五言以蕴藉为主，若七言则发扬蹈厉，无所不可”②。

王士禛对七古声调与风格的要求，在他的整个诗学体系中，与“神韵说”异趣。从他对七古和五古的句法、章法、风格的不同要求可以看出，五古的含蓄蕴藉、自然真率与他的“神韵说”在审美上显然是契合的。七古的才气驰骋、跌宕起伏、雄浑矫健、大开大阖则是迥异于神韵诗的另一种风格。

---

① 〔清〕刘大勤问，王士禛等答：《师友诗传续录》，见《清诗话》，上海古籍出版社 1978 年版，第 149 页。

② 〔清〕刘大勤问，王士禛等答：《师友诗传续录》，见《清诗话》，上海古籍出版社 1978 年版，第 156 页。

从七古的声调规则到审美风格，在王士禛的诗学理论中都有比较明确的要求，构成了较为完整的七古声调论。除此之外，王士禛以七古声调为中心的古诗声调论还有一个需要注意的问题，就是从声调出发的古诗辨体。

三、“音情迥别”：声调与辨体

王士禛在《池北偶谈》中说：“作古诗，须先辨体。”虽然这个观点是针对五言诗而发，但体现出他明确的辨体意识。这里的“体”不全指诗体，也包含不同时代、不同诗人的体格、声调等因素，从时代来说，“既为建安，不可堕落六朝一语，为三谢，不可杂入唐音”，两汉、建安、六朝、唐音，不同时代的古诗有不同的风格，不可混淆；从诗人的风格来说，“小诗欲作王、韦，长篇欲作老杜，便应全用其体，不可虎头蛇尾”①，学习前人，要全用其体。

王士禛有这种辨体意识是出于学习古人的需要，“全用其体”中的“体”，既包括字句、章法，也包括音节、声调，从声调上来说，不同的诗体有不同的声调，以古诗辨体而言，从体制上明确区分七古和五古较为容易，而古诗与乐府则难以区分。乐府和古诗的关系和范围自汉代开始就已经相互混淆，难以区别，乐府是汉代官府在各地收集的歌词，可合乐而歌，被之管弦，古诗的创作则不依音乐。但由于文人或用乐府旧调创作，模仿乐府，作乐府诗，或拟新题，抛开乐府旧调，自作古诗，使得乐府与古诗相通相融，难以区分；加上唐以后随着近体格律诗的出现，乐府与古体在音律上被划为一家，

① 〔清〕王士禛：《池北偶谈》卷十二，见《王士禛全集》，齐鲁书社 2007 年版，第 3108 页。

就更难区别了。

虽然如此，古人还是注意到了乐府与古诗的不同，如明人许学夷说，“汉人乐府五言与古诗，体各不同。古诗体既委婉，而语复悠圆，乐府体既轶荡，而语更真率。盖乐府多是叙事之诗，不如此不足以尽倾倒，且轶荡宜于节奏，而真率又易晓也”①，从内容和音节上区分乐府与古诗。王士禛也认为乐府与古诗是不同的，他回答刘大勤“乐府何以别古诗”之问，云：

> 如《白头吟》、“日出东南隅”、“孔雀东南飞”等篇，是乐府，非古诗。如《十九首》、“苏李录别”，是古诗，非乐府。可以例推。②

王士禛在这里没有对古诗与乐府的区别做正面的详细回答，而是列举了作品以做例推，有些含混不明。他在答郎廷槐问时回答得较为详细，《师友诗传录》载：

> （郎廷槐）问：“乐府五、七言与五、七言古何以分别？……”
>
> 阮亭答：“古乐府五言，如“孔雀东南飞”“皑如山上雪”之属，七言如《大风》《垓下》《饮马长城窟》《河中之水歌》之属，自与五、七言古音情迥别。于此悟入，思过半矣。”
>
> 历友答：“……乐府主纪功，古诗主言情，亦微有别。且乐府间杂以三言、四言以至九言，不专五、七言也……”

① 〔明〕许学夷：《诗源辩体》卷三，人民文学出版社1987年版，第67页。

② 〔清〕刘大勤问，王士禛等答：《师友诗传续录》，见《清诗话》，上海古籍出版社1978年版，第151页。

萧亭答："乐府之异于诗者，往往叙事。诗贵温裕纯雅；乐府贵遒深劲绝，又其不同也……①

从三人不同的回答来看，张笃庆（历友）和张实居（萧亭）对于古诗与乐府是从内容、句式、风格上进行区分的，而王士禛所说的"音情迥别"，固然也含有风格、情调的方面，但这些都是受到"音"的影响而形成的风格情调，所以他强调乐府的音乐、声调，而五、七言古诗也自有其声调特征，这实际上指出了古诗与乐府最根本的不同。

"音情迥别"除了不同的诗体之外，在王士禛的观念里还有区分时代的一面，他特别认同明代山左诗人公鼐"声听之变，有所必趋，情辞之迁，有所必至"②的观点，《论诗绝句》云：

草堂乐府擅惊奇，杜老哀时托兴微。元白张王皆古意，不曾辛苦学妃豨。③

随着时代的发展，古乐府中曾经的字句、韵调发生了改变，"妃豨"在乐府诗中为声音词语，本身并无意义，而后人拟古有"妃来呼豨知之"之句，以为"妃"为女，"豨"为"豕"，拼凑成句，文理不通，已经脱离了原有的语言环境。这是对明代复古派的批评，古乐府发

① 〔清〕郎廷槐问，王士禛等答：《师友诗传录》，见《清诗话》，上海古籍出版社1978年版，第132页。

② 〔清〕王士禛：《池北偶谈》卷十一，见《王士禛全集》，齐鲁书社2007年版，第3099页。

③ 〔清〕王士禛：《渔洋诗集》卷十四，见《王士禛全集》，齐鲁书社2007年版，第370页。

展到明清时期，不仅有音乐的变化或流失，还有读音、声调的变化，明七子的拟古乐府，单从字句上模仿，必然会不合声调发展，与他们所强调的体格声调自相矛盾。

“音情迴别”的古诗辨体主要针对乐府与古诗，而不局限于七古一体，并且“体”的内涵除了诗体还有不同时代、不同诗人之体。不论如何，“音情”最基础的一点是从声调出发，应该是指出了关键，但遗憾的是，王士禛没有就“音情如何迴别”做进一步的论述，这也是他古诗声调论的一个缺陷。

王士禛的古诗声调论以七古声调为中心，在声调的原则、声调与审美风格及古诗辨体等方面均有所阐发，并提出了一些中肯的观点，他对于七古这种诗体的认识是特殊的，不同于五、七言律、绝，也不同于五古。他的“神韵说”追求一种词意不尽、含蓄蕴藉、冲和清远的审美境界，而对七古则要求词明意尽、抑扬顿挫、雄浑矫健，不论是在理论还是创作中都要求音节顿挫，跌宕起伏，已经突破了“神韵”的范围，反映了王士禛在理论和创作上的丰富性。

王士禛的七古声调理论也存在明显的不足，一是言论零散、经验化，二是不够深入，尤其是在“音调何以顿挫”和“音情如何迴别”这两个问题上，他触摸到了实质，但都没有深入展开。这大概是王士禛晚年经过长期创作和研究之后形成的一种层次较浅的认识，还不够成熟，没有形成一个完整的理论体系，也是他不愿将之示人的原因。

虽然王士禛的古诗声调论有明显的不足，但还是对清代的古诗声调研究产生了深远的影响，赵执信的《声调谱》就与其声调学说有密切关联。据赵执信自述，其声调之学得之于王士禛，其《声调谱》在乾隆时期引起巨大反响，形成了研究古诗声调的潮流。目前来看,王士禛的古诗声调论和赵执信的《声调谱》对于七古、五古声调规则的见解有所不同,甚至存在抵牾之处。但王士禛为清代的古诗声调研究奠定了基础,后世评价甚高,朱筱园将其《古诗平仄论》和赵执信的《声调谱》奉为初学者都应该遵守的基本规则,可见其七古声调论是有指导意义的。

语言的魅力

——李佩甫《生命册》的语言文体建构简析

刘一梦

语体在探求语言世界与物相世界的对应性中形成，文学语体必须着眼于特定社会生活情境里人物话语的一般性与特殊性统一的双重性，确定词汇、语法、语调、修辞等方面的不同特征，实现语言历时性与共时性在人的思维世界里的统一、在交流过程中的个性化，从而有效传达审美体验。①

语言文体的创造是文学创造的核心，一部小说的语体犹如作品的心脏，激活整个文体，使之充满生命活力。换言之，小说艺术的成功关键是语体的创造，只有创造性的语体才能代替作者完成艺术使命。

当代作家李佩甫的长篇小说《生命册》，是一部反映现实生活、对人性进行深度探索的小说。作者通过50年的时间积淀，通过对人物成长过程的记录，折射出中原民性、民心，反映中原文化的独特生存环境，挖掘中原的文化底蕴，揭示中原文化生态。该作品在2015年获得了第九届茅盾文学奖。

---

① 李建荣：《长篇小说的语体思辨——兼评马步升的〈青白盐〉》，载《小说评论》2008年第4期。

李佩甫之所以能赢得这么高的荣誉，除了他在作品中表现出的思想内涵，更在于他创造的语言文体富于艺术魅力，其语体具有审美艺术和审美价值。茅盾文学奖颁奖辞提到，"《生命册》以沉雄老到的笔力塑造了一系列鲜明的人物形象"。

《生命册》正是借助语体的艺术建构，揭示了语言与文化的关系、与时代变迁的关系、与城乡变化的关系、与人成长发展的关系，作者将语言转化为人类精神的迷宫，在这个迷宫里，其语体，犹如磁石，聚集语言细节，使之精彩呈现。作者以巧妙的语体建构，展现了我们整个社会50年来的心灵史，是追溯城乡时代变迁的"心灵史诗"，更是中原文化的感性表现。作品成功塑造了一组性格鲜明、精神饱满的人物形象，人物心灵自由的缩小或放大，人性创造的压抑或高扬，全凭借语体的精妙构建显现于读者面前。

有评论说："《生命册》的语言，是一种精心淬炼出来的非常切合这部小说的叙述基调和故事风格甚至人物个性特征的语言。"①

一、小说的叙述视角

叙述视角也称叙述聚集，是叙述语言中对故事内容进行观察和讲述的特定角度。同样的事件从不同的角度看去就可能呈现出不同的面貌，在不同的人看来也会有不同的意义。

叙述视角的特征通常是由叙述人称决定的。中国传统的叙事作品中主要采用旁观者的口吻，即第三人称叙述；较晚近的叙事作品中第一人称的叙述多了起来；还有一类较为罕见的叙述视角是第二人称叙述。除了上述三种视角之外，另一类较重要的特殊情

① 李少咏：《一份独特的文学证词》，见《河南日报》2012年7月16日。

况是变换人称和视角的叙述。总起来说就是四种情形:第三人称叙述、第一人称叙述、第二人称叙述和人称或视角变换叙述。

第一人称叙述的作品中,叙述者同时又是故事中的一个角色,叙述视角因此而移入作品内部,成为内在式焦点叙述。

《生命册》采用第一人称的叙事方法,涉及的系列人物和事件,许多并无直接关联,全靠"我"的讲述被串在一起。而"第一人称自我言说的方式又可以很好地表达作者的思考和感受,使作品具有深刻的思想内涵……而且更加自然、从容"①。

比如,小说写村里人为我这个"小祸害"推荐上大学而出谋、奔忙时,这样写道:

> 事关前途,我心里很急。我喉咙是恨不得伸出一只手,把他从地上拽起来。这时候,我是多么感谢村人哪,我看见我的心都跪下来了!(《生命册》第二章)

这段话中"我喉咙是恨不得伸出一只手""心都跪下来了",作者就是从第一人称的角度进行了精当的描述,将"我"当时独特的心理感受入木三分地刻画了出来,让读者能产生身临其境的体验。

再如,梁五方四处上访申诉无果,一次次被遣送回家时,作者这样描述:

> 那时候,他戴着一顶破草帽,背着铺盖卷,那伸手的动作分明就是一个乞丐。我看着他的眼睛,他眼里已没了当初的

① 何弘:《李佩甫:坚忍的探索者和思想者》,见《光明日报》2015 年 8 月 18 日。

暴烈和激动，只有星星点点的火苗儿亮着，我甚至在他眼睛里发现了一丝游移。那游移藏在痛苦的火苗后边，被一层风霜和污垢遮盖着，嘴里念念叨叨的，一脸的茫然。可他还是要申诉的。他是个一条道跑到黑的人。他已申诉了这么多年，他必须申诉下去。不然，他还怎么活？（《生命册》第四章）

梁五方的形象，若从第三人称角度叙述，即从旁观者的视角描述，也是可以的，也照样能塑造出鲜明的形象。但采用第一人称叙述角度，“我看着他的眼睛”“我甚至在他眼睛里发现了”，这样的语体更方便直接地表现了“我”对这一人物的内心世界的洞察和理解，因而用寥寥数语便将一个热爱生活、年轻有为，最终走向生活对立面的人物的不幸命运，深刻地揭示了出来。

整部作品呈放射状展开，分写了一个个鲜活的人物及其命运变迁，“我”作为叙述人，同时也是小说中重要的人物，“我”是清醒的，“我”是在这个时代中保持着一丝良善和反思态度活着的。“我”“功成而退”似乎是有高人指点，但只有自己知道，“我”是一个“背着土地行走的人”，“我”的慧悟是因为自己“身后有人”，正是诸多身后村人的人生教训，使“我”获得了警示式的智慧。小说巧妙地借助老姑父写给“我”的白条“见字如面”以及“我”和骆驼之间的“暗号”，把人物关系中内在的精神血脉联系揭示了出来。最后戏剧性地让“我”经历一场车祸，这个偶然的情节又让“我”有机会看到了更多残缺的生命，在更深的意义上思考生命的本真性问题。①

① 周志雄：《论李佩甫长篇小说〈生命册〉》，载《小说评论》2013 年第 2 期。

总之,《生命册》以“我”为叙事角度,“我”是主人公,也是小说情节发展的线索。全书十二章,大致看,奇数章节写的是现代经济背景下城市生活的故事,偶数章节写的是传统经济背景下农村生活的故事,到最后一章,两条线合并,从容地书写不同时代的乡村和城市、农耕文化和都市文化、农业经济与现代经济等不同环境下人们的生存现实。这么宏阔的思想内容,读来没有让人产生烦冗杂陈的感觉,而是感到叙事脉络非常清晰,正是得益于运用了第一人称的叙事角度。

二、语言的感性化和陌生化

文学语言作为作家对客观事物心灵感知的呈现,充满了作家主观的理解、认识、感受和体验,因而是感性化的。感性是构成作品诗性语言的第一个要素,小说语言的感性化,就是要解放现代人在现代文明中那些被压抑的感情,同时要反对人工的语言、计算机的语言以及过于理性的标识语言,并通过强调作家在创作活动中那种天然的、直觉的、个体化的密切介入,使得作品的语言成为既具艺术的理性又充满生命激情的温暖可感的语言。①

李佩甫作为一位小说大家,拥有极其细腻、独特的感知事物、把控人物语言的能力,他善于追求语言表达的形象性和独特性。他说,“我为这部稿子准备了 50 年,写作了五六年。这几年稿子写了废、废了写,实在写不下去了就回家乡找感觉”,“光开头就写了一年多。必须找到开笔的第一句话,这句话就是我的语言方向、叙

① 丘文辉、周文晶:《语言的魔术师——〈山南水北〉散文语体文体变革》,载《当代文坛》2013 年第 3 期。

述情绪……写好的时候和写痛的时候，都有一种‘指甲开花’的感觉”。① 在他的诸多叙事才能中，最值得称道的无疑是感官描述的艺术。

李佩甫善于用语言表达视听，也习惯借助通感描摹景象展现人物。

（一）从视觉表现人物形象。比如：“在无梁，一旦‘西伯利亚’刻在脸上，那就是岁月。”（《生命册》第二章）这是刻画老姑父的脸，老姑父的人生经风沐雨，经过岁月的打磨，会给人沧桑感，怎样表现这种沧桑？作者借助视觉，从观察到的“脸”写起，用“西伯利亚”风“刻在脸上”来表现，可谓想象奇特。小说中讲到老姑父厚着脸皮为村民们办这办那时又写道：“老姑父早就不要脸了。他的脸已烟化在无梁那无边的田野里了。”（《生命册》第二章）用“烟化”一词描述，这是借助视觉来表现人物内心世界和复杂经历，可谓用语简约独特。再如，描绘春才的偷窥和夜游：

> 一天夜里，老姑父骑着一辆自行车从公社开会回来，看见他家房后一个窗户边上竖着一根黑乎乎的木头桩子。他不记得他家后墙上放有木料，一天不在家，谁伐树了么？没有哇。他已经走过去了，却仍然心里有些疑惑，就退回来，相差也就二十几米远的距离，他大声咳嗽了一声……就是这一声咳嗽，惊了那“木头”！靠着窗户的“木头”居然动了，只听一串咚咚咚咚的脚步声。那真的不是木头，是一个人！
>
> 老姑父大声吆喝着：站住！可人早跑得没影儿了。（《生

① 张亚丽：《〈生命册〉：中原的故事就是中国的故事》，见《中国青年报》2015 年 10 月 23 日。

命册》第十章)

这里,作者没有直接描写春才的偷窥,却写老姑父的发现,从老姑父的视觉来描述春才这个"木头"人的偷窥,这样选取角度描绘人物,更能真实自然地表现人物的性格特点,还能产生双重视线的奇效。

(二)从听觉来写景写人,写出独特的艺术形象。比如写虫嫂在玉米田偷东西:

> 玉米叶沙沙响着,一股黑气像是拨云穿雾一般从玉米田里游出来。在黑森森的玉米田里,在弥漫着夜气的星空下,先是有波浪一样的夜气把玉米棵分开去,接着是风的响声,随风流出来的是一个圆滚滚的东西,就像是滚动着的老鳖盖子……看得我眼皮都要参了。(《生命册》第六章)

这一段是写人物的活动,但人物活动在黑暗的夜景中,旁观者——"我"怎么能看到?也就是如何能写出所见景象?作者便借助听觉描述——"玉米叶沙沙响着","波浪一样的夜气把玉米棵分开去,接着是风的响声",展现出这惊魂一刻的情景,可谓生动逼真,独具匠心。

(三)运用多种比拟手法表现视听艺术。比如,作者描写吴志鹏倾慕的女子时,对这个女人的仪态、当时的环境有这样一段描述:

> 当我拉开门的时候,一股香味随着阳光扑进来。那不是化妆品的香味,那是带有夏日阳光的女人的肉味,鲜活的、生动的、甜的。她背对着阳光,金灿灿地立在那里。她身上穿着一红色的短袖连衣裙,两只臂膀上的皮肤闪动着象牙般的光泽。她静

静地站在门前,在她身上,阳光是流动着的,就像是镀了阳光的金色液体,熠熠地环绕着一个美丽的活色生香的女人。一个按现在的说法,叫有态儿、有范儿的女人。我觉得连阳光都醉了。是的,先有光线和味道扑过来,尔后才是活色生香。那气息准确地告诉我,那是可以点亮整个世界的、熟了的气息。就像是樱桃,向阳坡的,鲜艳欲滴的。就像是葡萄,吐鲁番的,晶莹剔透的,熟了的玉色。那么,一个女人熟了的时候,是什么样子,那几乎是几何级的果实了……此时此刻,我才真正理解了古人造的那四个字:蓬荜生辉。我明白了,那是专对女人的,只有女人才能照亮一间屋子。(《生命册》第一章)

这一段描写,作者展开了丰富的联想和想象,借助比喻、夸张、比拟、通感等修辞手法,既描绘出年轻的女大学生梅村美丽的容貌,又表达了"我"——吴志鹏内心深处的美好情愫。随着作者这样的语体表述,读者仿佛也如见其人,如沐其中,与小说中的"我"共同分享着那美妙的时刻和感受。这便是感性化的语体产生的艺术效果。

三、语言的隐喻化和象征性

"文字的意义有本义,有变义。本义指从早期文字形体上所反映出来的取像及其所代表的词义。变义指使用文字在表意方面所起的发展变化。"①变化又是多方面的,比喻义、象征义等都是相对

① 周祖谟:《周祖谟文字音韵训诂讲义》,天津古籍出版社2004年版,第39页。

本义而言的变义。文学创作常常依据“暗示替代的相似性原则”，借助“隐喻”手法来充分展示和发挥词语的特指功能。《文心雕龙·比兴》有言：“观夫兴之托喻，婉而成章，称名也小，取类也大。”意思是，兴之类的修辞手段，委婉而有条理，尽管寄托的事物很小，而说明的意义却很大。文学创作，其语言表述和语体构建，倘若过于质实，那就会“言之无文，行而不远”，尽管直白的表达是客观再现，是一种坦然，然而，含蓄委婉的表达，更能产生艺术的真实，增强艺术魅力。“流连万象之际，沉吟视听之区；写气图貌，既随物以宛转；属采附声，亦与心而徘徊。”①这一段话的意思是，春秋万物影响着人们的心情和行动，善于观察和写作的人，会根据万物各自的特征联想而没有穷尽：流连依恋于万种物象之间，沉思吟味于耳目视听所及，写状图貌，既随物的大小明暗而婉转尽其形容，连辞和声，也依心的起伏动静而曲折尽其音调。简言之，文学作品的语言，需要作者在仔细观察写作对象的前提下，抓住事物的特征，或描摹其形状，或形容其颜色，或模拟其情态，或构建其空间，或调和其声调……竭尽全力用语言文字创造一个有声有色、有情有感的形象世界，用语言构建一个审美殿堂和精神家园，充分调动起读者的想象力和对文本的再造热情，使文学语体具有深厚的情感性和象征意。

李佩甫的小说语言，正体现着这一创作理论。《生命册》在语体构建上不是单纯地为了叙事写人，不是简单地奔跑在故事之中，而是用很多闲笔去写景、写物，以此来衬托人物的精神个性，通过比喻、比拟、象征等手段，声东击西，发人深省。

李佩甫说，《生命册》创作的核心点，主要是写背景的。他把

① 范文澜：《范文澜全集》（第3卷），河北教育出版社2002年版，第370页。

《生命册》中的人当作植物来写，写这块平原上人的生命状态。“其实，说白了，人也是植物。每个地域都有它特殊的植物和草木，那是由气候和环境造成的。人的成长也是由气候来决定的。我所说的气候，是精神方面的，指的是时代的风尚。什么样的时代风尚，产生什么样的精神气候，什么样的精神气候，造就什么样的人物。”①在《生命册》中，人物的形象与性格被作家以植物喻之，扩充成为有着种种不同个性特征的思想载体。

比如小说用了很多篇幅去写平原上的树，写柳树，写榆树，写槐树，写楝树，写椿树，写枣树，写出了树们习性之各各不同，如：“平原上的树有一个最可怕的，也是不易被人察觉的共性，那就是离开土地之后：变形。”（《生命册》第四章）我们读着这样的语言，就感觉作者不是单纯写树，而是以物写人，以树的变形喻人的精神变形。再如小说中写花，“小说历数平原上一些非人工种植的花，翎子花、地龙花、仙人花、野生的喇叭花等等，也是以花来表现人物的精神气质，这些花看上去并不起眼，但形态各异，各有自己的习性”②。

李佩甫曾说：“在童年的记忆里，田野里有这么一种植物，是一种小翠花，茎里挑出来的‘小虫窝蛋’，到秋天或者冬天来临，它的果实成熟的时候，会像爆炸那样弹射出去，落在大地上变成种子。”（李少咏《一份独特的文学证词》）作家为何在《生命册》里要以“小虫窝蛋”这样的植物给人物命名？显然是以“小虫窝蛋”隐喻虫嫂：她身材特别矮小，难以撑起一个家，但当她有了孩子，生命就绽放出一种无法估量的巨大力量来。在生计难以维持的年代，为了孩

① 李佩甫：《城的灯》，作家出版社 2009 年版，第 250 页。

② 周志雄：《论李佩甫长篇小说〈生命册〉》，载《小说评论》2013 年第 2 期。

子的成长，她去田野里偷队里的庄稼，甚至出卖自己的身体，为了孩子为了家，她不惜任何代价。“小虫窝蛋”顽强的生命力，正是虫嫂这个人物的精神个性的写照。

作者曾借主人公吴志鹏之口发出一段直白的叙述：“在我，原以为，所谓家乡，只是一种方言，一种声音，一种态度，是你躲不开、扔不掉的一种牵扯，或者说是背在身上的沉重负担。可是，当我越走越远，当岁月开始长毛的时候，我才发现，那一望无际的黄土地，是惟一能托住我的东西。”（《生命册》第十二章）这里言及的“方言”“声音”“态度”“沉重负担”“黄土地”等意象无一不是隐喻，无不象征着作者对家乡的人、家乡的事饱含着一种纠结、依恋与眷念相交融的情绪。

老姑父要求为村里人办事的指示性纸条，开头永远是那句“见字如面”，即使在天涯海角，“我”和老姑父也仿佛近在眼前，这是一个强有力的隐喻，它暗示出吴志鹏永远都无法摆脱的“包袱”就是他身上流淌着无梁人的血液。还有，乡亲们请他帮忙的各种莫名其妙的电话，就像一根无形的绳索，把吴志鹏牢牢地和无梁村捆绑在一起。①

另外，小说中一些关于命相的资料，看似闲笔，实则极大地丰富了小说的内容，将读者引入对人物命运的思考之中。

四、表达的抒情性

抒情性的语言，即表达情思、抒发情感的语言。抒情是以形

① 苏鹏：《乡土中国的“人物志”——评李佩甫的长篇小说〈生命册〉》，见《文艺报》2015年10月9日。

式化的话语组织，象征性地表现个人内心情感的一类文学活动，它与叙事相对，具有主观性、个性化和诗意化等特征。抒情文字的表达方式具体又可分为借景抒情法、触景生情法、咏物寓情法、咏物言志法、直抒胸臆法、融情于事法和融情于理法等。作为一种特殊的文学反映方式，抒情主要反映社会生活的精神方面，并通过在意识中对现实进行审美改造，达到心灵的自由。抒情是个性与社会性的辩证统一，也是情感释放与情感构造、审美创造的辩证统一。

沈从文先生在《抽象的抒情》一文中说到，可把文字、语言的表现"当作一种'抒情'看待"，"因为其实本质不过是一种抒情"。①

在我国现代小说的早期创作中，许多作家都注意到了小说的抒情性，如郁达夫、郭沫若、庐隐、萧红、丁玲等，他们都各有各的抒情渠道与抒情手法，在各自的小说创作中体现了自己的抒情主张。沈从文创作的抒情性更为明显，他总是将要抒发的感情渗透在写人、叙事与状物之中，用生动简洁的文字营构出诗情画意的文学境地。

文学作品的抒情性，实际上呈现出三种渐进的境界：第一是直抒胸臆，就是直截了当地抒发真实的感情倾向；第二是铺垫，就是在叙述、描写、议论等表达方式之后抒发写作主体的感情倾向；第三是寄寓，即将要抒发的感情渗透在人、事、景、物等现象层面之中。在这三种境界中，最后一种抒情境界的审美追求与审美价值最高，使用的艺术手法也更丰富，而当代小说《生命册》，在李佩甫对语言审美价值的追求中，应该说也具备了这几方面的抒情性表达。

① 沈从文：《沈从文谈艺术》，江苏人民出版社 2014 年版，第 10 页。

（一）直抒胸臆式的抒情语体，如：

我怀念家乡的牛毛细雨……我怀念瓦沿儿上的滴水……我怀念家乡夜半的狗咬声……我怀念藏在平原夜色里的咳嗽声或是问候语……我怀念蛐蛐的叫声……我怀念倒沫的老牛……我怀念冬日里失落在黄土路上的老牛蹄印……我怀念静静的场院和一个一个的谷草垛……我怀念钉在黄泥墙上的木橛儿……我怀念那种简易的、有着四条木腿儿的小凳……我怀念门搭儿的声音……我甚至于怀念家乡那种有风的日子。（《生命册》第十一章）

这一段采用了散文排比式的抒情笔法，直截了当地抒发了作者对家乡怀念的真实感情，在描述事物的间隙，穿插这样直抒胸臆的文字，可以痛快淋漓地表达“我”对乡土的眷恋情怀。

（二）在叙述、描写、议论等之后抒发情感，如：

每每走在北京的街头上，我心里就荒。比十五年前还要荒（那时候我像老鼠一样躲在地下工事里）。现在已不是过去了，可我仍然心荒。

“荒”不是慌，是空。但“空”是空，却“空”得没有缝隙。满大街都是荡荡的人流，这是说不清楚的一种感觉。是呀，大街上熙熙攘攘，人来人往，车来车往，可这一切都与你没有任何关系。走过一条条繁华热闹、挂满中文招牌，并书写着英文字码的大街，走过一处处映着玻璃幕墙的高楼大厦，走过一个个盛开着鲜花的花坛，你看不到一张熟脸，也看不到祥和之气。几乎所有的头都是往前冲的，没有人愿意停下来，也没有人愿意回头看一看。连街边上的树,每一棵树,都是陌生的。它不知从何处移栽在这里,陌然地立着,似与你一样,跟这个城市也没有任何关系。我们都是过客,只是一个过客,仅此。有时候,我会停下来,默默地站在人群中,看一看周围,听一听市声……可我听来听去,还是荒。越是人多的地方,越荒。(《生命册》第九章)

这一段有叙事有议论有描写还有抒情,叙述的是十五年后“我”又走在了北京的街头,议论的是“荒”与“空”,描写的是北京街头所见,在这些语体表达之后,抒发了内心的情感,“可我听来听去,还是荒。越是人多的地方,越荒”,这就是“我”的心情,北京的大街人流熙来攘往,我的情怀却是寂寞空落。这里运用多种表达方式,将外在的热闹与内心的落寞形成强烈反差。经历着一个追求快节奏的时代,作家却以朴实的乡土人文情怀表达着对这个时代最沉郁的忧思,这些抒情化的笔墨也让小说叙事虚实错落,富有诗情画意,达到了一种审美境界。

(三)将要抒发的感情渗透在人、事、景、物等现象层面之中,如,写偷窥事发之后,为后悔所困进入夜游状态的春才:

在一段时间里,每到夜半时分,村子里总好像有一个影子在围着村庄一圈一圈地转悠。那脚步声一踏一踏的,在无梁村的夜空中回荡着,尔后一步步走向苇荡……在浓密的夜气里,他那一踏一踏的脚步声深厚而缥缈,就像是撕开了帷幕的自由。黑夜掩护着他,那夜气就是他的衣裳,他穿着夜气蹚过田野,显得很从容,很洒脱。脚下的草时常挂着他的脚,那些野花野草也像是很同情他的样子,软软地铺在他的脚下,蒺藜草，马屎菜，格巴皮，小虫窝蛋……给了他弹性的呵护。他每每站住身子，抬起头，望着天上的星空。星河灿烂，一夕一夕地亮着。他会突然小跑一阵，就像是要飞起来的样子……（《生命册》第十章）

这一连串的描绘凸显了春才那回肠荡气的脚步声，对于如何塑造一个不善言说的人物，作者从他行动在黑夜的脚步声写起，将一个遭他人唾弃、内心无比痛苦悔恨而又坠落深渊的木讷青年形象生动鲜活地展现在读者面前。读着这样的文句，我们简直难以想象作者是如何从语言文字的海洋中打捞出这诗一般的语句的。但我们可以想象，倘若作者没有对人物、对故乡入骨的爱和怨，没有对春才这类草根人物的深深同情与怜悯，又怎么能表达得这么令人动容？贫穷落后的乡村青年春才，那可怜可悲的命运与地上的野草野花还有什么两样呢？可以说，作者抒发的满腔情怀就深蕴在这段描述之中了。

五、构思的传奇性

"传奇"既是一种小说文体，又是一种艺术表现手法，还是一种创作模型，更是作家民间文化立场、民间思维、情感运作的形象传达。"传奇"与小说的密切关系在中国乃至世界范围内可谓源远流长，二者共同显示出一种与以诗词曲赋等形态出现的主流叙事、精英叙事相异的文化地位、文化观念和价值评判标准，并以稗官野史的身份呈现来自民间的智慧和艺术情韵。"传奇所追求的就是'奇异'二字：立意奇异而不落俗套，故事奇异而可示人，情节奇异而曲折多变,笔法奇异而婉转有致。”①

以现实主义风格为主调的李佩甫,他的小说创作特别注重故事的可读性,注重人物形象的个性化。在《生命册》的人物命运安排和故事情节构思等方面,作家运用了很多传奇的笔法,也体现出一定的浪漫主义风格。小说中的人物,诸如骆驼、蔡思凡、梁五方、春才的性格都是极化的,有奇人奇事的意味。由于小说叙述的传奇化,故事便有了跳跃性。如梁五方决不回头的上访,如同一个传奇故事,最后如何变成了一个算命的高人,这中间缺少转换。春才的自宫,也没有对其内心世界纵深挖掘,似乎是一个不太令人可信的故事,作者在叙述故事的过程中,不过多地实写,而采取多角度猜测的方式展开,这就不免引发读者去猜想,是蔡苇秀和春才信息的不对接,还是村庄里的声音刺激了他?是偷看蔡苇秀洗澡的案件酿成的恶果,还是“单纯”的性格害了他?或是“他自己煎熬着自己”的一念之差?总之,这其中的每一种猜测都有可能,都符合人物内在的逻辑和性格的必然性。因而这种猜测式的叙述展开更增加了故事的扑朔迷离性。在合理的猜测中,在有虚有实的描述中,故事的构思与表达便具有了传奇性。

小说塑造蔡国寅这个中心人物,更是充满传奇色彩。

从全篇构思来看,蔡国寅是为了追求农村姑娘吴玉花,从一个现役上尉连长复员入赘为无梁村的“老姑父”。他做村支书后,竭力维护村民的利益,尽力抵御种种运动对村民的伤害,军人出身的他,在长期的农村生活中也逐渐沾染了一些坏习气,如,不时“领席”夜游,亮出系在腰上的公章“哈”一下等行为。他举全村之力把

① 陈惠琴:《传奇的世界——中国古代小说创作模式研究》,北京师范大学出版社 1999 年版,第 7 页。

孤儿“丢”即吴志鹏养大成人并让他上了大学，后来也因此用一张张“见字如面”的纸条，代表无梁村乡亲向吴志鹏求助。写老姑父留下一些劣迹，却又写他藏在“棉窝”里早就被遗忘了的十几枚军功章，彰显出他一生的低调无争和善良本分。作者塑造的这个人物，刚开始出现的时候，似乎是有点讨人嫌的；写到最后，却让人由衷地敬重了。就这样，“透过他性格上浮游的暗影不断地穿掘下去，一点一点地掘出那暗影下‘埋藏的光耀’和‘真正的洁白’来”①。我们从作家塑造的这个性情复杂而又不失英雄本色的蔡国寅的形象中，也能看出其传奇笔法的反复运用，甚至在他死后，还有传奇故事发生，传言他的头颅被埋在盆中树下，变成了“汗血石榴”。“老姑父”蔡国寅，可以说是神话中半人半神形象的化身，因而作者借助浪漫笔法塑造的这一人物形象，给读者留下了难以磨灭的印象。

从局部表达来看，对蔡国寅有声有色的描述的段落有很多，比方写他夫妇的感情生活，小说中有这样的描述：

> 老姑父家的墙上已挂满了人生的“脚印”。那脚印蜿蜒曲折、忽高忽低、且重且轻，全是在搏斗中一脚一脚踩出来的。老姑父与吴玉花的每次搏斗都是以命相抵的，两人总是头顶着头或是相互揪着头发在地上滚来滚去，屋子里边的四堵墙成了他们随时借力的地方，每一脚都跺得墙咚咚直响，墙上的石灰末四溅！那时老姑父常年穿一双两块半的解放鞋，那些带胶底花纹的半个脚印都是他踩出来的，而布底或牛皮底（两人结婚时，老姑父给吴玉花买过两双皮鞋）的脚印则是吴玉花

① 樊会芹编著：《李佩甫研究》，河南大学出版社2015年版，第282页。

踩出来的。两种脚印又常常会交叉重叠在一起，回环往复，就像是倒挂着的人生曲线图。（《生命册》第二章）

这段描述夫妇“舍命相搏”的情景，聚焦的是一个特写镜头，体现的则是夫妻习以为常的家庭生活和感情状况，这当中有“我”的真实所见，也有“我”的合理猜测，在虚实相生的描述中，把一对恨幽绵、情难断的“拼凑”夫妇的相互仇恨和相互依存之日常生活情态充分表现了出来。

总之，《生命册》中人物命运有很强的戏剧化色彩，这种戏剧化也强化了人物性格的类型化。作品在线性故事的构思之外，体现出小说表现生活多种可能性的艺术魅力。

六、方言的恰当运用

方言是语言的地方变体，是维系乡土情感的纽带。众所周知，方言是“边缘文化”的血脉，更是地缘文化的浓缩性表象。小说叙述中运用方言，能对历史文化的表达产生独到的效果，能使小说的“语言情境”得到基本的再现。这种“再现”能促进文学文本与历史文化的统一，对文学接受也意味着一种前所未有的靠近。

小说中恰当运用方言，可使文本的“故事时间”更准确，从而反射出文本时间的真实性和“世界时间”的可能性，也能使小说的“讲述感”进一步增强，真正做到叙述者与作者的历史完美重合。因而恰当地运用方言最能体现叙事文学“时空观念”的手段，也能使小说语言具有深刻的意蕴，促使读者体悟的快速完成，也可以再现历史中“人”的活动范围，重新保存那个响亘千古的声音——告诉后人：是语言让世界存在。

《生命册》这部小说语言呈现的总体风格是风趣、幽默、厚重，富有地域特色，这样的语言风格除了运用散文诗一样的规范化语言表达对故土的热爱和留恋，还有一点不可小觑，就是运用了一些西北腔以及湖北、安徽、上海、河南等地的方言俚语。作为乡土叙事派卓有成就的实力派作家，李佩甫书写乡村生命在现代社会的困窘与脆裂，表现厚实的生活根基、浓郁的乡土气息，其人物语言和叙事语言无疑是离不开表现地方特色的语言的。行文中，作者结合不同人物的出场，运用了不同地域的方言口语，从而很好地塑造了人物的个性，达到了闻声如见其人的效果。

例如："吊吊灰，北京没什么了不起！""必是要见血！""必是拿下！""用钱砸，砸死了！"……这些带有方言声调的口语化的人物语言，把那个心里一直揣着"抢"字的"骆驼"的形象表现得活灵活现，让人很快读出了"骆驼"这个人物的特点，心情急迫性情爽直，做事具有拼力和狠劲，浑身透出男子汉的豪气。

《生命册》中方言运用不是很多，但随着故事情节的变化和人物的出现，方言俚语时有呈现。比如，"春才下河坡——去球"，"老蔡来了"表示要注意分寸，"梁五方来了"表示"戏过头了"，"杜秋月"表示"面临危险，要立即回头"，这些饱含着村人的人生教训的语言，带有地方特色，体现了独特的"语言情境"，展现出时代变迁下各类人物的精神风貌。

作者为了更好地把文字和人物结合起来，凸显人物特性，书中的人名、地名大都是有讲究的，"我"是乡亲们口中的"丢"（吴志鹏的小名），"丢"和"吴志鹏"这两个名字暗示着主人公的两种生活空间和两种不同的身份：一是乡村的孤儿"丢"，二是城市的成功人士"吴总"。作品以"我"这个从乡村走向城市的知识分子的视角，串联起了"骆驼""老姑父""梁五方""虫嫂（小虫窝蛋）""蔡苇香

(蔡思凡)”“梅村”“夏小羽”“小乔”等一系列典型人物。这些人物的命名大都体现出地域特色,我们在不了解人物人生经历和命运的情况下,单凭这些人名,大致也能猜出其出身或性格特点。

另外,作者还借用乡村语言系统,使用了一些俚语土语,如“傲造”“各色”“耷”“瓦损”“各料”“砸磕”“喷大空儿”等,尽管这些词汇的含义,读者不一定全能领会,但这些词汇的运用,既恰当地写出了人物的精神气质,也使作品气韵丰赡,蕴意深刻,极大地增加了小说的可读性和趣味性,也增添了语言的魅力。

施蛰存早期小说文体浅析

徐晓红

施蛰存(1905—2003)的文学创作起步很早,在中学三、四年级时,他开始向上海的文学刊物投稿,据他在《我的创作生活之历程》中的回忆,"那时候(笔者注:《女神》发表前后),我曾用了各个不同的笔名寄诗到邵力子先生编的《民国日报》副刊《觉悟》上去发表……许多短篇被寄出去了,过了十天,十五天,二十天,除了《觉悟》上给刊载了一二篇之外,大半都退回来了"①。沿此线索,笔者集中查阅了1921年前后出版的《觉悟》,发现了署名"施太邱"的短篇小说《廉价的面包》,经过考证确定此为施蛰存之作。② 以往研究者普遍认为施蛰存第一篇小说为《恢复名誉之梦》(1922年),《廉价的面包》的发现修正了这一观点。

最近,笔者发现了施蛰存使用原名"施德普"发表的旧体诗《重游西林塔》和小说《纸钱》。在此,笔者聚焦20世纪20年代初新旧文学论争的原生态语境,分析施蛰存早期小说《纸钱》《廉价的面包》的文体特征,以更立体地勾勒作家文学起步期的创作状况。

---

① 施蛰存:《灯下集》,开明出版社1994年版,第57~58页。

② 参见拙文《施蛰存早期作品钩沉》,载《新文学史料》2009年第4期。

一、旧体诗《重游西林塔》

2016年6月，笔者在所执教的中国海洋大学图书馆备课，使用"全国报刊索引"时偶然发现了《江苏省立第三中学校杂志》①。江苏省立第三中学②（现上海市松江二中）为施蛰存的母校，其于1918年9月至1922年6月就读于此，当时使用学名"施德普"③。于是笔者尝试输入"施德普"进行检索，发现了刊登在1920年第3期"文苑"栏的旧体诗《重游西林塔》，全诗引用如下：

---

① 笔者目前尚未找到《江苏省立第三中学校杂志》的具体发行信息，另发现三中校友侯绍裘（1896—1927）于1915年创办的《江苏省立第三中学校校友会杂志》，《江苏省立第三中学校杂志》很有可能为其后续校刊。《江苏省立第三中学校杂志》上所刊登的主要内容有学校大事记、校则校规、名人演讲及三中师生的文艺作品。

② 江苏省立第三中学位于松江县山东路，创建于1904年，初名松江府中学堂，后改为江苏省立第三中学、江苏省立松江中学和江苏省立松江女子中学。中华人民共和国成立后，改名为江苏省松江中学，现为上海市松江二中。据王鸣冈介绍，省立三中共有教员19人，职员11人，学生245人，学生全年学费10元，宿费2元，膳费30元，参见《江苏省立第三中学概况》，载《教育丛刊》1920年第2期。

③ 关于施蛰存（施德普）从江苏省立第三中学毕业的信息，见1922年7月2日《民国日报》副刊《觉悟》"地方新闻"栏"三中举行毕业式"，全文引用如下："江苏省立第三中学校。于今日（三十）放暑假。上午举行毕业式。林校长（林懿均——笔者注）辞职之意颇为坚决。故演词都含有临别之意。微露愤激之语。本届毕业生共三十五人。内曹某两生。以平日沾染嗜好。故将证书扣给。毕业姓氏如下。浦江清、施德普、宋学勤、曾寿勲、姜家潢、叶寿昌、程佩、孙兆元、王中孚、董寿兴等。（三十日）"另有施蛰存在江苏省立第三中学的毕业证书信息："学生施德普系浙江省杭县人，现年十八岁，在本校修业期满，考查成绩及格，准予毕业，此证。"见林祥主编《世纪老人的话：施蛰存卷》，辽宁教育出版社2003年版，第24页。

重游西林塔

施德普

经年未上西林塔，
此日重登万虑空。
北望九峰绵亘里，
西瞻三泖有无中。
飘摇烟锁临波柳，
萧瑟霜侵隔岸枫。
试掬东流黄浦水，
问他淘尽几英雄。

《重游西林塔》中的“有无中”与“淘尽几英雄”是对王维、苏轼诗词的化用。在登临西林塔时，原本情绪很好，游兴很浓，但看到了衰柳残枫，不禁感到所见秋景如人生飘摇，如社会萧条，这种感受既有十五岁少年的强说愁，也有他关注社会现实的真实心情。所见景色让施蛰存联想到“英雄”人物，他也萌发了将来能成为英雄以改变社会的念头。通过借景抒情，流露出他对现实隐隐的不满，并凸显出他欲施展抱负又怕被浪淘尽的纠结矛盾的心情。

据施蛰存年谱信息，在三中受徐信等国文老师的指导和启发，“即能作平仄无误的旧体诗”①。1917 年，蔡元培正式出任北大校长，胡适首次提出废文言、兴白话的文学改革，但松江所受影响甚微。施蛰存对石印本旧小说兴趣浓厚，同年，松江乡绅杨了公、姚

① 据施蛰存写给陈文华的书面材料。转引自沈建中编撰《施蛰存先生编年事录》(上)，上海古籍出版社 2013 年版，第 28 页。

鸦雏等在松江结社成立了“松风诗社”，辑印《松风草堂诗集》，这也对施蛰存产生了一定的影响。① 1918 年 1 月《新青年》已改用白话文，使用新式标点，同年松江县所有的学校开始增设“国语”课程，虽然施蛰存在江苏省立第三中学接受新式教育，但他并未抛弃对古典文学的兴趣，与家住松江城内荷池弄的浦江清最为亲密，两人共读江淹恨、别二赋，相约拟作，自娱自乐。在国文教师徐允夫、秦卓夫、蒋韵笙等的严格指导下，施蛰存立志成为作家。

在五四新文化运动中最受关注的是诗体解放，新文学家纷纷主张文学革新，反对旧体诗，提倡新诗写作，但很多作家私下并未摒弃旧体诗写作，对新体诗和旧体诗持有双重评价标准。对此，有研究者指出，早期新文学作家身上存在言行不一的矛盾，而在施蛰存身上不太容易看出这种矛盾，他对新诗流露出赞赏的态度，认为新诗的发展应从郭沫若的《女神》出发，但他对胡适的《尝试集》透露出不满，“以一个暑假期反复地研究它。结果是对于胡适之的新诗表示反对了。因为我觉得他的新诗好像是顶坏的旧诗，我以为那不如索性做黄公度式的旧诗好了”。他并未露出对旧体诗不一致的言行，在《新旧我无成见》中，他谈道，“对于诗的方面，我以为白话诗的格调简直比弹词还低。并且现在的诗，愈做愈低，连意味都找不到了。所以诗的问题，我以为律诗可废，而其余必不可废”②。不难发现施蛰存在感性层面上仍心系旧体诗，包括在他的第一部自费白话小说集《江干集》中插入了旧体诗，在《兰友》旬刊上发表《不忍词》等。

---

① 沈建中编撰：《施蛰存先生编年事录》（上），上海古籍出版社 2013 年版，第 25 页。

② 施青萍（即施蛰存）：《新旧我无成见》，见《最小》第 92 号，1923 年 9 月 7 日。

二、《纸钱》等早期小说的欧化文体分析

在1920年11月30日出版的《民国日报》[①]副刊《觉悟》上，刊登了施蛰存署名“施德普”的短篇小说《纸钱》。小说取材于后母虐待继子的对话，施蛰存以路人学生之旁观者视角记录了晚娘的举动，对人情冷暖发出感叹。小说将孩童稚嫩的语言与举动描写得较为生动，凸显出松江地方的乡土生活气息，增加了读者阅读的兴趣和临场感。《纸钱》的语言文体与同样发表在《觉悟》上的《廉价的面包》具有类似的欧化特征，可以说是他对欧化文体最早的模仿之作，下面尝试对这两篇白话小说的欧化语法特征做一简要分析。

1. “的”“底”“地”

结构助词“底”吸收了“之”“者”的功能，同时具有“地”的功能，晚唐五代之后，其功能迅速扩大，成为近代汉语中最常用的结构助词之一。从现有历史文献看，“名词+底+名词”的用法直到北宋才有较多用例。[②] 人称代词与名词之间所用的“底”，属于表

① 《民国日报》创刊于1915年，原为中华革命党主办的反袁报纸，主编为叶楚伧，经理由邵力子担任，主要撰稿人为戴季陶、沈玄庐等。1919年6月增设《觉悟》副刊，由邵力子主编，原来的“民国闲话”“民国小说”等栏目停办，改出综合性副刊《觉悟》，开设了“小说”“诗”“随感录”等栏目，陈望道参与编辑工作。1924年国共两党合作后，正式成为改组后的国民党机关报。《觉悟》在揭露军阀黑暗统治，支持进步文化运动和工人运动，介绍俄国革命和苏俄建设等方面起了较大作用，成为五四时期新文学的主要阵地之一。参见谢冕、李矗主编《中国文学之最·现代卷(1919—1949)》，中国广播电视出版社2009年版，第603页。《民国日报》的“地方新闻栏”经常刊登江苏省立第三中学的新闻。

② 吴福祥主编:《近代汉语语法》，中国社会科学出版社2015年版，第277页。

统属的介词,“介绍实体辞作统摄性的领位”①。《纸钱》中出现的“他们底小手”“可怜的孩子底哭声”“他们底目光”,《廉价的面包》中出现的“他底面包”“他底生命”“他底衣袋”“他底原状”,及同时期《觉悟》上的通信《读“觉悟”者底觉悟观》、署名“化周”的小说《一个“卖豆腐人”底儿子》、志超所译新诗《我底右手》等,均属于表统属作用的例子。

受翻译文体影响,副词词尾加“地”、双音节形容词加“地”作状语使用,使文章读起来更为通顺。比如《纸钱》中有“袅袅婷婷地”,《廉价的面包》中出现了“很有精神地赶上去”“颤巍巍地握着”的用例,但也有“向心窝里猛力的刺着”的用例。吴福祥指出在不同时期“地”“底”的功能、用法各异,也出现了两种混用的现象,这不仅与时代有关,可能与地域也有一定的关系。虽然到了 20 年代中后期,文学作品中基本上不再使用“底”,但施蛰存在作于 1930 年 10 月的《将军底头》、1932 年 12 月的《四喜子底生意》中仍使用“底”,路翎《财主底儿女们》中的“底”也属于此类用例。

在小说中表示定语的场合,施蛰存大多使用“底”,偶尔也混用“的”,这一现象反映了汉语语法受到印欧语法的影响,在渐渐走向规范的发展过程中,具体到作家的创作依然会发生混用,这也是语言发展过程中呈现出的非常自然的过渡现象。

2.“道”“说”的混用

五四时期白话小说中的对话大多使用“说”,而放弃使用“道”。在《纸钱》中,描写人物对话而出现“说”的地方,有“孩子哭着说”“妇人一面说”“有个人插嘴说”等 5 处,使用“道”的地方有 2 处,分别为“嘴里嚷道”“骂道”。《廉价的面包》则大多使用“道”,有

① 江上青:《“的”“地”“底”》,载《写作与阅读》1936 年第 2 期。

“唱道”“喊道”“惊惶道”“说道”“嚷道”“喊道”等 8 处，“卖面包的说”出现 1 处。

对话在小说中占很重要的位置，人物的个性、情节的转折、背景的衬托，往往借对话来表现。尤其彬指出，在旧小说的对话中，动作发起人即说话者一般放在主位，在一句话前冠以“某某人说道”的字样。① 五四时期因受西洋文学的影响，小说中的对话大半模仿西文，把所说的话放在说者之上，这恰与旧小说相反，或把一段话分成两节，中间加以说者的神态或心理描写。

以下是《纸钱》中的例句：

> “唉！你们不知道么？”一个老者喊着。“伊是晚娘啊！”说着，就走了开去。

“唉！你们不知道么？”须与“一个老者”的话紧凑相连，引出后句“伊是晚娘啊！”这样就给读者形成了一种暗示，对接受后面“晚娘”的事实做好了铺垫。

以下为《廉价的面包》中的例句：

> “不要紧，……刀……我有。”卖面包的说着就递给他一把明亮而尖利的小刀。

这是模仿西方小说，将对话内容置于说者之前，并辅助描写说话者的动作作为补注，旨在强调所说的话，而非说话者。

另外，在描写乞丐心理活动时，有一处在“想”的后面也标注了

---

① 尤其彬：《小说中对话的写法》，载《青年界》1935 年第 2 期。

冒号和引号：

他想着想着，到后来又想："痛苦，恐惧，这都可以忍耐的……"

3. 人称代词"伊""彼""渠们"

我们知道汉语中"他们"表示男性，"伊们"表示女性，"渠们"表示通性，"彼等"表示中性。研究者指出，宋代"他"字已经普遍出现在口语中，"伊"逐渐消失，到了明代中期，浅近文言中的"他"完全取代了"伊"的语法地位，"他"在正式书面语中取代"伊"是在新文化运动推广白话文之后。①《纸钱》中使用第一人称"我"，但也出现了传统白话惯用的第三人称复数"佢（渠）们"，在描述老者的话语中出现了"伊"。但此处"伊是晚娘"中所用的"伊"，有可能是作者为了还原老者的口吻，直接使用了松江方言"伊"作为第三人称代词，或许并非刻意仿古。《廉价的面包》使用第三人称限制叙事，代指乞丐的第三人称"他"贯穿全文，并未见不统一之处。

可见在白话文刚推广不久，尚在中学就读的施蛰存尝试使用新白话进行创作，仍会无意识地夹杂旧文体、方言，在文体方面呈现出杂糅的状态，某种程度上这也反映出新旧交替时期的实况。

另外，在《廉价的面包》中，也有以下欧化比较明显的例句：

①他想虽然不能有钱去得到一块来充饥，但在（他）生命之最后一小时之前，能够看见一块面包，（他）就立刻死了也愿意的。

---

① 陈才：《宋以后第三人称代词"伊"、"渠"的演化——兼与王力先生〈汉语语法史〉商榷》，载《励耘学刊》（语言卷）2012 年第 2 期。

②果然！他并没有失望。当(他)思想终止的时候,(他)仿佛看见那提竹篮的人走到了他们一群人底前面。

③他又迟疑了半向,(他)恐怖的很。

④他想妥了,(他)决意也牺牲他底血,去得到他底面包,维持他底生命。但是(他)一摸他底衣袋,又使他起了迟疑……

这些句子的逻辑链接成分非常完整,括号内的人称代词,无论是做主语、宾语或定语,在旧白话中均可以省略。

4. 新式标点符号的使用

1918 年 1 月 15 日《新青年》第 4 卷第 1 号开始采用新式标点符号,马裕藻、周作人、胡适等六人于 1919 年撰写了《请颁行新式标点符号议案(修正案)》的提议。1920 年,教育部发布了第五三号训令,规范了“波折号——”“惊叹号!”“省略号……”①(也称为“删节号”)等新式标点符号的使用。

以上三种新式标点符号均曾出现在施蛰存的《纸钱》中,如“更有几家烟囱里,一缕一缕冒起青烟来,被风吹着,袅袅婷婷地在空际摇漾着。——因为这时候正要晚餐了”,破折号意味着后句是对前句意思的补充说明。

“看呀！学堂里放学了,拿着书包都回去了,这许多学生!”此倒装句有两处使用惊叹号“!”,直观地反映了孩子的情绪,有利于将读者带入小说情景。“这许多学生”的后置表达,更突出了孩子

① 西方语言中的省略号一般是三点,从晚清到五四的汉语中省略号的点的数量并没有统一的规定,如《域外小说集》中出现了十点。除了一般的六点之外,也有出现九点或十三点的情况。

眼中的“学生”,从而达到了对主语进行强调的效果。

“‘唉!你们不知道么?’一个老者喊着。‘伊是晚娘啊!’说着,就走了开去。”此处使用语气词“唉”后接惊叹号,流露出作者对后母虐待孩子的无奈之情。在小说末尾,作者又发出感慨:“唉!拳曲着手躺在门边的………小孩子………可不是昨天的可怜的孩子么?…………”在语气词和省略号的辅助下,传递出作者对死去的孩子的强烈同情。最后一句欧式反问句,夹杂着曲折复杂的情感,传递出文言文所无法表达的曲折情致、复杂意蕴。

《廉价的面包》也大量使用了语气词和惊叹号等,例如:

> ①他想用刀子刺心,唉!这是最痛苦的!血!流出血来,唉!这也是最可怕的!奇怪!为什么他们竟不觉痛苦?为什么他们竟不怕?究竟痛苦吗?怕吗?
>
> ②他只像发狂似的大声喊道:“迟了!完了!太多,太少!牺牲了,得不到。啊!迟了……可爱的面包……可恶的面包,……可怕的面包,完了!完了!廉价的面包!”

通过多个惊叹号对短句进行衔接,富有节奏感,对表达乞丐内心恐惧和犹豫之情起到了画龙点睛的作用。省略号的连续使用对读者产生一种强烈的视觉冲击,可谓“使文字的效力格外完全、格外伟大、格外活泼”①。正如朱自清指出,新式标点符号能造就新的白话,新式标点符号让五四书面白话变成有声鲜活的语言,在语气上更加趋近言文一致。通过使用新式标点符号,让人物的语言更富有情景性,并在最大程度上再现了说话人的语气和神态。通过穿

① 杨伯峻编:《中国文法语文通解》,商务印书馆1936年版,第544页。

插大量感叹号、省略号的连缀式呓语化语言，细腻地传达出乞丐飘忽迷离的心境，并结合心理活动形成了一种新颖的叙述技巧，有利于作家将笔触伸向人物隐蔽的内心世界。

另外，《纸钱》中“被风吹着，袅袅婷婷地在空际摇漾着”“孩子们正开心着”“妇人又拍着桌子骂着”“我不知道为着什么事”等处“着”的使用，能够看出施蛰存受到西方翻译文体的影响。

5. 其他语法

(1)程度副词“狠”的使用

“很/狠”的词义有一个历史演变的过程，根据《汉语大字典》中对“狠”的解释，其意义发展与“很”相联系。《广韵·很韵》：“很，很戾也。俗作狠。”《篇海类篇·鸟兽类·犬部》：“狠，与很同。恶也。”还有一个义项为副词，表示程度，也作“很”，例如，《西游记》第二十二回：“这家子远得狠哩！相去有五七里之路。”

后来在语言发展过程中，二字逐渐混用。“狠”的凶恶义出现得晚于“很”，“很”逐渐从“不听从”义发展为“凶狠”，“很”与“狠”在共同发展为凶恶之义时，也逐渐进一步虚化，发展为程度副词。①

在《廉价的面包》中，使用“狠”的地方如下：

> 他那时候也随着群众嚷着，并且看见了雪白的面包，他狠想拿一块来尝了。

如以上分析，此处的“狠”用于表达强烈的感情色彩，表达出濒临饿死的乞丐对面包强烈的渴望。

在《纸钱》中，出现“很”的地方有以下两处：

---

① 黄荷：《很与狠》，载《文学界》2012 年第 4 期。

①妇人一面说，一面便恶很很地将孩子一把拖了过去……

②这女人也太凶很了。

此处的“恶很很”“凶很”为旧式表达，“很很”类似现今作为副词使用的“狠狠”，常常在表现感情比较深刻的语境中使用，形容人凶狠、险恶的一面。另外，在《觉悟》上署名“梅生”的小说《捉赌》（1920年9月13日）中，出现“狠大”“恶狠狠”，署名“何雪”的新诗《蚊》（1921年9月13日）中，出现“撇不下凶很的夺”等，可见当时“很”与“狠”处于混用的状态。

（2）“着”

“着”为近代汉语新产生的动态助词，表示动作、状态的持续或进行。《廉价的面包》中出现了“他终日地喊着先生、少爷”“掉着头扬长而去”“一天到晚呆呆地坐着”“白白地喊着”“却不知安着些什么”“说着”“想着想着”“向心窝里猛力的刺着”“为了生命也只能受着”“他并没有带着刀”“卖面包的说着就递给他一把明亮而尖利的小刀”“闭着眼”“枯燥的手也颤巍巍地握着小刀向心窝里刺了进去”“一手伸着向卖面包的微微地说道”等近二十处。其中“向心窝里猛力的刺着，流出了鲜红的血液”等中的“着”，意味着后文动作的持续状态，是另一个动作进行的条件。“他横着心”中的“着”字表示使役式。

《纸钱》《廉价的面包》中新式标点符号的使用、文体欧化程度等，与《觉悟》上其他的作品基本一致。小说的表现手法虽然较为稚嫩，白话文的模仿痕迹较为明显，但在题材和内容方面显示出时代特征，体现出新旧交替期的过渡性。

三、其他早期作品的文人白话、浅近文言等文体分析

(一)文人白话

施蛰存发表在《礼拜六》的《恢复名誉之梦》(1922 年),使用通俗易懂的白话,即"文人白话"①,开头出现"话说",沿袭了说书人的口吻。《恢复名誉之梦》讲述了被揶揄为"徐老鼠"的胆小者徐劳锄变为"徐老虎"的故事。日有所思夜有所梦,徐劳锄急于恢复名誉而焦虑不安的心理同样在梦境中重现。他梦到在战场杀敌的场景,因怕死想当逃兵却被子弹射伤而送入医院,伤兵讥讽他胆小让他深受刺激,于是重返战场英勇杀敌并受到了表彰。在名誉恢复的快意中梦醒了的徐劳锄也去参了军,多年后升为中尉凯旋返乡。小说的警示性和故事性较强,对胆小者急于克服焦虑、怕死又怕被讥讽的矛盾心理刻画得比较细腻,流露出施蛰存描摹人物潜意识的兴趣。另外,胆小者平日的压抑在梦境中的呈现及受梦境启示而成功摆脱压抑的情节设置,在某种程度上也是对中国传统梦文化及梦兆意识的沿袭,这也可视为作者在传统审美倾向投射下的尝试之作。

小说中出现"长工""村民""西洋人"等,可见施蛰存对小说时代背景的模糊处理,"月根国"②、"将军"、"少尉"、"十字勋章"等

① 吴福辉将施蛰存早年所使用的白话称为"文人白话",认为是受古典白话影响的一种较为成熟的语言。参见吴福辉执笔《前言》,见《施蛰存短篇小说集》,湖南文艺出版社 1998 年版,第 7 页。

② 施蛰存此处所用"月根国"的"月"对照"日","根"对照"本",他很有可能受"日本国"的启发,杜撰了"月根国"。

新词(欧化词)的穿插使用,丰富了小说的语言表达。《纸钱》中也同时出现了欧化的“晚餐”“晚娘”“就中”等旧白话表达,西洋色彩与中国色彩的融汇,在某种程度上导致了语境混乱,甚至有一种不太协调感。

(二)文言小说、游记与山歌所使用的文体

文言小说《不忍词本事之二:执绋记》的开篇引用康有为题诗《不忍词》,采取了寓情于景、情景交融的手法,加上华美旖旎的文言,营造出哀怨凄凉的氛围。将题诗《不忍词》置于文首,这也是沿袭了传统白话小说惯用诗词总结文意的手法。文言游记《西湖忆语》善用“四字格”,典雅精致,发扬了传统语言的凝练含蓄、意蕴丰厚的特质。《童妃记》(1923 年)是施蛰存基于史实的创作,能看出他对重新演绎历史故事的兴趣。全篇使用古雅瑰丽的文言,相较同时期发表的苦情虐恋小说《彩胜纪》(1924 年),社会题材的《圣诞华筵记》(1924 年)、《弃家记》(1925 年)等所使用的“浅近文言”(指明清以来比先秦两汉的文言用典少,不讲究音调对仗,语法比较随意,与白话比较接近的文言),《童妃记》的文体更为古雅,这可能是施蛰存受到周瘦鹃在《欧美名家短篇小说丛刻》(1917 年)中依据小说题材的不同使用不同文体的影响。散文《山歌缀俊》(1923 年)使用文言描述了作家幼年学唱山歌的回忆,并使用白话和方言介绍了十多首山歌,阐明山歌在平民文学中的地位,表现出对民俗文化的关心。这也是对周作人等为搜集民谣、山歌而成立“民歌研究会”,朱自清等倡导“民众文学论”的一种回应。

施蛰存《江干集》(1923)中的 24 篇短篇小说虽然已收录在《施蛰存全集》第一卷中,但并未收录各篇小说之间的补白(填补各篇小说之间空白页面的文字),即《橡湖仙影》《迦音小传》《离恨天》

《大食故宫余载》《青黎影》《孤星泪》《蛇女士传》等林纾翻译的小说片段。翻阅原版《江干集》，即可感受到这种混搭排版的独特视觉效果，“至其式样之精雅，尤足令人发生美感”①，“有聊斋俊语零语，说林小艳”②。因小说采用竖排，人物对话使用“冖”进行间隔，某某“道”相比某某“说”的使用频率更高，可见施蛰存做出了文体趋新的尝试。但他在遭遇《江干集》的滞销、维娜丝文学会的挫败后，并未急速向新文学靠拢，1925 年就读上海大同大学期间，仍与星社、青社等鸳鸯蝴蝶派作家保持亲密的互动，从姚民哀主编的《世界小报》刊发的大量文言书简中，可窥见他们仍然借助文言声气相通。据笔者初步统计，在 1921 年至 1926 年创作《春灯》（后改为《上元灯》）的五年间，施蛰存共发表作品八十余篇，其中使用文言的比例接近 80%。其文言表达被赞为“殊简洁可喜”“清逸拔俗，似不食人间烟火者”“国文即斐然冠侪辈”③，曾称赞施蛰存为“文体作家”的苏雪林也指出“他华丽的辞藻大都由旧文学得来”④。施蛰存后期创造了大量旧体诗并转向古典文学研究，“旧学焚稿汝最贤”⑤的称誉可谓受之无愧。

30 年代左翼作家围绕“文艺大众化”及如何利用旧形式进行创作展开了讨论。瞿秋白指出某些白话文不顾中国语言的习惯，与大众发生了脱节；寒生（阳翰笙）也指出当今白话文形成了一种

---

① 金君钰《读〈江干集〉之后》，见《施蛰存全集·十年创作集》，华东师范大学出版社 2011 年版，第 640 页。

② 此系补白，载《兰友》1923 年 6 月 1 日。

③ 疏影：《施蛰存之文言小说》，载《红绿》半月刊第 1 卷第 2 号。

④ 苏雪林：《中国二三十年代作家》，台北纯文学出版社 1983 年版，第 385 页。

⑤ 见《江干集》中所插入的姚鸳雏题词。

四不像的新式文言“中国洋话”；聂绀弩等也针对如何实现文学的通俗性、民族性、大众性，提出重新利用旧形式进行创作的必要性①。

施蛰存主张应将大众假设为有一定文化基础的人，兼顾读者对传统文学的欣赏习惯进行创作，基于此主张，他沿用宋元话本小说的形式，使用“纯中国式的文体”创作了《猎虎记》《黄心大师》。小说尝试将传奇性的情节与细腻的心理描写相互结合，受到了朱光潜、郁达夫的好评。在30年代现代文学的黄金期，作为能充分吸收西方文学技巧的新感觉派作家，再次显露出对小说语言文体的敏锐感受力和模仿力，通过娴熟运用“陌生化”的语言，直剖人物内心，创作了大量精神分析小说。以上以新发现的施蛰存早年小说文体为切入点，对早年蹒跚在新旧文学之间的施蛰存提出了一些浅显的看法，欢迎方家批评指正。

① 《新形式的探求与旧形式的采用》，见《聂绀弩全集》（第3卷），武汉出版社2004年版，第293页。

成语文化研究的三个界面

刘中富

一、引　言

过去的成语研究主要是成语的本体研究和应用研究，包括成语的性质、范围、语源、语义特点、语法结构、语法功能、变异与规范、成语教学、成语词典的编纂等。最近一二十年成语文化研究成为成语研究的热点，研究成果不断丰富，研究领域不断拓展，研究队伍逐渐壮大，有了专门的研究机构（如中国语文现代化学会中华成语研究分会、江苏省中华成语研究会等）。在推进成语文化研究方面，莫彭龄先生贡献突出，使江苏省成语文化研究走在了全国前列。他强调从文化的角度看成语，倡导建立“成语文化学”。近二十年来，他身体力行，不但率领一班人员先后成立常州市成语文化研究会、江苏省中华成语研究会，并以此为阵地开展成语文化的理论研究和应用研究，为“成语文化学”的建立“鼓与呼”，出版了多部个人成语文化研究的著作，发表成语文化研究方面的论文数十篇，还主持编写多部成语文化研究与应用方面的著作和丛书，主持或策划多地成语文化建设项目等。对成语文化的内涵和外延、成语文化研究的范围和路径、成语文化学的性质和构架，也都有了比较明晰的阐述。可以说，以莫先生为代表的成语文化研究的成果与队伍,为“成语文化学”的建立打下了坚实的基础。就成语文化研究的内容而言,莫先生先后概括为:理论研究、应用研究、辞书研究。① 基础研究:成语的文化透视;应用研究:成语的开发利用;比较研究:汉语成语与外语成语的文化比较。② 并且他提出,“从内容看,成语的研究可从理论研究和应用研究两方面拓展和深化”,“从方法论的角度看,要注重成语的动态研究和比较研究”。③

就成语文化研究的路径而言,我们认为汉语成语文化研究可以从三个界面切入。以下简要说明三个界面研究所要做的重点工作和应该注意的问题。

二、汉语成语与汉语界面的研究

根据普通语言学、人类语言学、文化语言学的一般理论,语言既是文化的载体,又是文化的一部分。每一种语言都有着不同的民族文化特质。汉语成语是汉语的有机构成部分,既反映汉语的特质,其自身的特质又由汉语的总特点来塑造。跟印欧系语言的成语比较,汉语成语最显著的特点是四音节化(四字格、四音格),其内部结构的多样性和灵活性(甚至不可分析性)、意义的整体性等特点,在某种程度上是由“四音节化”衍生的特点。

至于汉语成语四音节化的成因,莫彭龄先生曾指出:“成语的基本形式是‘四字格’,这一现象并非偶然,而是有着深刻的文化内

① 莫彭龄:《试论“成语文化”》,载《常州工业技术学院学报(社会科学版)》1997 年第 3 期。

② 莫彭龄:《试论成语的文化研究》,载《扬州大学学报(人文社会科学版)》2000 年第 3 期。

③ 莫彭龄:《汉语成语新论》,载《江苏社会科学》2000 年第 6 期。

涵,也同汉语自身的特点密切相关。”并进一步分析说:“它是最具汉语和汉文化特点的庄重典雅的形式,它最符合汉文化中‘以偶为佳’、‘以四言为正’的审美要求。可以这样说,它不仅是汉语特有的语言形式,也是特有的一种文化形式。”“从语言内部考察,‘四字格’结构灵活多变,它几乎能配置任何一种语法关系,满足结构变化的需要。”“从人的认知心理来看,‘四字格’符合人的认知心理特点,因此,便于记忆,也便于使用。”“‘四字格’不仅在字数、结构、音律等方面有着独特的优势,它还有着深厚的文化土壤,从《古诗源》所选的第一首民歌‘日出而作,日入而息’,到《诗经》首篇‘关关雎鸠,在河之洲’,都是四言句。古代的名人名言,许多都是四言短句。从孙子的‘知己知彼,百战不殆’到老子的‘千里之行,始于足下’,从孔子的‘学而不厌,诲人不倦’到孟子的‘然后知生于忧患,而死于安乐也’等。再如王勃的《滕王阁序》、范仲淹的《岳阳楼记》、苏轼的《前赤壁赋》,其中一些精彩的句子,许多都是四言句。”①这些分析都是非常有见地的。

只是我们还需要进一步追问,汉语表达“以偶为佳”“以四言为正”的审美要求何以能够实现?“四言形式”为什么是汉语表达的优选形式?多种语法结构和语义关系怎么就可以容缩在四个音节(四个字)之内?要回答这些问题,应该回到汉语本身找原因。

从语言类型学上看,汉藏语系语言的成语,其典型形式多为四音节形式(如汉语成语、藏语成语、彝语成语),印欧系语言的成语,其音节形式长短不齐,形式多样(如英语成语、俄语成语)。如果仅从文化差异性上找原因,可以解释汉语成语跟印欧系语言的成语

① 莫彭龄:《“四字格”与成语修辞》,载《常州工学院学报》2003年第3期。

在形式上的差异性，不能解释汉藏语系语言的成语在形式上的一致性。真正的原因可能在于汉藏语系的语言多为单音节词根语（单音表义），词类具有多重功能，表达注重意合，形式讲求简约；而印欧系语言一般是非单音节词根语，语法形式上注重分析性。所以汉语成语研究要加强跟其他语言成语的比较研究，从语言类型学的角度深入揭示汉语成语的特点是如何形成的，找出汉语成语特点与汉语特质之间的反映与塑造关系及其具体表现。

我们认为汉语成语的特点足以反映汉语的本质。刘志基先生指出："从某种意义上说，把历史上的汉语语言现象传递到今天，是成语这种语言材料的最大特点。所以，成语对今人的书面语学习，特别是文言文的学习，无疑会起到一种很好的沟通作用——通过依然活跃在现代语言交际中的大量成语的这个中介，人们可以比较容易地掌握富于传统意味而稍稍远离一般口语交际的汉语语言内容。立足于这个视角，我们不难发现，成语中蕴含的传统汉语语言资源是多方面的。"①这是从汉语成语中蕴含古代汉语的词汇、语义、语法事实的角度说明成语的语言资源，如成语中词的单音节性，词类活用和词的特殊用法（名词用如动词——敬贤礼士、名词作状语——鲸吞蚕食、形容词用如动词——厚古薄今、名词或形容词的意动用法——不耻下问、动词或形容词的使动用法——闭月羞花），特殊句式（介词宾语前置——夜以继日、动词宾语前置——马首是瞻、否定句代词宾语前置——时不我待、状语后置——相濡以沫），紧缩结构（谷贱伤农——因果、膝痒搔背——转折、扬汤止沸——目的）等。其实这些汉语成语所表现出来的特点都是汉语

① 刘志基主编:《新概念成语词典·前言》，上海辞书出版社 2004 年版，第 1 ~2 页。

本质特点的体现。正如袁钟瑞先生所说:“汉语是世界上最优美的语言,也是最富有表现力的语言。而最能集中体现汉语特色的词语,就是成语。”①

反过来说,汉语成语之所以能够“四字成语”,表达简短而语义丰满,形式划一而结构多样,那是因为汉语单音表义、词类具有多功能、句法结构灵活等语言特点为之提供了充分的可能性。四字组合已然包含了多个语义成分,能够形成丰满的语义组合;四字组合同样包含了多个语法成分,加之汉语语法重意合,足以实现成语结构的多样性。

三、汉语成语与汉文化界面的研究

这是从语言是文化的载体角度开展的研究。汉语成语在反映汉民族文化的丰富性、系统性和深刻性方面表现都很突出。

王立群先生说:“成语是一扇窗口,通过这扇窗口,我们能够重温中华民族几千年来的兴衰存亡、艰苦卓绝的历史足迹。成语是一条道路,通过这条道路,我们能够感受中华传统文化的绵延不绝,丰富多彩。成语是一部巨著,阅读这部巨著,我们能够体验、学习、继承、发展祖先的人生经验、聪明智慧。成语是一面大海,徜徉在成语的海洋中,我们能够感受到中华文化的博大精深、源远流长!”②

莫彭龄先生对汉语成语与汉文化的关系更是多有论述。“同

① 袁钟瑞、杨学军主编:《奇妙的成语世界——成语文化读本 · 引言》,商务印书馆 2015 年版,第 1 页。

② 王立群:《王立群智解成语》(第 1 册),大象出版社 2014 年版,第 4 页。

一般词汇相比，它同文化关系更为密切，其中的文化蕴含更加典型、更加系统、更加丰富。”①“在成语中，蕴藏着许多古代文化知识，这些知识涉及服饰、饮食、音乐、绘画、书法、器物、兵器、文学、历史、天文、地理、礼仪、谋略等许多方面，可以说，几乎涉及汉文化的各个方面。因此，一本成语词典，其实就是一本文化词典，成语是汉文化的一个缩影。”②“说成语是汉语和汉文化的全息元，可从宏观和微观两个角度来考察。从宏观角度看，成千上万条成语，就是汉语和汉文化的一个缩影。一部《中华成语词典》就是一部《中华文化辞典》。也可以说，《中华成语词典》是《中华文化辞典》的一个缩影。从微观角度看，一条成语往往就是一个故事或一段诗文的浓缩，也可以说是这段诗文的缩影。”③“成语不仅是古汉语的一个缩影，也是汉文化的一个缩影。成语中蕴含的文化，几乎涉及汉文化的各个方面。如汉文化的饮食、服饰、度量衡、车马、宫室、礼俗、乐律、天文、地理、历史、文学、艺术、军事、科举、职官、科技、宗教、思想、道德等等，在成语中都有不同程度的反映。”④

汉语成语与汉文化界面的研究有两个路径：一方面从成语出发，研究汉语成语如何反映汉文化，即研究成语中的文化内涵。又分三个层面：单一成语对单一文化事象的反映；成语类集（或叫成语族群）对文化主题的反映；成语系统对文化体系的反映。另一方

---

① 莫彭龄：《汉语成语新论》，载《江苏社会科学》2002 年第 6 期。

② 莫彭龄：《成语“资源论”》，载《常州工学院学报（社科版）》2009 年第 2 期。

③ 莫彭龄：《成语“全息论”》，载《常州工学院学报（社科版）》2010 年第 1 期。

④ 莫彭龄：《成语“全息论”》，载《常州工学院学报（社科版）》2010 年第 1 期。

面从文化出发,研究哪些文化内容反映在成语当中,以成语为“容器”得以贮存。这两方面的研究路径不同,但殊途同归,都指向汉语成语与汉文化的关系。

从已有研究成果看,这个界面的研究,往往跟上一个界面的研究结合进行,综合讨论,如刘玉凯先生的《成语文化》(中国经济出版社,2013 年),袁钟瑞先生和杨学军先生主编的《奇妙的成语世界——成语文化读本》(商务印书馆,2015 年)等。这种研究方式的好处是可以展示成语文化的“全相”,不足的是往往泛泛而谈,分不清哪是成语自身文化,哪是成语内涵文化。

单就这个界面的分层次研究来看,表现也不平衡,相比较而言,单一成语反映单一文化事象的研究、成语类集反映文化主题的研究比较受关注,论著较多,成语系统如何反映文化体系的研究比较薄弱,有待加强。

单一成语反映单一文化事象的研究又可以有不同侧重,有的侧重对传统历史文化和观念的揭示,如莫彭龄先生和刘玉凯先生主编的《成语密码》第一季(商务印书馆,2015 年),有的侧重于阐释在成语启发下所产生的新知或联想,如吴硕贤院士的《成语新解与杂谈》(华南理工大学出版社,2012 年),有的侧重于对某些成语所反映的文化观念的检讨或批判,如甘德安先生的《中国成语批判》(华文出版社,2014 年)。

成语类集反映文化主题的研究有两种类型:一种是综合性的,也就是同时讨论多个成语类集如何反映多种文化主题,如袁钟瑞先生和杨学军先生主编的《奇妙的成语世界——成语文化读本》在第三讲的第二节“中华历史文化的家园”中,通过不同的成语类集分别说明了成语是如何“展示古人生活方式”“反映古人价值观念与信仰”“展示古代文学艺术面貌”“汇聚古代思想哲理之光”的。

另一种是专题性的，专门讨论一个成语类集如何反映某种文化主题，如朱瑞玟先生主编的“中国成语文化书系”（首都师范大学出版社，2006 年）包括四个专题，分别是朱瑞玟先生的《博采众美——书法文化与成语》和《香飘万里——酒文化与成语》、徐大晨先生的《齿颊生香——饮食文化与成语》、霍仲滨先生的《洗尽铅华——服饰文化与成语》。前一种类型的研究可以展示中华文化的多元性和丰富性，后一种类型的研究可以讨论得更加深入细致。

不管是哪个路径或哪种层面的研究，都不能停留在汉语成语与汉文化的简单对应上，而是要从历时角度考察汉语成语系统的动态发展与汉文化内容的历史消长之间的互动关系，找出共变的规律与特点。还要加强汉语成语与汉文化关系跟其他民族成语与文化关系的比较研究，探求汉语成语与汉文化关系的特异性。

四、汉语成语资源与汉语成语资源应用界面的研究

这个界面的研究就是要充分挖掘成语文化资源，探讨哪些资源可以用来为经济建设、文化建设、思想建设、语文教育和人们的语言生活服务；研究实现有效利用成语文化资源的途径与模式；探究利用成语文化资源的地域性、时代性等问题。不管哪个方面的研究都应以“创意中华成语”为手段，以弘扬中华优秀文化为目的，不能简单地贴标签，只见成语之壳，不见成语文化的内容，更不能以发掘成语资源、传承中华文化之名，行“娱乐至死”之实。

莫彭龄先生对汉语成语资源的丰富性和可利用性有着深刻的认识，对汉语成语资源的开发利用有着全面的说明和卓有成效的应用实践。他的一系列论著可以为成语资源的挖掘和应用研究提供借鉴和范式，代表性成果如：《试论“成语联想教学法”》，《常州

工业技术学院学报》1996 年第 3 期;《成语“资源论”》,《常州工学院学报(社科版)》2009 年第 2 期;《成语文化与常州地方文化建设》,《常州工学院学报(社科版)》2009 年第 4 期;《关于“成语文化”产业化的构想》,《常州工学院学报(社科版)》2010 年第 5 期;《“成语广告”的文化透析》,《常州工学院学报(社科版)》2011 年第 5 期;《中华成语文化主题公园的创意及可行性探析》,《常州工学院学报(社科版)》2012 年第 1 期;《成语文化与语文教育》,《语文学习》2013 年第 5 期;《让成语“活”起来》,《光明日报》2014 年 11 月 14 日;《“成语 +”教学新模式初探》,《语文学习》2015 年第 12 期;《创意中华成语,让传统文化“活”起来》,《常州工学院学报(社科版)》2015 年第 4 期。

目前成语广告研究、成语教学研究(特别是中小学成语研究、对外汉语成语教学研究)、地方成语资源发掘与利用研究、成语的影视化研究、成语产品的开发研究等都已展开或正在展开,有实绩,也存在问题,需要理论研究的提升和方法的科学化。

五、结　语

成语文化内容十分丰富。成语文化研究层次不同,路径多样。成语文化研究的新成果不断出现,理论和方法日渐成熟。成语文化学的建立已见曙光!

《莺莺传》中的转折复句及其心理表达趋向

——兼论“自传说”

薛海燕

习惯上认为《西厢记》是一个写出了诸多矛盾的具有“复杂性”的作品，实际上其前身——唐代元稹的传奇《莺莺传》也是具有类似性质的一部作品。而在改编为戏曲作品的过程中，《莺莺传》传奇原作中所凸显的人物内心乃至精神深处的诸多矛盾，相当一部分被忽略而隐没。这样一些矛盾，在《莺莺传》中的一种常见句式——转折句式中，表现得相当突出。

本文统计，《莺莺传》中转折句共23个，依次如下：

1. 他人皆汹汹拳拳，若将不及；张生容顺而已，终不能乱。

2. 知者诘之，（张生）谢而言曰：“登徒子非好色者，是有凶行。余真好色者，而适不我值。何以言之？大凡物之尤者，未尝不留连于心，是知其非忘情者也。”

3. 婢因谓张曰：“郎之言，所不敢言，亦不敢泄。然而崔之姻族，君所详也，何不因其德而求娶焉？”

4. 婢曰：“崔之贞慎自保，虽所尊不可以非语犯之，下人之谋，固难入矣。然而善属文，往往沉吟章句，怨慕者久之。君试为喻情诗以乱之，不然，则无由也。”

5. 张生且喜且骇，必谓获济。及崔至，则端服严容，大数张曰:“兄之恩,活我之家,厚矣。是以慈母以弱子幼女见托。奈何因不令之婢,致淫逸之词。

6. 始以护人之乱为义,而终掠乱以求之,是以乱易乱,其去几何?

7. 试欲寝其词,则保人之奸,不义。

8. 明之于母,则背人之惠,不祥。

9. 张生拭目危坐久之,犹疑梦寐,然而修谨以俟。

10. 崔氏宛无难词,然而愁怨之容动人矣。

11. 大略崔之出人者,艺必穷极,而貌若不知。

12. 言则敏辩,而寡于酬对。

13. 待张之意甚厚,然未尝以词继之。

14. 异时独夜操琴,愁弄凄恻,张窃听之;求之,则终不复鼓矣。

15. 崔已阴知将诀矣,恭貌怡声,徐谓张曰:“……必也君乱之,君终之,君之惠也,则没身之誓,其有终矣,又何必深感于此行?然而君既不怿,无以奉宁……”

16. 崔氏缄报之词,粗载于此,曰:“捧览来问,抚爱过深,儿女之情,悲喜交集。兼惠花胜一合,口脂五寸,致耀首膏唇之饰。虽荷殊恩,谁复为容?……”

17. 自去秋已来,常忽忽如有所失,于喧哗之下,或勉为语笑;闲宵自处,无不泪零。

18. 虽半衾如暖,而思之甚遥。

19. 岂期既见君子,而不能定情,致有自献之羞,不复明侍巾帻。

20. 倘仁人用心,俯遂幽眇;虽死之日,犹生之年。如或达士略情,舍小从大,以先配为丑行,以要盟为可欺。则当骨化形销，丹诚不泯……

21. 张之友闻之者，莫不耸异之，然而张志亦绝矣。

22. 昔殷之辛，周之幽，据百万之国，其势甚厚；然而一女子败之，溃其众，屠其身，至今为天下僇笑。

23.（张亦有所娶。适经所居，乃因其夫言于崔，求以外兄见；）夫语之，而崔终不为出。

一般而言，转折复句由两个有转折关系的分句组成。后一个分句不是顺着前一个分句的意思说下来，而是转到相反或相对的意思上去。根据转折复句两个分句之间的具体关系，转折复句可以分为三种不同类型：

其一，相反性转折复句。一般是成对使用关联词语的转折复句。这类复句一般要用关联词语，可以成对使用，前后两个分句的意思往往明显相反，转折、强调的意味比较重。常用的关联词语有"虽然（尽管、固然）……但是（可是、却）……"等。《莺莺传》中以上23个转折复句，只有句18成对使用关联词语，但句5、6、10、11、12、13、15、16、19、20、23也表示相反性转折关系。这样看，相反性转折复句占《莺莺传》传奇中转折复句的近半数。其中除第23例，其他各句或为叙述语言描述莺莺，或为莺莺的对话语言及书信语言。总之多数直接用于莺莺形象的塑造。其表达功能见下文分析。

其二，差异性转折复句。其中两个分句之间有相互对比或相互衬托关系，具体包括直接对比（两个分句表现两个不同事物或一个事物的两个不同方面）、间接对比（一个事物出现在句中，另一个事物或另一个方面则出现在句外）、正衬（作陪衬的偏句与正句之间是相关或相类似关系）、反衬（作陪衬的偏句与正句之间是相反、相区别的关系）等。《莺莺传》23个转折复句中，句1、2、17、21大致属此类。除第 17 例,其他各句均为叙述语言描述张生,其功能见下文分析。

其三,限制性转折复句。即两个分句之间并不对立,后句只对前句做补充或限制说明。《莺莺传》23 个转折复句中,句 3、4、7、8、9、14 呈现补充或限制关系。其中 3、4 句为人物红娘的对话语言,第 3 例为提问,质疑张生追求莺莺的动机,预埋了崔张婚恋的不圆满结局;第 4 例则为献策,帮助张生追求莺莺。9、14 两句叙述崔张爱情进展。以上限制性转折复句,都增加了叙事的波澜,增强了叙事的曲折性,具体分析也见下文。

就其在小说叙事话语中的位置看,《莺莺传》23 个转折句,出现于叙事者评述语言层面的共 10 句(1、5、9、10、11、12、13、14、21、23),出现于人物语言层面的共 13 句(2、3、4、6、7、8、15、16、17、18、19、20、22)。

出现于叙事语言层面的 10 个转折句中,5、9、14、23 四句叙述崔张爱情进展:第 5 句,张生收到信,以为佳期可待,结果到了约会地点,却被莺莺以礼教道义训诫了一番;第 9 句,佳期终至,张生却怀疑莺莺是否真会来赴约,半信半疑,最后总算天从人愿,喜出望外;第 14 句,张生意外听到莺莺的琴声,震惊于其琴技,提出请求要再听,却未被接受;第 23 句,崔张都已别有婚配,张生路过,要求见表妹崔莺莺,妹夫同意,而莺莺却拒绝见他。以上转折句勾勒了崔张婚恋故事的波澜,而这些波澜,无疑增强了叙事的曲折性。

出现于叙事语言层面的其他 6 个转折复句主要功能在于评述人物。其中 1、21 两句评述主人公张生,这两句都是差异性转折复句,如第 1 句陈述他人见到美女,“皆汹汹拳拳,若将不及”,而张生则不同,很能自持;第 21 句则交代他人看到莺莺的信大多“耸异”,即受到震撼,而张生却很冷静,下定了分手的决心。这两个差异性转折复句，凸显了张生这个人物的日常表现及其个性中不同寻常之处，尤其是超出常人的“善自持”的特征。

第10、11、12、13四句评述主人公崔莺莺。首先需要看到，前面提到的第5、14、23三句虽然主要意在交代故事进展，但同时也突出了崔莺莺的表现，有人物塑造功能。其中第5、23句为相反性转折复句：第5句陈述张生期待莺莺赴约，后者却“端服严容”，毫不客气地批评了张生；第21句交代张生想要再见莺莺，莺莺的丈夫转告了这个请求，莺莺却拒绝了。第14句是限制性转折复句，写莺莺忧伤弹琴，被张生听到，后者表示想听琴，莺莺却不愿意为他弹奏。这三句极妙，分别出现在崔张两人相爱前、中、后三个阶段，莺莺的表现却总是不符合张生的期待。说明这是个即便在两情相悦的爱情关系中，依然有着自己的想法和个性的女子。最后即便无奈接受对方分手的决定，也能在被动被弃的狼狈惨淡中坚持自己的尊严。就此点而言，莺莺形象的性格定位是具有与常人不同的超强个性的女子，这个女子有着较强的自我意识。

第10句描写莺莺“宛无难词，然而愁怨之容动人矣”，表明其内心丰富敏感，而言辞谨慎自律。11～13三个复句共用一个主语“大略崔之出人者”，三个复句“艺必穷极，而貌若不知”“言则敏辩，而寡于酬对”“待张之意甚厚，然未尝以词继之”在文中构成排比，都在强调莺莺的表现，与其内心活动或实际情况经常相左。似乎有心口不一的情况。用今天的话说，她似乎是个很“纠结”的女性。

而出现于人物语言层面的转折句中，第2句出自张生。张生言：“登徒子非好色者，是有凶行。余真好色者，而适不我值。”前一个单句提到了先秦楚国宋玉《登徒子好色赋》中的著名“色鬼”登徒子，张生此句替登徒子“翻案”，说他并不好色，所以才经常有那种好色的表现（凶行）；而后一个单句说，张生自己实际上真的好色，所以才并不如此表现。何以言之?道理何在呢?因为,“大凡物之尤者,未尝不留连于心,是知其非忘情者也”。“物之尤”,就是美女中的极致,但凡尤物,从来不会令人忘怀,足见张生并非对美女无感,而是在品位上追求极高,才不会妍媸不计。他之所以不像普通人一样处处留情,并非不好色,而是很难发现令自己动心的美女。而且即便遇到美女,也仅“留连于心”,而不诉诸行为。用后人的观念看,接近于《红楼梦》所提出的“意淫”,也近似于今人所说的“审美”。张生这样的表述意在回应熟人之“诘”,表明自己并非不好色,不“正常”,而是有更高的追求。这样的表述与其后对红娘自剖时所言“性不苟合……不为当年,终有所蔽”相比,前者将自己凌驾于凡俗,后者则羡慕凡俗的手段和便利,适成鲜明的对照。

以至到最后,参照全文第 21 个转折复句,莺莺信中其实在哀求张生不要抛弃自己。周围的人看到信,都“耸异之”,被莺莺的才情所打动;而张生本人却觉得自己是个凡俗之人,驾驭不了这样的“尤物”,而决定与莺莺彻底断绝关系。不难发现,从全文看,张生对自己求偶能力的判断,前后发生了非常明显的变化。

美国心理学家 David Dunning 教授指出,人们对自己的表现和能力的评估通常并不准确,容易被一种“自上而下的思维模式”所限制。在一系列的研究中,他们发现我们对于自己能力的认识,并不是基于实际表现或过去的经验,而更多来自一种没有事实依据的关于自身能力的信念。

像张生,最初受到朋友嘲笑时,他的确对与异性交往没有任何经验,只是凭着精英化的自信,他觉得自己并非不好色,只是没发现令自己满意的追求对象。发现莺莺时,他受到很大的震动,却又不知道该如何追求,后悔平时没有像小伙伴们那样积攒“实战经验”。他与莺莺的婚恋没有循合法途径,无媒苟合,很难受到传统礼法保护。张生赴京文战，走正常的仕进之路，潜意识里也想走正常的婚恋之路，“觉今是而昨非”，想要告别这场风花雪月的情事。他本性“善自持”，本质上其实是善于减少自己的损失。告别这场情事原本不需要付出实际代价，而张生连道德代价也不想承担，因此就把莺莺妖魔化，说“予之德不足以胜妖孽，是用忍情”，此即言，自己是个凡人，驾驭不了妖孽，因此只好割舍艳情。在与莺莺的交往过程中，张生实质上完成了自我意识的一次成长：从懵懂时期自认为超人一等，到看到佳人后自惭形秽，到获得佳人放浪形骸，再到立业时决定放弃浪漫回归凡庸。这条通往凡庸的成长路径，遵行的当然是从众、低风险的世俗规则。读者如果没发现张生的这个成长路程，很容易一味指责其最后抛弃莺莺的理由——“妖孽说”——是一种自利的托词。其实出于自利不假，这个理由却并不完全是托辞。

陈寅恪先生说，《会真记》中元微之的这段迂腐论调，对莺莺所做的譬喻是欠妥当的，若把它放在杨贵妃身上倒挺合适。白居易看出了这个缺点，写了长恨歌。① 对比而言，我们认为白居易《长恨歌》的爱情观是浪漫的，不计风险代价的，而《莺莺传》则现实得多。苏轼《祭柳子玉文》：“元轻白俗，郊寒岛瘦。”实质上就元稹《莺莺传》与白居易《长恨歌》爱情观的对比看，元作更现实而通俗。

自宋代赵令畤《商调蝶恋花》起，后人大多认定元稹《莺莺传》写的是他自身的经历。贞元十八年（802 年）冬，24 岁的元稹第二次参加贡举。次年春发榜，他考取书判拔萃科第四等，被留在秘书省任九品校书郎。在长安一年的备考时间里，他的才华得到了时

① 陈寅恪遗作，刘隆凯整理：《元白诗证史之〈莺莺传〉》，载《广东社会科学》2003 年第 4 期。

任从三品京兆尹韦夏卿的赏识。就在他考取书判拔萃科第四等的这一年，三品大员韦夏卿决定将他 19 岁的宝贝女儿韦丛嫁给元稹。元稹便抛弃了莺莺，娶了韦丛，给后人留下了始乱终弃的话柄。

这一年，他还写下《古决绝词三首》，有针对双文（莺莺）之嫌。他大言不惭地主观臆断自己不在双文身边时，那双文很可能就让别人占有了，正所谓“我自顾悠悠而若云，又安能保君皑皑之如雪”，甚至还自鸣得意地说：“幸他人之既不我先，又安能使他人之终不我夺（幸亏我先占有过双文，否则又怎么能保证双文不先被别人占有呢）。”所以清代诗评家冯班在《才调集补注》里说：“微之弃双文（莺莺）只是疑她有别好，刻薄之极，二人情事如在目前，细看只是元公负她。”而另一位清代诗评家王闿运则认为，这是“小人之语，是微之本色”，给元稹判了人格上的死刑。

《莺莺传》写的是否是元稹自身经历？从作品充满转折和矛盾的笔触看，“自传说”还是非常可信的，因为大抵在论及自身的时候，一般人才会思路回转，充满矛盾。那么，莺莺究竟是什么人？元稹为什么会对她始乱终弃？

据赵令畤考证，崔莺莺系永宁县尉崔鹏之女，她母亲与元稹的母亲皆是睦州刺史郑济的女儿，所以元稹与崔莺莺是表兄妹。明代的胡应麟、瞿佑也赞同这种说法。近人鲁迅、孙望诸先生都力主此说。陈寅恪先生则不完全赞同这个说法。他认为，如果莺莺系崔鹏之女，那么其门第比元稹后来娶的韦氏还要高，这就很难解释元稹为什么会舍此就彼。所以他主张，莺莺应该是寒门之女，而崔姓只是假托，正像元稹假托为张生一样。他评论道：“唐代当日社会风尚之重进士，轻明经，微之年十五以明经擢第，而其后复举制科者，乃改正其由明经出身之途径，正如其弃寒族之双文，而婚高

门之韦氏。”(陈寅恪《元白诗笺证稿》)

但是,陈寅恪先生本人也说,韦氏父韦夏卿虽然是三品大员,但贞元十八年,元稹在登科后娶韦氏时,韦夏卿正做着退休官,是闲职,有名声无职权,而且不久就去世了,韦家此时并非盛时。同时,韦氏此时也已近二十,再不适人,便为老大了,元稹却正是少年得志,并非等闲之辈。总之,元稹娶韦氏并非完全出于攀附之念。也就是说,改变门第并不是促使元稹放弃双文的根本动力。从这点上来看,双文未必如陈寅恪所说,必然是寒门家的女儿。《莺莺传》介绍崔莺莺的母亲是张生“异派之从母”,赵令畤考证崔莺莺系永宁县尉崔鹏之女,她母亲与元稹的母亲皆是睦州刺史郑济的女儿。在无确证之前,这种结论也不可轻易否定。

如果我们相信此作来自亲身经历,那么文中对张生心理的描述很有可能就是元稹的亲身体验,可以帮助我们接近这场情事(包括两个当事人)的真实面貌。

如前所言,张生早年并没有结交异性的经验,正如元稹在双文之前也没有艳遇传诸众人之口一样。结识双文这样才色双绝的女子,对元稹(张生)而言是一个巨大的刺激和挑战。出于性别弱势,双文在这场情事中当然代价和牺牲更大,容易引起同情。但从《莺莺传》描绘莺莺的众多转折复句来看,这个美丽的姑娘并不是容易驾驭和操控的女子。而元稹(张生)个性中一个侧面,就有向红娘抱怨自己早年为何不从众“好色”积攒经验,及向众人陈述自己“德不足以胜妖孽,是用忍情”时所表露出的凡俗化倾向,这从本质上说是自信不足和自我保护心理。出于这样的个性,放弃与双文的艳情,转而谋取正常的婚恋,做出这种抉择也并非不可理解。

为什么我们说莺莺不是个容易驾驭和操纵的女子呢?前文分析,在崔张两人相爱前、中、后三个阶段,莺莺的表现总是不符合张生的期待,说明这是个即便在两情相悦的爱情关系中,依然有着自己的想法和个性的女子。最后即便无奈接受对方分手的决定,也能在被动被弃的狼狈惨淡中坚持自己的尊严。这是个具有超强个性的女子,她有着较强的自我意识。崔张交往既久,叙事者对崔莺莺的行为表现有个概括,即“大略崔之出人者,艺必穷极,而貌若不知;言则敏辩,而寡于酬对。待张之意甚厚,然未尝以词继之”。我们说她是“口不对心”,是个颇有些别扭和纠结的女子。

让我们看看莺莺对话语言中的转折复句,来更清晰地判断她的别扭和纠结来自何处。

莺莺初次赴约时,曾批评张生说,“始以护人之乱为义,而终掠乱以求之,是以乱易乱,其去几何?试欲寝其词,则保人之奸,不义;明之于母,则背人之惠,不祥……”,思维、表达都非常缜密,确有红娘所说“贞慎”之风。而其中“始以护人之乱为义,而终掠乱以求之,是以乱易乱,其去几何”这个转折复句一语中的,揭破了张生这种求偶方式的不合礼法和不负责任。可惜理性不能替代感情,智商颇高的莺莺在处理情感问题上还是不够成熟。

张生声明要再次去参加文战时,“崔已阴知将诀矣,恭貌怡声,徐谓张曰:‘始乱之,终弃之,固其宜矣,愚不敢恨。必也君乱之,君终之,君之惠也,则没身之誓,其有终矣,又何必深感于此行?然而君既不怿,无以奉宁……’”这是非常清楚地告诉张生,自己已了解到后者准备结束这段感情的心态,否则这次离别不过是小别,那又何必为暂时的离别伤感?你既然现在如此不快乐,那就是决定彻底决裂。虽然我已经了解到你的心态,我应该也很伤感,但是你既然很不快乐,我还是希望能让你快乐(实际上最后过于伤感,鼓琴未终而去)。莺莺所说的这段话中所蕴含的清醒的判断、巨大的悲伤、冷静乃至冷酷的自责,需要从委屈转折的复句中百转千回地用心体会,才能品味一二。第一个转折,虽然我了解“始乱之,终弃之,固其宜矣”,但是,如果你能够坚持始终,那就是你的恩惠和大德了。这个转折在放低姿态,能够比较容易被理解。第二个转折,如果你准备实践当初誓言,有始有终,那又何必为小别而伤感呢?但是,你既然如此不快乐,肯定是准备放弃这段感情了;(其实,你既然已经准备放弃,又何必在我面前表现你的不快乐,掩饰你准备抛弃我的决绝之心呢?)(我什么都明白了,我本想安慰你的不快乐,给你弹琴作别,但我也很难过,)我也做不到快乐地告别。这么多的委屈和悲伤,都没有表达出来,所以这个转折复句中的连接词“然而”显得有些怪异,有些吞咽,似乎不合逻辑,其实一方面是莺莺过于矜持自守,不习惯表达自己内心的失望和悲伤;另一方面则是心情凌乱,难以终篇。两个转折复句,真实传神地表达了此时莺莺面对巨创清醒与凌乱交并的状态。

张生离开之后,崔氏回信云:

> 捧览来问,抚爱过深,儿女之情,悲喜交集。兼惠花胜一合,口脂五寸,致耀首膏唇之饰。虽荷殊恩,谁复为容?睹物增怀,但积悲叹耳!伏承使于京中就业,进修之道,固在便安;但恨僻陋之人,永以遐弃,命也如此,知复何言!自去秋已来,常忽忽如有所失。于喧哗之下,或勉为语笑;闲宵自处,无不泪零。乃至梦寐之间,亦多感咽离忧之思。绸缪缱绻,暂若寻常;幽会未终,惊魂已断。虽半衾如暖,而思之甚遥。一昨拜辞,倏逾旧岁。长安行乐之地,触绪牵情;何幸不忘幽微,眷念无斁。鄙薄之志,无以奉酬。至于终始之盟,则固不忒。鄙昔中表相因,或同宴处。婢仆见诱,遂致私诚;儿女之心,不能自固。君子有援琴之挑,鄙人无投梭之拒。及荐枕席,义盛意深,愚陋之情,永谓终托。岂期既见君子,而不能定情,致有自

> 献之羞，不复明侍巾帻。没身永恨，含叹何言！倘仁人用心，俯遂幽眇，虽死之日，犹生之年。如或达士略情，舍小从大，以先配为丑行，以要盟为可欺，则当骨化形销，丹诚不泯，因风委露，犹托清尘。存没之诚，言尽于此；临纸呜咽，情不能申。千万珍重，珍重千万！玉环一枚，是儿婴年所弄，寄充君子下体所佩。玉取其坚润不渝，环取其终使不绝。兼乱丝一絇，文竹茶碾子一枚。此数物不足见珍，意者欲君子如玉之真，俾志如环不解；泪痕在竹，愁绪萦丝，因物达情，永以为好耳。心迩身遐，拜会无期，幽愤所钟，千里神合。千万珍重！春风多厉，强饭为嘉；慎言自保，无以鄙为深念。

开头还比较矜持，说你寄给我一些脂粉之类，非常感谢，但谁又有心情妆扮呢？后面就止不住伤感。“自去秋以来”句起，莺莺表达了自己的“悲叹”，其实她的悲叹吐露了异常痛苦而艰难的自省的心路历程。

美国组织心理学家 Tasha Eurich 在其新书《洞察力》(*Insight*)①中说，一般人自我省察容易陷入几种迷思：

误解 1：自省(introspection) = 洞察(insight)(p.85)。

不少人以为，不断地反思、思考自己就会提升对自我的洞察，让我们更加了解自己。然而，悉尼大学的 Anthony Grant 教授发现，思考自己“与了解自己”这两者间不存在相关关系。甚至，参与研究的个别志愿者的数据还呈现出了两者间的负相关关系。也就是说，你无论花多长时间来反思自己，你的自我觉察可能都不会得到

① Tasha Eurich, *Insight: Why we're Not as Self - Aware as We Think, and How Seeing Ourselves Clearly Helps Us Succeed at Work and in Life*, New York: Crown Business, 2017.

任何实质性的提高。甚至有时你对自我的思考越多,你对自己的了解就越少。这是因为,自省常常停留在一种依靠逻辑的理性层面的思考。但许多时候,看清真实的自己是需要依靠情绪和内心感受的。因此,有问题的并不是自省这个行为本身,而是不正确的自省方式。错误的自省不仅使我们的自我洞察不增反减,还给我们造成一种"我很了解自己"的错觉。

莺莺就具有耽于这种逻辑性自省的个性。被抛弃后,她几乎没有陈述过自己所受的伤害,几乎未曾表达过自己对张生的不满情绪,而只是反复说,"岂期既见君子,而不能定情,致有自献之羞,不复明侍巾帻",似乎只有自己应该为这场艳情承担责任。而对于张生,她则说:"倘仁人用心,俯遂幽眇,虽死之日,犹生之年。如或达士略情,舍小从大,以先配为丑行,以要盟为可欺,则当骨化形销,丹诚不泯。"正如前面送行时所表达的"必也君乱之,君终之,君之惠也",似乎张生完成盟约娶她,倒像是恩赐,是仁人圣贤般的德行。类似沉思依赖于宗法理性,而完全忽略了她自身的情绪和内心感受。不仅使她失去了自我,"自去秋已来,常忽忽如有所失。于喧哗之下,或勉为语笑;闲宵自处,无不泪零。乃至梦寐之间,亦多感咽离忧之思。绸缪缱绻,暂若寻常;幽会未终,惊魂已断。虽半衾如暖,而思之甚遥。一昨拜辞,倏逾旧岁",几乎陷入抑郁恍惚,而且使张生不能完全清晰地了解她的想法,甚至连旁人都不免"耸异",促使张生最终做出了对她不利的决定。

误解2:自省=反刍思考(rumination)。

自省有一个"邪恶的双胞胎":反刍思考,即带着负面的情感去反复咀嚼已经发生的事,并更多地关注自己无法解决的事情。人们容易混淆的是,自省并不是一味苛责过去的自己和沉浸于过去的错误中,而是带着一种开放、包容和接受的态度,去反思自己。

莺莺在张生准备逃离这段艳情开始，就一直陷入负面的情绪，一味苛责过去的自己。她在反思过程中出现的“常忽忽如有所失。于喧哗之下，或勉为语笑；闲宵自处，无不泪零。乃至梦寐之间，亦多感咽离忧之思”等种种表现，本质上都是不能接受和原谅自己过失的表现。这促使她把解决问题的希望完全寄托在张生单方面的抉择上，因为她并不觉得自己还享有权利。

误解3：要提高自我觉察，应该多问为什么（p. 92）。

Tasha Eurich 教授指出，自省的人经常问：“我为什么会这样觉得？”“我为什么会做那件事？”“我为什么会这样想？”……似乎人们相信，找到自己每个想法、情绪及行为背后的动机，就能进一步了解自己。但其实，当我们强找理由时，我们也是在无意识地搜寻那个最简单且听起来最可信的答案。而一旦我们为自己的行为找到一个貌似合理的原因时，我们就会马上停止思考，不论答案对错与否。

莺莺反思自己犯过失的原因，将其归结于“婢仆见诱，遂致私诚；儿女之心，不能自固。君子有援琴之挑，鄙人无投梭之拒。及荐枕席，义盛意深，愚陋之情，永谓终托。岂期既见君子，而不能定情，致有自献之羞，不复明侍巾帻。没身永恨，含叹何言！”听上去似乎很全面。应该是反复思考的结果。重点却在于其中的转折句：“岂期既见君子，而不能定情，致有自献之羞，不复明侍巾帻。”这个句子的主语是莺莺自己。她自悔没有想到，礼法不仅是婚恋的束缚，也是婚恋的保障。因而没想到应该控制自己的感情。这是她为自己的行为过失所找到的貌似最可信、最合理的理由。这个理由对自己的理性提出了颇为苛刻的要求：婢仆、张生都有过失，这不重要；重要的是她自己居然没能克制自己的感情。这才是莺莺无法原谅和接受自己之处。

莺莺本人没有发现，她之所以善于自制，理性思辨能力强，根本原因其实在于她是个情感极为丰富的人。对于这一点，她的婢女红娘认识得显然比莺莺本人清楚，正如红娘对张生献策时所说，"崔之贞慎自保，虽所尊不可以非语犯之；下人之谋，固难入矣。然而善属文，往往沉吟章句，怨慕者久之。君试为喻情诗以乱之，不然，则无由也"。

由此则不难理解，莺莺出场开始"以郑之抑而见也，凝睇怨绝"，到接受张生的一波三折，再到与张生相恋过程中的种种"纠结"，这其中诸多的别扭，主要都来自她的个性中理智与情感的强烈冲突。自省通常是一种理性的行为，莺莺耽于自省，同时也就习惯了在自省中压制自己的感情。自省是自我意识的表达，而莺莺的自省却过分克己。反思越多，她可能越误解了自己，委屈了自己。由此引起张生的误解，以为她不好理解，不好控制和驾驭，最终难免分手的结局。

虽然以分手为结局，与莺莺之间的故事仍然深刻影响了元稹。如果没有留恋，没有怅惘，没有不解，没有遗憾，没有种种复杂难明的情绪，元稹不可能写出这样一篇充满转折和矛盾的作品。Tasha指出，自我觉察能力强的人，在讲述生命中的重大事件时会采用更复杂的叙事方式——他们更愿意从不同的观点来描述这些事情，其中包括对事件的不同的、多样的解释（p. 123）。读者固然很难接受张生所谓"善补过"的解释，但不能否认，如果没有其中丰富而深刻的矛盾，《莺莺传》也很难引起后人纷纷解读乃至改写的兴趣。在成长主题、复杂性等方面，《莺莺传》颇为超前，后代作品也罕有能与之匹敌者。《红楼梦》第二回，贾雨村列举来自正邪两赋的人物，曾经举崔莺莺为例。这个莺莺，我们相信一定是《莺莺传》中那个难免委屈为难自己的孤傲少女。

基于认知理论的对外汉字教学编码原则

王　颖　黄微微

一、引　言

传统汉字教学中的集中识字法和部件组合教学法等主要是按照汉字内部构造进行教学，例如将汉字拆分成形旁和声旁，利用游戏的方式自由组合等。这些汉字教学方法都只单一呈现语言内部的概念编码，忽略了汉字的意象编码呈现。此外，还有一些其他的汉字教学方法，但总体来说，效果都不非常理想，汉字教学依然是对外汉语教学中的最难点。

对于留学生而言，汉字承载的形音义关系图式是完全陌生的。尤其是欧美学生，他们惯于把表音文字的认知模式运用到对汉字的认知上，看到字的形体就很自然地想到读音，听到一个音会联想到字或词的构成。但这种模式在认知汉字时并不十分有效，因为汉字系统不是直接表音的。相反，形体的意象性却为认知汉字提供了另一条通道，在这个基础上，汉字教学要帮助学生克服固有的认知风格，形成认知汉字的正确模式。

在汉字教学中，如果我们能够按照科学的、符合认知规律的方法进行编码，就可以让学生体验汉字的理据性和意象性，快速地记忆汉字，并为进一步书写打下良好的基础。

二、认知理论及其启示

关于人类认知的研究和发展科学地揭示了人类思维的过程，给我们提供了语言研究以及语言教学研究的一个崭新的视角，可以帮助我们更加科学地认识自己的语言，并在此基础上科学地进行语言教学与学习。

（一）信息加工理论及其启示

“认知心理学研究证明，认知加工对学习有非常大的影响。新输入的信息经过注意的选择和对其意义的知觉，首先到达工作记忆，然后才可能转成长时记忆，只有转成长时记忆，才可能成为学习的成果。在这样一个认知加工的过程中，编码是最重要的认知过程。”①编码是“被登记、注意到的信息，交付给记忆之前，有一道重要的工序，那就是编码。编码是把复合刺激物转化为像电码一样的标记或符号，提供记忆。它可以从颜色、形状、大小或距离等方面分析综合刺激物的种种线索，也可从它的名称或与它有联系的事物方面分析综合刺激物的种种线索”②。

因此，在信息加工过程中，编码处于“注意—知觉—编码—短时记忆—长时记忆”信息加工流程的中间阶段，上承知觉，下接记忆，是大脑主动分析信息、将信息内化为已有图式的过程。编码是认知过程中理解信息的重要环节。

---

① 王颖、齐芳：《从汉韩常用汉字词汇比较看对韩汉语教材的词汇注释》，见《国际汉语学报》第5卷第2辑，学林出版社2015年版，第42页。

② 徐子亮：《汉语作为外语教学的认知理论研究》，华语教学出版社，2000年，第17页。

（二）双编码理论及其启示

双编码理论最初由 Paivio 提出，“认知过程中信息的编码依靠两种既相互独立又相互作用的机制：一种是非语言机制，专门用来对非语言的信息编码；另一种是语言机制直接用于语言编码，在认知编码时由这两种机制传达的信息同时进入感觉运动系统”①。这两种形式的编码并不是平行的，而是密不可分的。例如：听到“猴子”一词，首先想到其语言机制，也就是它的物质外壳，同时在脑海中会出现猴子的意象，并不是刻意想象，而是自动浮现，是去掉具体细节的抽象出的意象。所以这两种形式的编码在我们的认知过程中是同时作用、关系密切的。

由语言机制传达的信息在人脑中以概念（词）的形式进行表征，而由非语言机制传达的信息则以意象的形式表征，主要是视觉意象，其他还包括听觉意象、触觉意象、动觉意象、情感意象等。

双编码理论揭示了人脑的信息加工和编码的过程，如果说这一过程是绝对的，那就是说不论是抽象的还是具象的概念都可以同时用这两种机制的编码形式来进行编码。

（三）认知加工深度理论及其启示

认知加工深度理论认为，“对信息的记忆效率不是取决于复习的次数，更重要的是取决于对该信息加工的深度，也就是说，加工程度越深，对该信息的记忆越强”②。

---

① ［美］沈禾玲：《认知理论及其在汉语作为二语的字词教学中的应用》，见《中国文字研究》2008 年第 1 辑，大象出版社 2008 年版，第 150 页。

② ［美］沈禾玲：《认知理论及其在汉语作为二语的字词教学中的应用》，见《中国文字研究》2008 年第 1 辑，大象出版社 2008 年版，第 153 页。

根据认知加工深度理论，对信息的记忆效率主要取决于对该信息的加工深度，因此虽然具备细节性、独特性的编码需要更多的思考，会增加我们的短时认知负担，但加工程度越深，对该信息的记忆越强，也越容易从短时记忆变为长时记忆，并且在提取时也更加容易。这其实能说明为什么学习汉字的时候比较困难，但是学生一旦学会之后对汉字的整体记忆则会更加深刻。

认知加工深度理论认为，初始编码的困难度与信息提取的困难度呈负相关关系。这里的困难度不是指编码的难度，而是指编码的理据性中细节性如何体现，编码越具有细节性，提取越容易。

三、汉字本体认知规律与人类思维认知规律的契合性

根据以上的认知理论，我们发现汉字的形体特点以及汉字的构形规律呈现出很多与人类的认知规律相契合的特点。

(一)汉字构形的意象性特征及汉字的双重编码特性

我们知道，汉字是表意文字，汉字的形体本身就可以是某种意象的体现，汉字的构形反映出很强的意象性特征。这种意象可以是某个事物的形体轮廓，也可以是某一焦点的强化，可以是某个事件的静态展现，如同现在的视频截图，也可以是我们对客观事物范畴化的结果。如“山”“鸟”“人”“象”“豕”等汉字的形体，展现的是事物的轮廓，是抛弃了具体细节的事物的轮廓，即意象。“刃”“本”“末”等汉字的形体，展现的是事物的某一焦点细节的意象。“休”“从”“及”“步”“取”“北”等汉字的形体，展现的是某个事件的静态意象。“鸡”“鸭”“鹅”“鹊”“鸦”等汉字的形体，展现的是范畴化以后的原型的意象。因此，从这个角度看，汉字本身就集中

了概念的表征和意象的表征，同时呈现出了语言机制的编码和非语言机制的编码，体现出双重编码的特性。

（二）认知科学实验证明汉字是复脑文字

来自认知科学的实验研究也进一步支持了汉字的双重编码性。“割裂脑”的研究表明：大脑两个半球是高度专门化的，左半球是语言中枢，主要负责口头语言和书面语言的理解和输出，右半球也可以进行相当的学习思维和记忆活动，但只能集中在形象思维的材料上进行，不能在抽象思维的材料上进行，右脑在形象知觉和记忆、空间知觉的注意力方面具有优势。凌文辁、方俐洛（2004）整理了汉字与大脑的相关研究，并比较了拼音文字和汉字在大脑认知方面的不同，“西方科学家早在一百年前就揭示了大脑与拼音文字的关系，证实了拼音文字的阅读、听说和书写都是偏向左脑的‘单脑文字’”①。而中国的心理学家同样对汉字与大脑的关系进行了考察，郭可教（1984，1992）对 10 例脑损伤病例中涉及汉字读音、解义和书写的实验结果表明：中国人的右脑对汉字也具有阅读和书写功能。汉字与大脑的两个半球都有关系，表明汉字是“复脑文字”②。正因为汉字既有语言文字的特征，也有图画的基因，才需要左右脑的认知系统共同配合完成对汉字的认知过程。另一个案例同样来自《汉字的认知》这篇文章，心理学家劳津（P. Rozin，1971）对 8 位患“阅读障碍症”的儿童进行了阅读实验，他让 8 名小学生学习 30 个汉字，每个汉字均用英文发音，如“母”按照“mother”发音，结果表明，这些不能阅读英文的儿童，通过汉字学习能达

---

① 凌文辁、方俐洛：《汉字的认知》，载《学术研究》2004 年第 1 期。

② 凌文辁、方俐洛：《汉字的认知》，载《学术研究》2004 年第 1 期。

到见到这些汉字组成的句子就能读出其英语发音的程度,并能达到很好的理解和记忆水平。究其原因,“汉字的方块平面空间结构很容易在大脑形成完整的视觉形象,成为语言和语义的有效载体,使儿童克服了‘阅读障碍’”①,这个视觉形象就是因汉字的意象性导向形成的。

(三)认知汉字的规律符合人类一般的认知规律

根据双编码理论,如果人的认知过程总是由语言机制的编码和非语言机制的编码互相配合、共同作用,那我们对于汉字的认知过程就正好符合这样的认知过程。因此,汉字所呈现出的双重编码的特性与人类大脑的认知、加工信息的一般过程是一致的。汉字自身的特点决定了认知汉字的规律与人类一般的认知规律可以是一致的。从这个角度来说,如果我们在汉字教学过程中,能够以科学的符合认知规律的方法来进行教学,至少在认识汉字也就是“读”的层面,应该是没有我们想象中那么难的。

四、基于认知理论的对外汉字的教学原则

认知视角下对外汉字的教学原则主要有以下几个方面:

首先,要为学生提供认知、记忆和提取汉字的理据,帮助学生理解汉字的构成理据和某些部件的类推规律,快速有效地习得汉字。

其次,汉字习得应遵循“认知—记忆—整体识别—书写”的循序渐进的规律,使学生最终获得能认、能读、能写、能理解的能力。

---

① 凌文辁、方俐洛:《汉字的认知》,载《学术研究》2004 年第 1 期。

第三，让学生理解汉字表意的特点，培养学生由字形联系字义的心理习惯，帮助学生建立感知和记忆汉字系统的图式。

第四，培养学生的字感，进一步培养他们运用汉字的能力。

五、基于认知理论的对外汉字教学编码原则

根据认知视角下对外汉字的教学原则，我们有针对性地制订出对外汉字教学的教学编码原则。

（一）遵循汉字规律与认知规律相契合的原则

探讨认知理论与汉字的双重编码的特性，可以找到汉字与认知规律的契合点，指导我们在教学实践上根据所找到的汉字与认知规律的契合点，阐释汉字形体和意义的关系，将其中的理据性运用到对外汉字的教学编码中，为对外汉语的汉字教学提供科学的理论基础，并为研制科学的、既符合汉字本体特点又符合认知规律的汉字教学方法提供理论基础以及可行性方案。

我们应根据以上的认知理论以及关于汉字本体所呈现的与认知规律相契合的特殊性，找出既符合汉字本体认知规律又符合思维认知规律、既突出本体又体现方法的对外汉字的教学方法，找出汉字本体所呈现出的编码信息，并在教学中体现出来。

（二）突出意象编码在汉字教学中的重要性

双编码理论揭示的是人类思维的感官和方法，如果人的认知过程总是由语言机制的编码和非语言机制的编码互相配合、共同作用，而汉字本身又兼具语言机制的编码和非语言机制的编码的双重编码特性，那么，认知汉字的过程正好与人类的认知过程相符合。

除此之外,科学实验证明人类83%的知识信息是通过视觉吸收的,11%是通过听觉吸收的,6%是通过其他感官吸收的。视觉信息是我们获得知识的主要方式,听觉信息是获得知识的次要方式。因此教学中要积极呈现视觉信息的编码,同时积极地呈现听觉信息的编码。

结合以上的理论,我们在教学中要呈现语言机制的编码和非语言机制的编码两种编码信息,同时突出汉字的意象性编码信息。意象性的编码信息在汉字教学中的地位是非常重要的,它既是获得汉字信息、理解汉字的重要方式,也是记忆汉字、唤醒汉字并提取汉字的重要方式。这样,当语言机制的编码信息消失时,意象编码信息会成为唤醒汉字并提取汉字的关键性线索和方式。

在汉字教学过程中,对汉字的编码要同时呈现意象编码和语言编码,意象编码和语言编码要高度结合,把语言编码的理据性蕴含在意象编码中,为学生对汉字的认知打下科学的基础。

(三)突出编码的深度加工

认知加工深度理论是从信息编码的深度和质量来揭示人类的认知过程的。人脑在对不同的信息进行加工时,加工的深度层次各有不同。对信息的加工层次越深,则越有可能保持对信息的长时记忆。因此,促进信息记忆的关键就在于对该信息进行深度加工,深度加工就是赋予信息意义,理解信息的深层意义。

深加工"主要是看对信息编码的独特性、细节性和困难度。(Jacoby & Craik,1979)"①。独特性指的是信息编码呈现新颖、与

---

① [美]沈禾玲:《认知理论及其在汉语作为二语的字词教学中的应用》,见《中国文字研究》2008年第1辑,大象出版社2008年版,第153页。

众不同的形式，比如对“风”的字形进行编码时，将风的内部形体改变为风车转动的图片，学生一看形体便可会意。细节性指在进行编码时要尽可能多地给出细节信息，提供详细的线索，比如“福”这个字，除语音、形体和语义线索外，还可以适当提供如过年时福字倒写现象及其背后的历史故事这样的文化线索。困难度表现为如何经过仔细考量和设计体现编码的独特性和细节性。越是独特的、有细节的、复杂的编码越容易被提取，越是具象的编码越容易被提取。虽然这样的编码在短时记忆时增加了认知负荷，但是在长时记忆中容易被唤醒和提取。

汉字本身的形义特点已然为教学编码提供了很好的理据性和细节性。汉字信息所蕴含的独特性、具象性和细节性决定了教学中对汉字编码的具象性和细节性，并为汉字的教学编码提供了理据性。在汉字编码的过程中，要注意把汉字的理据性更好地表现在意象中。所提供的汉字意象性越明显，其指向的概念所表达的特征越突出，越有利于学生感知和记忆。

因此，编码时要认真思考如何体现编码的独特性和细节性，如何把汉字本身的意象性、细节的理据性很好地呈现在编码中，要赋予汉字信息一些独特有趣的线索，让学生感知每个汉字各自的特点，提升学生对信息的记忆效率和提取效率。

(四)充分呈现汉字构形的视觉编码

如上所述，人类83%的知识信息是通过视觉吸收的，视觉信息是我们获得知识的主要方式。汉字的形义特点使其兼具语言和意象特征，汉字本身便是沟通语言和图像的绝佳桥梁，再通俗一点来说，汉字的形体特征可以直接为语言特征做注解。因此，在教学过程中应该把汉字的视觉信息充分地挖掘并呈现出来。

比如,有一些汉字形体中蕴含着表示事物形状或轮廓的编码。这类字描绘的着眼点在于事物的形状或轮廓,因此这类字的具象性、形象性都很突出。具体分析这些形象,又可细分为三种类型:一,形体像事物的整体形状轮廓,如"口、日","口"像人的嘴,"日"像太阳;二,形体描绘的是事物的部分特征,如"牛、羊","牛"描绘的是牛的头,"羊"描绘的是羊的头和角;三,形体除了描绘意义所指的客观事物,还附加了其他相关联的事物,如"瓜、介","瓜"除了中间的果实以外,还附加了瓜藤和瓜蔓,"介"是铠甲的意思,但它还附加了一个人形,像一个人背着铠甲的样子。这些都是汉字构形中的意象编码信息,也即视觉编码信息,我们在教学的过程中要充分挖掘这些信息,把这些信息用意象的形式进行编码,并在教学中以视觉的形式呈现出来。

(五)充分呈现汉字构形的听觉编码

如上所述,人类的知识信息除了大部分是通过视觉的形式获得的以外,听觉形式是获得知识的次要方式。科学实验证明,人类的知识信息有11%是通过听觉吸收的,因此听觉方式也是人类获得信息的重要方式。汉字构形中其实也包含大量的声音信息,也即听觉信息,这主要就是我们所说的形声字。

有的人认为常用汉字形声字里声旁有效表音的只占不到40%,这其中还包括不太准确的只有声母相同或者只有韵母相同的情况,准确表音的情况所占比例更低。因此在教学中很难一贯制地利用声旁学习汉字。但是我们不这样认为,对于对外汉字教学来说,学生要学习的汉字是最为基础的汉字,这些汉字表音的有效率还是很明显的。我们以法国的白乐桑编写的《汉语语言文字启蒙》(二)中的900字为例,汉字的形声字为450字,占900字的

50%。之所以以这本书中的900字为例，是因为其汉字的选取以汉字日常出现的频率为依据。主要以使用频率为依据统计出的这900个汉字占一般书报刊物用字的90%左右，也就是说，学生学会了这900个汉字，他们就可以认识普通中文书报刊物中90%的字。这900个汉字中共有109组270个汉字因声旁相同而在声音上有联系，如：元园远院、采彩菜、方防房访放旁、己纪记起、古姑胡湖故固苦、化花华货、京惊景、青情清请精静等，这个比例在基础汉字中还是相当高的。汉字学习时，字与字之间关联性明显，是汉字学习的有效要素。

除了这些听觉形式的编码信息，我们还可以用真实的听觉信息给汉字编码。如"猫"，教学中可以呈现其声旁信息"苗"，同时呈现小猫的叫声"喵"的真实声音的听觉信息编码，结合猫的真实照片的意象编码，汉字"猫"的编码就呈现出独特性、细节性、视觉和听觉的具象性的特点，有利于对这一汉字日后的提取和长时记忆。

（六）突出首次编码的重要性

在教学过程中要特别强调首次编码的重要性，也就是汉字第一次呈现给学生时编码方式的重要性。"首次编码是学习者对新信息的首次直观认知，会对整个认知过程起到决定性的作用。"①这是第一次在学生的大脑中建立汉字与中国人的主客观世界的联系，是更新其大脑中已经形成的自己民族原有的图式，与原有图式相比较并建立新的汉语的相关图式的重要环节。

此外，首次编码还与信息的获得和提取有密切关系。"初始编

① 王颖、齐芳：《从汉韩常用汉字词汇比较看对韩汉语教材的词汇注释》，见《国际汉语学报》第5卷第2辑，学林出版社2015年版，第42页。

码的困难度与信息提取呈负相关,即越花心思编码的信息,越容易提取(Jacoby & Craik,1979)。"①也就是说,越复杂、越有细节、越独特的编码越容易被提取,越容易被激活,并容易在日后转为长时记忆;而越简单、越笼统、越不清晰的编码越不容易被激活,容易在日后被忘却。

因此,在教学过程中要注意汉字首次呈现给学生时对其编码的细节性、独特性和蕴含理据的复杂性,并且要坚持再次呈现的一致性,后面再次出现此汉字时要使用与首次呈现相一致的编码。稳定性和固定性既有利于学生的认知,也可以避免给学生造成认知负荷。

六、结　语

鉴于汉字信息的编码对于学习者理解和记忆汉字的重要性,教师作为对外汉字教学中的引导者,应抓住信息编码这一关键环节,对汉字教学内容进行编码,提供具独特性的记忆线索给学习者。

根据以上编码的原则,首先,我们在汉字编码过程中所提供的汉字意象性越明显,其所指向的概念表达的特征越突出,越有利于学生感知和记忆。其次,汉字的编码要立足于汉字信息的特点来设计,尽量依据汉字本身的理据信息给汉字进行意象编码。第三,在教学中,应在编码的独特性和细节性上下功夫,尽量使每一个汉字信息都能从多感官的角度刺激学生的大脑,促使信息的理解和记忆。

---

① ［美］沈禾玲:《认知理论及其在汉语作为二语的字词教学中的应用》,见《中国文字研究》2008 年第 1 辑,大象出版社 2008 年版,第 153 页。

汉字思维与留学生阅读教学策略

邢　军　李淑媛

不同的语言学家给语言下的定义，虽各有不同，但都共同认为语言是人类思维活动的结果，即与人类的思维活动密切相关。所以洪堡特说“每一语言都包含着一种独特的世界观”①。思维能力是全人类共有的，各民族的语言却各不相同，这是由思维方式的不同造成的，每一种语言都包含着该民族认识客观世界的特殊方式，我们学习一种语言的同时也在学习该民族使用语言的思维方式。语言的民族性不仅体现在语言的结构形式上，同时也体现在民族的独特思维模式上。“人类各民族的语言，不仅仅是一个符号体系或交际工具，还是该民族认识、阐释世界的一个意义体系和价值体系。”②

人类不仅创造了有声语言来交际，还创造了可以跨越时空的文字来记录语言。文字的创造也体现了不同民族思维方式的特点和差异。索绪尔将文字分为表音文字和表意文字两种体系。他认为表意体系是：“一个词只用一个符号表示，而这个符号却与词赖

① ［德］威廉·冯·洪堡特：《论人类语言结构的差异及其对人类精神发展的影响》，商务印书馆 1999 年版，第 72 页。

② 申小龙：《汉语与中国文化·引言》（修订本），复旦大学出版社 2008 年版，第 1 页。

以构成的声音无关。这个符号和整个词发生关系，因此也就间接地和它所表达的观念发生关系。这种体系的典范例子就是汉字。”“对汉人来说，表意字和口说的词都是观念的符号；在他们看来，文字就是第二语言。”①这里，索绪尔很清楚地阐释了表意体系的汉字的独特性，它是汉民族思维方式的体现，这种思维方式不仅体现在造字上，还体现在用汉字表达汉语的过程中。也就是说，我们汉民族用汉语进行口语表达与用汉字进行书面语表达是不同的。所以，汉语学习中，学习汉语听说与学习汉语读写截然不同，学习汉语口语表达与学习汉字表达的汉语书面语非常不同。这是因为汉字不表音的特性，以及汉字在记录汉语的同时也有表达汉语的功能，从而使汉语口语与书面语差别较大。本文将探讨汉字的思维方式对汉语阅读教学的启示及其在对外汉语教学中的应用。

一、汉字思维

二十世纪八十年代初，汪曾祺明确提出了“汉字思维”的概念，并在1989年著文进一步阐释：“一个民族文化的最基本的东西是语言。汉字和汉语不是一回事。中国的识字的人，与其说是用汉语思维，不如说用汉字思维。汉字是象形字。形声字的形还是起很大作用。从木的和从水的字会产生不同的图像。”②在这里汪曾祺提出了汉字思维，但没有对汉字思维的内容做出解释。

---

① ［瑞士］费尔迪南·德·索绪尔：《普通语言学教程》，商务印书馆1980年版，第50～51页。

② 汪曾祺：《认识到的和没有认识的自己》，见《汪曾祺全集·四·散文卷》，北京师范大学出版社1998年版，第301页。

1996年，著名画家石虎阐释了“字思维”的含义，“汉字有道，以道生象，象生音义，象象并置，万物寓于其间。这就是‘字思维’的全部含义”①，并进一步阐释为“汉字两象思维特质”和“汉字的并置美学原则”。

（一）汉字的两象思维

石虎这样解释汉字的两象思维：“当一个字打入眼眸，人首先感知的便是字象。这是一重字象的思维。它是由线条的抽象框架形象所激发的字象思维。它一定会去复合字所应对的物象。字象在音意幻化中与物象复合，这里便发生了又一重物象的思维，构成了汉字的两象思维特质。”②也就是说，汉字的字形和汉字所指的事物应对，这是一重字象的思维；汉字和音义（语言）结合以后，带有形音义的汉字再与物象复合，这是第二重字象的思维。两象相互作用，字象和音义完美结合。

汉字的字形表义，在造字之初就已有之。东汉许慎的《说文解字》用“六书”来分析汉字的结构类型，进而阐释字义。“六书”包括象形、指事、会意、形声、转注、假借。前四书是造字法，后两书是用字法。象形是用描绘事物形状表示字义的造字法，如：山、牛、日、月等。指事是用象征性的符号或在象形字上加提示性的符号表示字义的造字法。指事字可以分为两类，一是使用象征性符号的指事字，如：上、三等；另一种指事字是在象形字上加提示性符号构成的，如：刃、本等。会意是汇合两个或两个以上的字来构成一个字的造字法，如：双木为“林”、三木为“森”、日月为“明”、人有目

① 石虎：《论字思维》，载《诗探索》1996年第2期。

② 石虎：《论字思维》，载《诗探索》1996年第2期。

为“见”、人背靠木为“休”、三人为“众”、三石为“磊”。形声就是一个表意成分跟一个表音成分合起来组成一个新字的造字方式，如：“液”字，“氵”表示字义的类属，“夜”表示字音；“搞”字的“扌”表示字义的类属，“高”表示字音；“斧”的“斤”表示字义类属，“父”表示字音；“草”的“艹”表示字义的类属，“早”表示字音。

因为汉字字形与汉字所表示的意义紧密结合，因形得义，所以当人们看到汉字时可以很自然地联想到它所指示的意义，这是两象思维最主要的一方面。同时，汉字是有读音的，带有读音的汉字是用形音义的完美结合体来指示汉字所表达的事物。这样的汉字既可以让人们视而知其义，又可以让人们读而知其义。实际上是说汉字的语言性，汉字是形音义的结合体。这是两象思维的另一方面。

（二）汉字的并置美学原则

在石虎看来，“每一个汉字的内涵，远远不是字典所能容纳的。因此汉字不听命语法。它甚至可自由并置成辞。一个字甚至可大于一篇文章。所以汉字的单字不仅仅构成语言，单字也支配语言，甚至支配思想”①。基于此种认识，他提出了“汉字并置美学原则”，即“当两个字自由并置在一起，就意味着宇宙中类与类之间发生相撞与相姻，潜合出无限妙悟玄机。由汉字自由并置所造成的两山相撞两水相融般的象象比隔和融化所产生的义象升华，是‘字思维’的并置美学原则”②。

杨学民进一步解释道：“形声字、会意字等在构形时都是采用

① 石虎《论字思维》，载《诗探索》1996年第2期。

② 石虎《论字思维》，载《诗探索》1996年第2期。

空间并置的方式，并置的字素之间存在着对比、相对、相似、反对、映衬、耦合、平衡等对话关系，在字素的对话中新的意义生发出来。"①形声字的形旁大都是象形字，如"芬、氛、纷、汾、份、盆"的形旁"艹、气、纟、氵、亻、皿"。象形字、指示字、会意字、形声字都可以作形声字的声旁，如"沐、沫、沽、湖"中的"木、末、古、胡。"形旁和声旁并置结合，产生新字新义。会意字分为异体会意字和同体会意字，异体会意字是用不同的部件组成，如"休"，人在木下，表示休息；同体会意字用相同的字组成，如"森"从三木，表示森林。部件的并置组合构成新字，产生新义。

除了汉字构形本身体现出的并置美学原则，汪曾祺探讨了诗化小说语言的汉字思维的并置原则。"所谓诗化小说的语言，即不同于传统小说的纯散文的语言。这种语言，句与句之间的跨度较大，往往超越了逻辑，超越了合乎一般语法的句式（比如动宾结构）。"比如：《故人往事·收字纸的老人》中："老白粗茶淡饭，怡然自得。化纸之后，关门独坐。门外长流水，日长如小年。"②

"有时作者只是罗列一些事物的表象，单摆浮搁，稍加组织，不置可否，由读者自己去完成画面，注入感情。"如：

> 抗日战争时期，昆明小西门外。
>
> 米市，菜市，肉市。柴驮子，炭驮子。马粪。粗细瓷碗。砂锅铁锅。焖鸡米线，烧饵块。金钱片腿，牛干巴。炒菜的油烟，炸辣子的呛人的气味。红黄蓝白黑，酸甜苦辣咸。（《钓人的孩子》）

---

① 杨学民：《汉字思维与汪曾祺汉文学语言理论的建构》，载《山东社会科学》2009年第12期。

② 汪曾祺：《关于小说的语言（札记）》，见《汪曾祺全集·四·散文卷》，北京师范大学出版社1998年版，第13～14页。

"这种超越理智，诉诸直觉的语言，已经被现代小说广泛应用。""这不是作者在语言上要花招，因为生活就是这样的。如果写得文从理顺，全都'成句'，就不忠实了。"①

这种诗化语言与我们熟悉的诗句"鸡声茅店月，人迹板桥霜""枯藤老树昏鸦，小桥流水人家，古道西风瘦马"有着相同的美感。人们凭借感觉把词语并置以后，淡化了词语之间的语法逻辑，使词与词、句与句之间留下了大量可以供读者想象的空间，为读者感知更多内容提供了可能。

申小龙也认为，汉语句子不以某个动词为核心，而是用句读段散点展开、流动铺排，有头有尾、夹叙夹议、前因后果地表达思想。

新西兰怀卡托大学哲学系孔宪中以汉语句子"何同礼听完了录像带便皱眉头"和它的英文翻译"Having listened to the tape, He Tongli frowned."进行对比，指出英文句子在句法上有中心、有轻重、有起伏，汉语则把动词"平平的一串珠子般串起来"，"平铺直说，无起无伏，不分轻重"。② 在英语句子中，"He Tongli frowned"是中心、重点，"Having listened to the tape"是次要的，是从句；而在汉语句子中，用连谓结构使两个动作"听完""皱眉头"接连排出，没有轻重之分。

申小龙和孔宪中的表述虽不是对汉语并置美学原则的直接阐释，但两者的观点与"并置美学原则"是一致的，并有进一步的阐释。

---

① 汪曾祺：《关于小说的语言（札记）》，见《汪曾祺全集·四·散文卷》，北京师范大学出版社1998年版，第14页。

② 申小龙：《汉语与中国文化·引言》（修订本），复旦大学出版社2008年版，第9页。

二、汉字思维与汉语研究

现代汉语研究一直深受索绪尔结构主义语言学的影响。索绪尔这样论述语言和文字的关系:“语言和文字是两种不同的符号系统,后者唯一的存在理由是在于表现前者。”①受这种认识的影响,汉字被认为是记录汉语的工具,汉语研究不考虑汉字因素,在对外汉语教学中表现为把汉字作为书写工具来教学,即字形教学,无视表意的方块汉字与拼音文字的截然不同,教学中不能使汉语教学和汉字教学互相促进,这就直接造成了“汉语汉字难学”。徐通锵指出:“把语言学的研究对象绝对化,完全排除文字提供的信息,这是一种积习已深的偏见。”②多年来,汉语研究就是在这种“积习已深的偏见”中越走越远,汉语研究很少考虑汉字的作用。虽然一直有学者呼吁汉字和汉语关系的独特性,但都没有受到足够的重视,也没有进入主流。其实索绪尔清楚地知道汉字与拼音文字迥然不同,所以他明确说明,“我们的研究将只限于表音体系,特别是只限于今天使用的以希腊字母为原始型的体系”③。在索绪尔看来,汉字、汉语很不同,不在他的研究视野内。汉字和汉语一样是独立的符号系统,是表达“观念”的,是“说明思想”的,即表达汉人的思维方式的一种工具。所以我们不能把建立在“以希腊字母为原始型

---

① [瑞士]费尔迪南·德·索绪尔:《普通语言学教程》,商务印书馆1980年版,第47页。

② 徐通锵:《汉语结构的基本原理——字本位和语言研究》,中国海洋大学出版社2005年版,第108页。

③ [瑞士]费尔迪南·德·索绪尔:《普通语言学教程》,商务印书馆1980年版,第51页。

的体系”研究应用于汉语。汉语和汉字的关系不是简单的表现和被表现、记录和被记录的关系。

二十世纪末一股“字思潮”在学界涌起，前文提到的“汉字思维”就是一种潮流。自徐通锵在汉语研究领域提出“字本位”理论已有二十多年，它对语言学界产生的最大影响是促使人们重新审视汉语的特点及把汉字纳入汉语研究的视野。近几年来，不断有学者关注汉语和汉字的关系，研究也不断深入。李如龙就认为：“汉语和汉字有深刻的内在关系，二者相互依存、相互制约，正是这种关系从根本上决定了汉语的特点。”①

陆俭明认为在学术界有两种“字本位”理论：一种是汉语语言学本体理论研究中的“字本位”；另一种是对外汉语教学的“字本位”。他在质疑汉语语言学本体理论研究“字本位”的同时，肯定了对外汉语教学的“字本位”，认为“‘字本位’汉语教学模式，是一项成功的创举”②。这也说明本体研究激烈的争鸣，很难评判，而应用研究可以在实践中得到检验，只要理论能够指导实践取得好的效果，那该理论就是有效的。“字本位”在对外汉语教学中的应用就是实例，它抓住了“汉语难学”最关键的问题。赵元任曾经这样评价过汉语和汉字：“可是在语法方面呐，中国语言在世界的语言当中，算是比较容易的。”“各国语言里不同的方面各有难有易；平均说起来么，我觉得中国的语言在世界上，对于没有学过任何语言的小孩子，可以算是中等，也不特别难，也不特别容易。”“至于说中国

① 李如龙：《论汉语和汉字的关系及相关的研究》，载《语言教学与研究》2009 年第 4 期。

② 陆俭明：《我关于“字本位”的基本观点》，载《语言科学》2011 年第 3 期。

文字方面，在世界上比起来就相当难了。”①这就是说，汉语的语法系统比较简单，加上语音、词汇学起来也不算太难，而作为汉语书写符号的汉字，学起来就很难了。“字本位”教学法正是抓住了汉语学习的难点，有的放矢，才会取得好的教学效果。

三、汉字思维在对外汉语阅读教学中的应用

“语言心理学认为，阅读是指从文字系统（包括具有一定意义的其它符号、图表等）中提取信息的过程。也就是说，通过视觉器官接受文字符号的信息，再经大脑编码加工，从而理解课文的意义。”②可以说，阅读首先是要掌握某种语言的文字系统，在此基础上再进行文字的词句加工理解。下面将根据前文提到的汉字思维的特点及学习汉语的特点、难点，探讨留学生阅读教学策略。

（一）留学生阅读教学存在的问题

华东师范大学曾对 22 名留学生在阅读时存在的问题和难点做过调查，有 3 名学生认为汉字是阅读中的一大难点；认为生词最难的有 9 人，占 41%；有 4 人在对句子、段落的理解上出现问题，即使他们在句子或段落中没有遇到难的字、词；还有 14 人认为文章的表层意思可以读懂，但深层结构难以理解，这些人占到 64%。③我们看到，留学生虽然可以认识字、词，但在句、段、篇的理解上遇

① 赵元任：《语言问题》，商务印书馆 1980 年版，第 221 页。

② 彭聃龄主编：《语言心理学》，北京师范大学出版社 1991 年版，第 281 页。

③ 周小兵、宋永波主编：《对外汉语阅读研究》，北京大学出版社 2005 年版，第 203 页。

到了很大的困难。出现这一问题的原因较为复杂,我们认为,不区分口语(语)和书面语(文)教学以及“词本位”的教学模式是主要原因。

吕必松曾将主流的汉语教学模式总结为:“1. 以培养汉语能力和汉语交际能力为基本教学目的;2. 以‘语文一体’和‘词本位’为基本教学模式;3. 按照综合教学与分技能教学相结合的思路设计课程;4. 主张结构与功能相结合,重视跟语言理解和语言使用相关的文化知识的教学;5. 提倡交际性原则和实践性原则,要求‘精讲多练’。”①

“语文一体”指在教学中不区分语体,主要以培养学生的交际能力为主,也就是在教学中注重听说能力的培养。听说读写技能,实际上以听说为核心。这就直接导致“词本位”的教学理念,因为词是最小的音义结合体,可以表达意义,相对字义来说更明确。这种“词本位”的教学理念直接导致的后果就是留学生在学习“牛奶”“鸡蛋”等词时,不知道“牛”“奶”“鸡”“蛋”都有各自的意义,在学习汉语中不能发挥字义的作用。这是过多注重交际功能,忽视书面语教学造成的。这种教学模式带来很多弊端。吕必松曾这样评价目前的教学模式:“‘语文一体’的教学模式不严格区分口语和书面语,不系统介绍口语体语言和书面语体语言的区别,不作语体转换练习;对阅读训练,尤其是大量和快速阅读训练的重视程度远远不够。这种教学模式培养的学生阅读能力普遍滞后,不能通过课外阅读吸收更多的知识;书面表达能力更差,即使是高年级的学生,写出的文章语体不伦不类的现象也相当严重。……可见,‘语

① 吕必松:《汉语教学路子研究刍议》,载《暨南大学华文学院学报》2003 年第1期。

文一体'和'词本位'教学模式是造成'汉字难学'的直接原因。"①

总之,留学生汉语阅读教学方法和理念滞后,制约了学生汉语水平的发展,亟须改进。而"汉民族的思维习惯、民族心理、教学传统是汉语作为第二语言教学法的理论依据"②。汉字思维是汉民族在造字之初的思想,并渗透到遣词造句谋篇之中,在汉语阅读教学中应充分利用此信息,提高阅读教学效率。

(二)对外汉语阅读教学策略

1. 区分语体,才会有真正的阅读教学

任何语言都存在着口语和书面语的差异。汉语因汉字表意性强,表音性差的特点,使口语和书面语差异尤其严重。汉语阅读有着与拼音文字不同的特点和难点。所以,只有区分语体才能使汉语听说教学和读写教学各自得到充分的发展。十年前,冯胜利等曾说过,"在当前国际对外汉语教学中,书面语的教学一直是一个攻坚堡垒"③。十年过去了,书面语教学依然是对外汉语教学的"堡垒"。根本原因在于对外汉语教学一直以来"语文一体"的教学模式,不分语体。可喜的是,我们追踪了八大院校(北京大学、北京语言大学、北京师范大学、南开大学、复旦大学、暨南大学、南京大学、南京师范大学)2004—2014 十年间初级汉语教学的课程设置。2004 年,绝大部分高校是"'语文一体'综合为主,分技能设课",只

---

① 吕必松:《汉语教学路子研究刍议》,载《暨南大学华文学院学报》2003 年第 1 期。

② 赵金铭:《赵金铭国际汉语教育论文集》,北京语言大学出版社 2012 年版,第 131 页。

③ 冯胜利、胡文泽主编:《对外汉语书面语教学与研究的最新发展·前言》,北京语言大学出版社 2005 年版,第 1 页。

有复旦大学设有听说和读写课①;十年后,2014 年,有暨南大学、南京大学、南京师范大学和复旦大学在初级汉语教学阶段设有听说和读写课程。这种课程设置发展的趋势越来越符合汉语和汉字的特点,为在分语体教学中实施有效的阅读教学策略提供可能。

2. 以汉字为起点,“两象思维”并举,进行阅读教学

汉字是表意文字,也是形音义的结合体。表音文字一般是通过形—音—义的路径表达意义。而汉字通达语义的路径有形—音—义,形—义。也就是说,汉字的字形具有直接表意性,字形与意义可以直接建立联系。汉字字形所表示的意义不用通过语音的“中介”就可以被理解,汉字能不能读或字音读得正确与否并不影响对字义的理解。② 可见,汉字比表音文字多了一条由形到义的通达路径。这是两象思维中最重要的“一象”,字形与字义存在着直接的联系。同时,汉字是形音义的结合体,形音义完美结合是“又一象”。在阅读教学中要“两象”并用。

汉语文本的阅读离不开汉字,要想读懂文章,汉字是基础。有研究表明,留学生阅读是可以通过汉字字形直接通达语义,这与汉字直接表意的特质相契合。教学中可以讲解汉字字形与字义的联系,使留学生能够从字形直达字义。比如,运用“六书”理论对汉字字形进行理据性教学。但是,随着汉字的简化,汉字字形与字义的联系变得抽象化,此时我们可以运用“两象思维”的“又一象”,即形音义结合体的作用,建立形—音—义通达的路径。

汉语认知心理学的研究也表明,字形和字音对汉字识读和汉

① 邢军:《字本位与对外基础汉语教学模式》,见《字本位理论与应用研究》,山东教育出版社 2008 年版,第 175 页。

② 周小兵、宋永波主编:《对外汉语阅读研究》,北京大学出版社 2005 年版,第 47 页。

语阅读都具有重要作用。杨珲、彭聃龄等运用启动—命名的试验范式,研究汉字阅读中语音的通达与表征,结果显示,“在汉字加工早期,汉字的语音得到了显著激活,而且这一激活……遵循‘整字优先’和‘高频优先’的原则交互作用”①。陈宝国、王立新、彭聃龄用高频字和低频字作为实验材料,用基于语义、语音的两个范畴来判断任务,在不同的SOV(刺激不同步时间)的条件下,研究汉字识别的时间进程,结论是:高频汉字形音义激活的时序为字形、字义、字音;而低频汉字的字形激活在先,字音和字义的激活同时进行。②这些实验都客观说明汉字的“两象思维”在汉字识读和阅读中的作用。

3.阅读教学与汉字教学紧密结合

留学生在阅读的过程中,会遇到这样的问题:汉字都认识,但不能完全把握句意。这是因为不了解汉语句子的构造规则。汉语句子不像那些有形态变化的语言那样逻辑严谨,甚至似乎有些“混乱”。比如,语法单位的词性不固定,主语的位置可以由名词、动词、副词、形容词等充当;汉语没有形态变化,词语进入句子时完全不用考虑根据前后的成分变换形式。这使得汉语的句子看起来像是由词语随意堆砌而成,毫无章法可言,给留学生的理解带来了很大的困难。

其实,汉字和汉语句子的这些特点正体现了汉字思维的特点。

---

① 杨珲、彭聃龄、Charles A. Perfetti、谭力海:《汉字阅读中语音的通达与表征(Ⅰ)——字水平与亚字水平的语音及其交互作用》,载《心理学报》2000年第2期。

② 陈宝国、彭聃龄:《汉字识别中形音义激活时间进程的研究(Ⅰ)》,载《心理学报》2001年第1期;陈宝国、王立新、彭聃龄:《汉字识别中形音义激活时间进程的研究(Ⅱ)》,载《心理学报》2003年第5期。

在汉字的教学中，我们讲求以形达义，部件并置教学，体现的正是汉字思维的并置美学原则。这种原则由字到词到句到篇，一脉相承。

表一

组合类型	构字	组词	短语	句子
联合	明	开关 好歹	讨论通过 关荣和耻辱	北风像狮子那样狂吼，河里的水结了冰，崖缝里冷得像冰窖。
偏正	析	好汉 建构	合成染料 积极配合	既然天上没有那么好，你就别回去了。

所以，对于这样的句子"今天星期三""他来我不来""下雨我不来""枯藤老树昏鸦"，与其大讲语法规则，不如用汉字"并置美学原则"的思维方式进行教学更有效。

在阅读教学的过程中，用汉字思维方式对汉语句子进行教学，应遵循"句义为先，词语并置"的原则。这样不仅可以使留学生很好地理解文章，还可以帮助留学生写出地道的汉语句子和文章。

报刊阅读课与留学生文体意识的培养

孙德华

一、报刊阅读课程的重要性及难点分析

报刊阅读课在对外汉语教学课程中具有重要地位。报刊阅读的水平在一定程度上能够衡量学生的汉语水平和对中国国情、文化的认知水平。根据《高等学校外国留学生汉语言专业教学大纲》①(以下简称《大纲》),报刊阅读课是中高等汉语水平学生的必修课,属于语言技能训练课程中的专门技能课。《大纲》规定在汉语言专业本科课程设置中,本科生在第二、三学年每学期各有每周四课时的中国报刊语言基础课程。除此之外,大纲对本科留学生应具备的阅读能力,包括报刊阅读能力,做了简要描述:一年级学生应该能够读懂反映学习和一般社交活动的记叙文和日常应用文,初步形成阅读中文简易读物的习惯;二年级学生应该能够读懂浅显文艺读物、新闻消息、日常公文信函等,能初步养成阅读课外中文书报的习惯;三年级学生应该能够读懂多种题材和体裁的现

① 国家对外汉语教学领导小组办公室编:《高等学校外国留学生汉语言专业教学大纲》,北京语言文化大学出版社2002年版。

代文章和浅显古文，基本养成阅读中文书报的习惯；四年级学生应该能够读懂《人民日报》《瞭望》《人民文学》等报刊上的说明文、议论文、文艺作品和一般古文，阅读中文书报已经成为自觉习惯。

在汉语言专业各门课程中，留学生普遍反映报刊阅读课是最难的课程，难度比精读课程还要大。产生这一状况有来自报刊文章本身的原因：一是报刊文章的生词量大，新词语多；二是报刊文章的句子长，且结构复杂；三是报刊文章所讲的内容对留学生来说有陌生感、隔阂感。笔者在多年从事对外汉语教学的过程中发现：除了报刊文章自身的难度系数较高外，报刊阅读课程在教材编写、教学方法和教师思想意识三个方面存在问题，也造成了报刊阅读课程教学效率不高。

二、报刊阅读教学存在的三大问题

在教材编写方面，目前高校通用的报刊阅读教材大多为北京语言大学出版社、北京大学出版社的报刊阅读教材，其体例可概括为“范文—生词及注释—练习—补充课文”四个部分，教材注重精读、泛读、查读等阅读技巧的训练，在内容上注重报刊文章的语法分析和意义解读，对文体知识的总结归纳不够，没有深入挖掘报刊文体与报刊阅读的关系。吴雅民(2003)①曾撰文指出，目前报刊阅读教材很快陈旧落后的原因，不能完全归咎于新闻时效性的丧失，更在于教材对中国报刊的报道规律研究不够，对学生阅读实践中的需求关注不够，因而教材的指导作用差，缺乏宏观适应性和较

① 吴雅民：《关于汉语〈报刊阅读〉教材编写的一些认识和探索》，载《北京市经济管理干部学院学报》2003 年第 4 期。

长时间的生命力。对中国报刊的报道规律研究不够,其实质就是对中国报刊文章的文体知识挖掘不够,这一问题到今日也未能得到足够的重视。这是报刊阅读教学存在的第一个问题。

在教学法方面,据我们课堂观察,报刊阅读日常教学的一般过程可总结如下:第一步,导入新课,介绍主课文的背景知识;第二步,讲解主课文生词;第三步,指导学生阅读主课文,重点训练阅读技巧和课文意义的归纳,穿插语言点的讲解;第四步,处理主课文练习题;第五步,在规定的时间内指导学生阅读副课文,重点考查学生对文本信息的获取是否正确,基本不涉及生词、语言点的讲解。从第一步到第四步的过程中,绝大多数的课堂教学没有新闻文体的总结归纳环节,这是报刊阅读教学存在的第二个问题。

任课教师缺乏文体教学的意识是报刊阅读教学存在的第三个问题。很多教师对于报刊阅读课程的教学目标认识不清,没有认识到培养学生文体意识的重要性,具体表现在:实际教学中,时常有教师抱怨报刊阅读教材跟不上时代发展,为了弥补教材时效性不足的缺点,他们努力地为学生搜集新近发生的国内外新闻事件;有不少汉语教师认为报刊新闻教材容易过时,所以放弃教材,另起炉灶,单纯用报刊复印文章代替教材。我们认为报刊阅读课应该重视培养学生的新闻文体意识,片面强调报刊阅读课应该提供新鲜、真实、有趣的新闻材料的观念是肤浅的。凭一己经验选取教学材料的做法,往往缺乏科学的教学设计,难以按部就班地完成报刊阅读的教学目标,容易导致无计划、无目标的随意性教学,更是不恰当的做法。教师应该下功夫挖掘经典的报刊阅读文章中蕴含的新闻文体规律,深入浅出地向学生讲解,这才是提高留学生报刊阅读能力的切入口。

三、文体意识与阅读教学

综上所述，报刊阅读课程难学、难教，根本症结在于没有理顺文体意识与阅读教学的关系。那么何谓“文体”？《辞海》对“文体”的解释为：一是指文章的风格；二是指为适应不同的需要而形成的语文体式，是修辞学术语。《现代汉语词典》中对“文体”的解释为：文章的体裁。本文认为在报刊阅读教学中谈的“文体”是文章的体裁。

文体意识就是对文体的敏感性，是指人们在写作和阅读中能够自觉地理解、熟练地把握各种不同的文体。文体意识在阅读过程中表现为：阅读者在阅读一篇文章之前，先从文章的词法、句法、修辞、篇章等方面去识别该文章的文体，然后调动头脑中已有的相关文体的知识，对不同文体采取不同的阅读策略、阅读技巧和阅读方法。文体意识能影响并决定人们的阅读效率。至于文体意识在写作过程中的表现，因与本文主题关系不大，此处略去不谈。

文体意识的培养在阅读教学中具有重要地位。语言学家的诸多研究成果表明：文体与写作、阅读具有密切关系。从文体与写作的关系看，文体是相对于文章思想内容而言的形式要素，写作者总是遵循文体的要求来传情达意，无“体”不成“文”。从文体与阅读的关系看，文体分析作为阅读的一种方法，对提高阅读效率具有重要意义。阅读者如果能辨明文体而后解读，就能势如破竹，不但能迅速弄清写作者要讲什么，还能知道写作者是如何讲的，提高对所读文章的理解和鉴赏水平。基于文体与写作、阅读的密切关系，我们主张任何阅读课都应该结合文体知识的讲授与训练，如果学生没有文体意识，阅读能力难以提高，写作能力难以进步，会从总体上拉低学生的汉语水平。

母语为汉语者对汉语不同文体的差别有天然敏感性，而母语为非汉语的留学生则缺少这种敏感，除非长时间地、大量地接触某一文体。为了培养留学生的新闻文体意识，有必要在报刊阅读课上加强新闻文体的训练，引入新闻文体教学法。

四、报刊阅读课程的文体教学法

不同文体的文章具有不同的教学内容和目标，要采用不同的教学方法，这是由各种文体的在内特征和规律决定的。在报刊阅读课程中引入新闻文体教学法，具体如何操作呢？新闻文体的特点突出表现在新闻的结构方式和话语形式方面，新闻文体教学法也据此分为结构方式的教学和话语形式的教学。下面以北京大学出版社《新编读报纸学中文——汉语报刊阅读　中级》上册第八课课文《警惕电子垃圾的危害》为例来说明。

（一）新闻文体结构的教学

新闻结构一般包括标题、导语、背景、主体和结尾五个部分。

标题是新闻的眼睛，是新闻的内容提要，它凝练了新闻的精华和主题，能够帮助读者快速理解新闻内容。在第八课课文标题中只有正题“警惕电子垃圾的危害”，没有引题和副题。

导语是引导读者阅读新闻的开头，是新闻文体独有的组成部分，它用最简洁的文字概括出了新闻最重要、最精华、最有价值的东西。《警惕电子垃圾的危害》正文的第一段就是导语：“随着网络的高速发展，电脑的普及程度越来越高……随着电子垃圾数量的不断快速增长，如何对其进行有效处理，正成为摆在人类面前的一个新课题。”该段文字仅用了两句以“随着”开头的话，就概括出了全文两个最重要的内容：第一，电子垃圾给人类带来危害；第二，如何处理电子垃圾是一个新课题。教师要告诉学生，导语概括出的内容非常关键，阅读文章至此，即使不读后面的内容，也能了解全文的大意。

典范的新闻文章一般配有新闻背景，它常常位于导语之后，介绍了与新闻人物或事件有关联的条件、原因、环境等，起到了对主题进行解释、说明和烘托的作用。《警惕电子垃圾的危害》正文第二段就是新闻背景：“一份权威资料显示，目前在全球范围内，未进行回收安全处理的显示器达两亿台左右，其中中国约占 4000 万台……未来 5 至 10 年的电脑销售数量年增量约为 25%。当前，应该回收处理的旧电脑数量估计为每年 500 万台以上。除电脑之外，越来越多的废旧彩电、冰箱、洗衣机也开始成为城市环境杀手。”教师要告诉学生，该新闻背景用数字列举法说明目前以及未来将有大量电子垃圾需要处理，对导语概括的主题“处理电子垃圾是一个新课题”起到了进一步解释、证实的作用。

主体就是新闻的展开部分，对导语中提到的主要事实加以阐述，并补充导语中未提到的次要事实和材料，使得整个新闻清晰、完整、具体。新闻主体展开叙述的方式大致有按时间顺序展开、按逻辑顺序展开以及按时间、逻辑结合的顺序展开。《警惕电子垃圾的危害》第三、四、五段是新闻主体，每段第一句话分别又是各段的主题句。第三段段首的“对于废旧家电，目前的‘出路’无非三条：一是继续使用，二是作为垃圾丢弃，三是回收处理利用”，第四段段首的“尽管电子垃圾对环境和人类健康有着不可忽视的危害作用，但如果回收利用方法合理，却能够做到变废为宝”，第五段段首的“防止电子垃圾成为环境杀手，同时将之变废为宝，关键在于必须有相关法律法规进行引导”,以上三句为导语中提出的问题“如何处理电子垃圾”指出了解决方案,即回收利用、变废为宝、法律法规引导。

结语在主体之后,起到总结全文、揭示主旨和展望未来的作用。《警惕电子垃圾的危害》一文的第六段,也就是最后一段,是全文的结语:“目前,国家有关部门正在组织制定废旧家电回收利用管理办法,这将有利于国内废旧家电回收利用行业的健康发展。相信随着相关法规制度的不断完善,电子垃圾这一环保新难题将逐渐得到有效解决。”

(二)新闻话语形式的教学

新闻外在的话语形式也有很多规律性的东西。《警惕电子垃圾的危害》在词汇、句式和语言标记方面都有可归纳分析的地方。

在词汇方面,围绕某一主题的大量词汇之间存在着类属、顺序、同义、反义等关系。如频繁出现的“电子垃圾”“废旧家电”“废旧电子电器”是同义关系;而“电子垃圾”“废旧彩电”“废旧冰箱”“废旧洗衣机”“旧电脑”等词存在着类属关系;在谈到对电子垃圾的处理办法时,作者使用了表示反义关系的词——“使用”和“丢弃”,还使用了在逻辑发展上依次递进的词——“回收”“处理”“利用”等。如果教师在教学过程中注意总结归纳与某一主题相关的系列词汇,则将有利于学生事半功倍地记忆词汇,也有利于发展学生对某一话题的口语、书面语表达能力。

在句式方面,复杂长句多。文中“随着网络的高速发展,电脑的普及程度越来越高,人们在享受高科技产品带来的种种好处的同时,发现信息时代为人类贡献的大量电子产品,也给人类带来了不可忽视的危害”就是一个长达七十四字的复杂长句,提取主要语法成分后，变成一个简单句“主语（人们）+谓语（发现）+宾语（信息时代……危害）”。学生通过教师设计的将长句压缩为短句的训练，可大大提高报刊阅读速度。

新闻文体中语言标记成分多。文中出现了表示次序的词——“一是”“二是”“三是”，清晰地指明了电子垃圾处理的三种办法。表示总结概括原因与结果的词——“因此”（出现两次），表明了前后两句话之间的因果关系。表示情况假设的词——“如”和“如果”（各出现一次），表明了所说的情况并非真实，而是设想和想象等。学生在阅读过程中如果能根据语言标记把握全文的语义关系和逻辑关系，就能更迅速、高效地体会作者的意图和文章的主题。

新闻文体教学法尚在成熟与完善的过程中，我们相信通过新闻文体结构和话语形式的教学，学生的新闻文体意识应该会逐步确立，日渐清晰。新闻文体教学法有利于提高留学生报刊阅读理解的效率和对汉语篇章的欣赏水平，进而促进其口语和书面语的表达能力，值得进一步研究和推广。

需要指出的是，由于传播理念和报道内容的变化，新闻文体不是一成不变的，而是与时俱进的。当前新闻文体的创新演变主要体现在三个方面：首先，文体特征的模糊化、融合性，出现了各种新闻文体的交叉运用和转化出新；其次是追求新闻传达的视觉效果，使用形象化、视觉化的语言，图表新闻日渐成为流行的新闻表达语言；再次，整合型报道文体开始流行，无论是在词汇方面，还是在风格方面都多姿多彩。因此，报刊阅读课也应该及时补充新鲜和真实的报刊新闻，及时捕捉新闻文体的新变化、新趋势。能读懂当下的中国报刊，知晓当代中国人使用的新词语、讨论的流行话题等是外国留学生融入中国社会的体现。

试论汉字和书法艺术在中国传统艺术中的核心地位

黄亚平

汉字史的研究一般将汉字分为古汉字和今汉字两个阶段。从审美的角度看问题,可以说古汉字阶段建构了纷繁多样的汉字意象母题,今汉字阶段则表现为灵动的线条艺术。

一、古汉字之审美意象

(一)古汉字中的众多意象和意象母题

最具有意象性特征的古汉字应该是帝、凤、东、南、西、北一类的表示神祇的字,表示日、月、雷、电、雹、云、雨、雪等天象的字,表示先公、先王名的夒、亥、河、岳、土等字,以及在“大邑商”的眼中显得“怪异”的羌、龙、鬼、巴等方国的古文字。这一类的汉字均可直接呈现造字意象,但数量相对不多。

古汉字中的大多数表意字实际上都具有不同程度的“意象性”。比如女、子、目、耳、自、口、止、示、土、山、火、水、木、羊、牛、豕、犬、虎、隹、鱼、龙等字,再如大、卩、射、牡、匕(牝)、长、身、奔、字、尸、莫(暮)等字,它们都不仅仅表示字形本身,更是表达了众多

"意象",这些意象并不是孤立的,而是依照事/物类均衡分布的。在上面的例子中,"女"表达的是各种各样的女人,"子"表达的是各种各样的小孩,"山"表达各种山,"水"表达各种水,"羊"表达各种羊,不一而足。每一个字都代表一个事类,造字者"以类取象",用一形而赅一类之物、之事,用字少而赅备广,事半而功倍。显然,用"以类取象"之法而造成的象形字不同于图画:图画只有具体的含义,比如张三的图像只能代张三自己,并不能代指李四、王五,更不能代表所有的人;象形字则不然,它是按照事/物类来取象的,一个"人"字可代表所有的人,一个"女"字可代表所有的女人。这正是图画和象形文字的根本区别:图画仅表示事物的具体的形象,象形文字则代表了某一类的物或者事。

上面所举的例子中的后面一类与前面有所区别:"大"字虽然是正面的大人形象,但表达的意思却是各种事物的大,而不是"大人"。卜辞中凡一切大物皆可用"大"来表示,如大雨、大风、大旱,大宗、大室、大邑等,可见"大"字虽取象于大人,却不单指人大,而比类连及他物。同理,"卩"字是侧面跪着的人形,但表示的意义也不是侧跪的人,而是命令、集会、节制等意思,同样是比类而及他事。唐兰先生把后一类字命名为"象意字",并且认为,"象意文字是图画文字的主要部分。在上古时期,还没有发生任何形声字之前,完全用图画文字时,除了少数象形文字,就完全是象意文字了"①。为了称说的方便,我们姑且称这类字为"比类拟象"。

"以类取象"和"比类拟象"都是按照物类或者事类来取象造字,在这一点上,两者并没有根本的分别。而使用"类象"的造字方式,却从根本上奠定了汉字之所以成为汉字的基本格局,且对以汉字及其

---

① 唐兰:《中国文字学》,上海古籍出版社 2001 年版,第 67 页。

书法艺术为核心的中国传统艺术的发展产生了深远的影响。

（二）古汉字并置、叠加、组接与意象幻化

古汉字是有层级性的文字系统，将几个象形字并置、叠加、组接在一起，就能产生新字——会意字。会意字表现了汉字系统的层级性和静态平面结构之间的张力，呈现新的汉字意象。如盥、监、乳、涉、益等字。“涉”字中间是一个象形字“水”，水的两边各有一个象形字“止”，用两个或者两个以上的象形字组接的方法，构成了一个全新的字，这个新字的内涵大于两个象形字之和（$1+1>2$），表达了意象的张力，展现在人们眼前的是一幅活生生的具有动感的涉水过河的画面，而非仅仅表达了“过河”这样一个意思。再如“乳”字，它由一个代表母亲的象形字与另一个代表婴儿的象形字组接在一起，非常有趣的是，这个表示婴儿的“子”字头部的口是张开迎向母乳的，这个新的会意字活灵活现地向我们展示了一幅非常柔美的母亲哺乳婴儿的动态意象，而不仅仅是表示哺乳意义的一个文字。再如“监”字，左边是一个表示器皿的象形字（有些形体器皿中有表示水的短横），右边是头顶有一只居高临下的大眼睛的跪着的人形（见），左右两个象形字并置起来构成一个新字，表示人以水为鉴（照镜子），或者作水鉴（镜子），动词的用法和名词的用法统一于这个新字，这个新的会意字表达的也是一种动态的意象，这一意象显然能涵盖固定的词性（名词和动词）和狭隘的词义，并由此派生出很多新意来。盥、益等字的情况类似，不再赘述。

涉　　乳　　监　　盥　　益

还有部分由同一个象形字两两并置而产生的新会意字，如从、比、并、北（背）、竞、友、林、丝等字。从、比、并、北（背）四字都是由侧面的人形构成，只是“从”和“比”字中的两人一前一后，“北（背）”字中的两人背靠背，“并”字（从从，从一，合并之意）中的两人不但一前一后，而且腿部连在一起。“竞”字由正面的人形并置构成，不仅仅表达词义，同时也表达了某种动态的意象。林、丝两字则表达了多的意象，类似于语词的复数。

从　比　并　北（背）　竞　友　林　丝

组接在一起的两个象形字还可被人为地规定其中一个表义，另一个示音，如御、汝、祥、祀、鸡、裘、齿、職等字。通过拟音、譬况的方式构成谐声字，体现汉字字形与声音之关联，从而造成一种深层意象。谐声字对两个象形字的组接，不但完成了形体和声音之间的无缝对接，而且利用人的通感构造出了新的和谐美。

古汉字的并置、叠加、组接显然对书法艺术产生了深远的影响，书法艺术中追求变化多姿、气韵灵动的审美情趣应该与早期古汉字构形上的并置、叠加、组接、拼合等手法分不开。而书法艺术的审美情趣和追求反过来渗透并影响了其他门类的中国传统艺术，这应该是不争的事实。

（三）古汉字造字的“人本取向”

古汉字造字中始终贯穿着“以人体为根本”的造字取向①，《周

① 姜亮夫（1984）首先提出古汉字的造字是“以人本为基础”的问题。

易·系辞》所谓“近取诸身,远取诸物”正是对古汉字造字“人本取向”的最好概括。所谓“近取诸身”,即从人的视觉、听觉、触觉、感觉出发造字,体现人化意象之美,创制出与人的五官、四肢、名称行为、动作以及与人的生活环境密切相关的最常用、最基本的汉字。所谓“远取诸物”是指与人的生活息息相关的自然之物,即人的视线所能及的物和事。

甲骨文以人体为根本造了许多表意字。如描摹各类人、人体行为的字,如:人、大、女、卩、母、孕、毓、乳、夫、老、子等;描摹人的五官四肢的字,如:目、耳、口、自、首、止、足、又、肱等;描写人的行为动作的字,如:出、各、逐、共、舂、争,以及企、望、圣、闻、曰、告、欠、臭等;描写人的社会生活的字:如:舞、斗(鬥)、占、祝、武、令、飨等。从上面列举的甲骨文基本字即可知,早在古文字阶段,汉字以人体为根本的造字取向即其基本审美趋向。

甲骨文中不但有数量众多的与人相关的字,还善于把“诸身”的观念迁移到“诸物”之上,用人的眼光看待自然界动物、植物,甚至其他物,也就是说,人们更喜欢从“人本”的视角去表现自然界的一切事物。①

古汉字造字的“人本取向”为书法艺术的“人化意象”奠定了坚实的基础,“人本取向”是古汉字继“以类取象”“比类拟象”的审美趋向之外对中国传统艺术的另一个重要贡献。以古汉字造字“人本取向”为基础,书法艺术中所谓的“人化意象”才有了坚实的土壤,能够长成参天大树。而汉字的“人化意象”,不但左右了书法艺

① 详参姜亮夫《古文字学》,浙江人民出版社1984年版,第69~70页。

术，同时也影响了其后的古典文学的创作和文学批评观念。①

（四）古汉字的均衡对称美

均衡对称是自然美之一，但是将这种大自然赋予的美感运用于艺术创作之中却是人类的发明。古汉字的构形讲究均衡、对称之美，并且已经脱离了机械摹写而上升到艺术再现的层面。甲骨文单字构形就已经出现了追求均衡、对称美的审美倾向，如：

雨　雹　山　丘　水　川　州　中　木　林　森　果

这些例字的形体并非对其所代表事物的机械摹写，而是一种艺术创造。自然界的山很少看到这么对称的形状，丘也未必是双峰对峙，雨、水、川、州的形状因地形而异，中、木、林、森、果也都是不规则的，但是，经过造字的过程，自然中的不规则形状在人对其进行的符号化过程中就变成了均衡对称的，这其中蕴含的审美情趣是非常值得玩味的，其本质是一种超越了机械模仿的艺术创造。同理，有关人的行为和动作的许多字，如：

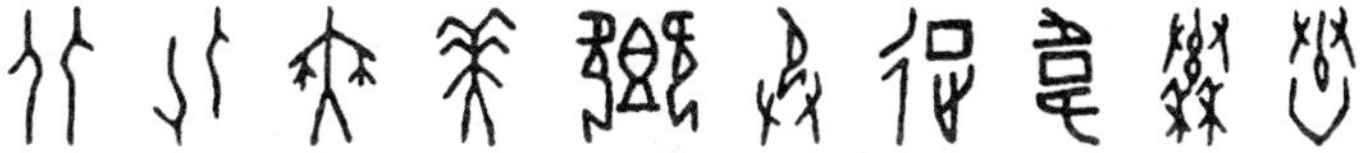

背　化　舞　美　飨　承　征　韦　秦　春

这些生活中的常见现象也被古汉字的创制者们艺术升华为均衡、对称的形体，成为先民们社会生活的艺术再现。

---

① 钱锺书先生(1937)首先提到了中国文学批评的“人化的趋向”。姚淦铭(1996)把“人化意象”引入书法创作和批评，我们非常认同姚氏的看法，并且尝试用“人化意象”贯穿上述几位先生所说的古汉字造字取向、书法艺术，以及中国传统艺术的创作和批评。

甲骨文在篇章层面也有追求均衡美的倾向，如著名的“甲骨三大版”（合10405，合6057，合137）就是这方面的杰出代表。但是，从总体上看，甲骨文仍然缺乏成熟的章法。相对而言，金文在这方面则有长足进步，如柞伯簋、毛公鼎、墙盘、散氏盘等作品，都体现出章法严谨整饬，风格雍容大度的风貌。小篆则为古文字章法布局之典范，如李斯的泰山刻石、峄山刻石、会稽刻石等作品，都显示出端严大气，法度森森之气象。

从总体上来说，古汉字虽然已经有相当长时间的用笔实践以及对章法布局的探索，但实际上还没有真正完成中国传统艺术之核心的“书法艺术”的建构。真正的书法艺术还有待笔画的彻底解放和诗歌意象兴起的风尚，尚有待“天人合一”观念盛行并武装了文人思想的那个时代，这显然只能在“隶变”完成之后。

二、书法艺术之审美

（一）“隶变”是书法艺术成立的前提条件

古汉字阶段的终结，隶书的出现，解放了小篆等古文字中具有图画性的圆笔和方笔对用笔的束缚，将古文字中的曲笔、短笔改为点，左行线、断线、连线改为撇，右行线改为捺，提笔、收笔、连笔改为钩，沿用并改造了古文字的横画和竖画：将古文字中的曲笔拉直，连笔、拆笔改为横和竖，确定了今汉字阶段的基本笔画，为书法艺术的建立创造了基本条件。①

古汉字的圆笔和方笔变为隶书的波磔，描摹轮廓的图画变为

① 详参赵平安《隶变研究》，河北大学出版社2009年版，第59~63页。

线条艺术，点、横、竖、撇、捺、钩等基本笔画的形成，提笔、折笔的初步诞生，为隶书及其后的各种书体对汉字笔画的进一步改造和创新留下了足够的空间，真正开启了作为线条艺术的书法走向繁荣的大门。可以说，古汉字的“隶变”成就了书法艺术，没有“隶变”对线条的释放，就不会诞生作为艺术门类的中国书法艺术。

(二)书法艺术表现人与自然的和谐美

中国传统书法艺术中盛行一种观念，即将书法与人相提并论，把书法的美丑与人的品位相互联系。这一审美观念虽沿袭古汉字中的“人本取向”，但更多的则是对秦汉以来人对自然山水的“重新”发现以及寄情山水的审美情趣的弘扬，这一审美情趣在艺术史上表现为泛化的人与自然和谐的审美理念和讲究气韵灵动的艺术追求。

汉魏以来的书法家，常常以人的风貌情态比喻书的善否。书圣王羲之就这样比喻用笔的失误：“倘一点失所，若美人之病一目；一画失节，如壮士之折一肱。”书法评论家不仅拿书法的善否与人的美丑相比，而且还拿书法中的用笔之法与自然界的山川林木、惊雷闪电、飞禽走兽、鸟虫鱼龙等自然物象相互比较，甚至拿书法的谋篇布局与将军排兵列阵相提并论。王羲之就以自然物象喻书法之笔势：点如高峰坠石，横如列阵排云，竖如万岁枯藤，折如钢钩劲健，撇要藏锋而为，捺要一波三折，钩要千钧劲射。（详参王羲之《笔势论·启心章》）这些比喻将人所生存的周围环境纳入审美范畴，反映了汉魏士人的觉醒，以及人与自然和谐相处的强烈愿望。相对古汉字阶段的“人本取向”而言，对自然的“重新”发现应该说是这个时期对中国传统艺术的最大贡献。

以书法为代表的中国艺术，自发轫阶段就表现出人对自然的炽热情感，以及人与自然和谐相处而非征服自然的强烈愿望。在中国古典艺术中，自然与人的和谐共处是不变的宗旨，得到传统文化最高认同的艺术作品，也往往是因人与自然合二为一，而具备了充分的艺术灵性的东西。

中国艺术讲究人与自然的和谐，但并非主张静态的和谐，而是人的感情与自然景物之间的动态的平衡和协调互动，作为表现这一动态和谐的最根本艺术形态——书法艺术充分发挥了其动态平衡的特长，并逐渐成长为其他门类艺术的根基。林语堂说："谈论中国艺术而不懂书法及其艺术的灵感是不可能的。"①我们以为，书法之所以重要，还在于书法艺术是视觉表达方式的一种，而视觉表达艺术永远都是形式大于内容的艺术。一幅作品中，书家对线条美和结构美的追求远甚于对表达内容的需要。在中国文化的语境中，欣赏一幅书法作品，也首先关注的是形式上的美感而非内容。因此，中国书法的创作和欣赏在本质上是一种欣赏者和创作者之间跨越时空的精神交流，在这种高级的精神活动中，既传达了彼此对优美的线条艺术的美的感受，又表现了难以言传的精神境界。而通过这样的交流，一代又一代的文人墨客们不但将自己编织其中，成为生生不息的"传统流"之一份子，从而既保持了自己的传统文化，又实现了自身的价值。王羲之《兰亭集序》、颜真卿《祭侄文稿》、苏轼《黄州寒食帖》、张芝《冠军帖》、陆机《平复帖》、张旭《古诗四帖》、怀素《自叙帖》，现代书法大家毛泽东《沁园春·雪》等行、草作品，以及欧、颜、柳、赵等大家的楷书作品，都是中国书法艺术中充分表现了人与自然的和谐美，以至于达到了气韵灵动的典范作品。

---

① 林语堂：《吾国与吾民》，江苏人民出版社2014年版，第257页。

(三)书法规范中的审美追求

从篇章的角度看,所谓“气韵灵动”,也就是讲究章法的艺术,篇章范围之内,字与字之间,行与行之间,书写与空白之间,正文与落款、印章、题跋之间以至于墨色浓淡之间都需要把握好尺度,做到各个要素相互配合、互相协调。

1. 用笔、笔力和笔势

“用笔”是指书法家创作书法作品时所遵循的方法。“笔力”是指书家用笔的力量,“笔势”则是指书家运笔的风格和气势。笔力和笔势都是书家在长期的用笔实践中总结出来的经验之谈,绝非一日之功。王羲之《笔势论·观彩章》总结了书法的用笔,有所谓起笔、行笔、收笔、接笔、带笔、翻笔等;而且还针对不同的笔画规定了具体的用笔之法,见《说点》、《处戈》、《健壮》(各类折笔),《教悟》(横、竖搭配),《开要》(掠画和磔画,即撇和捺)各章。后人将用笔的方法简括为所谓“永字八法”。《书法三昧》说:“凡学必有要,若网在纲,有条而不紊。‘永’字者,众字之纲领也,识乎此,则千万字在矣。”“永字八法”的要点在于追求用笔中的动态平衡,而不是机械的构成规范的笔画。这一对笔画的要求与下面将要谈到的“结体”(单字的间架结构)规范,甚至与上面谈过的“气韵灵动”一脉相承。

2. 结体

书法家用“结体”的概念代指汉字的结构框架。“欲学书先定间架,然后纵横跌宕,惟变所适也。”(明董其昌《画禅室随笔》)追求“动态均衡”是汉字结体或间架结构的灵魂。但书法中的“结体”并不是指几何上的平整规范,而是笔画、笔势变化中的相互协调。这是一种充满张力的美,与静止的仅仅匀称的美有很大的区别。

王羲之说："上下方整，前后齐平，便不是书，但得其点画耳。"

每个汉字的笔画多少不等，偏旁大小不一，用笔需要因字而定，所以，书写中保持每个汉字的均衡和端正是不易做到的，人们常说，某某人字写得歪歪扭扭，就是指字的"均衡"把握不好，或者笔画位置安放不当，或者笔画间相互呼应掌握不好，等等。要做到这一点，必须首先掌握字的重心的安置，重心端正了，字才能安放稳当；偏离重心，字就会失去平衡。为了练习书法者便于掌握重心，相传唐代书法家欧阳询发明了"九宫格"，后人又进一步改进，发明了"田字格""米字格"等，供初学书者练习。此外，书法家们还在长期的书写实践中总结出了汉字间架结构的多种模式，如欧阳询的《结字三十六法》，明代李淳的《大字结构八十四法》，清代黄自元的《间架结构摘要九十二法》等，归纳总结汉字结体的方法，并附有典型例字，为后世学习书法的人提供了很大的方便。我们试举几例说明：

A. 横平竖直例：要求横画平稳但非水平，直画挺拔但非垂直，要点是保持中轴线布局。

B. 左右对应例：要求左右对称，但并非左右两字大小、高低一致，要点是左右协调互补。

C. 方框端正例：要求重心安稳，要点在于保持重心。

D. 笔断意连例，要求相互呼应，要点在于保持笔断意连。

三、书法、绘画、诗歌、园林艺术之相互激荡

书法是中国传统艺术的核心和枢纽。书法赋予中国画以技巧，诗歌赋予中国画以神韵，建筑（以园林艺术为代表）则将诗、书、画之意境集于一身。因此，诗、书、画、园林及雕塑是中国传统艺术中关系最密切的艺术门类。

（一）书法与文人画

“书画同源”的说法古已有之，但常常被误解，以为是指文字和图画来源相同，甚至说文字源于图画。这其实是不对的。“书画同源”实际上是指书法和中国画，尤其是“文人画”，无论在用笔上，还是在立意上都是相通的。与西洋画的“叙事性”相对而言，“文人画”多数是“抒情性”的艺术。文人画的气韵和技巧与书法、与诗密切关联。文人画的用笔、章法和布局源于书法。在中国传统艺术史上，经常出现书家即画家，画家兼诗人的现象，如王维、赵孟頫、董其昌、吴昌硕等人。

书法对中国画，尤其是“文人画”影响至深。例如传统中国画经常使用的“皴法”就是以书法中的笔法入画，来表现山石、峰峦和树身表皮的脉络纹理；“文人画”的着色也主要是来自书法技艺中的对墨的浓淡的应用。元黄公望的《富春山居图》（残卷）就充分体现了“以书入画”的审美意趣。再如，所谓“飞白”，本是一种书体，据说出自汉朝大书法家蔡邕，却被移入中国画中，用于创作山势、怪石、竹枝等。再如书法中的“布白”（又称留白），本是书法家处理篇章空间的常用技法。中国传统书法艺术中非常看重“布白”的作用，恰当的空白布置为书法要素之一。“布白”这一技法在中国画中也同样受到重视，以至于我们很少见到把整幅画面全部占满而不留余地的中国画作品。书、画中的“布白”艺术是对中国传统观念的忠实再现，这种创作方法实际上是把“空白”作为载体以渲染美的意境，表现了一种简单、闲适的文人、士大夫的审美情趣。明代王铎的草书是书法“布白”艺术的精品，宋代马远的《寒江独钓图》则是文人画“布白”艺术运用到极致的典范。再如所谓“笔意”或“写意”的概念，它本是艺术家心中的概念。中国画的创作与西洋艺术不同，作中国画重在写出胸中的概念，笔墨尚未落纸之先，艺术家胸中已有一框架，然后着手下笔，一路画来，不过经由某些笔致写出此概念，即所谓“成竹在胸”。而“笔意”或“写意”的概念，主要也是来自古汉字和书法艺术的意象，以及文学诗歌的意境，并非全出于艺术家对自然的观察。

书、画艺术家对意境的把握主要来自长期的文学熏陶，这再一次把汉字和书法、中国画和文学（主要是诗歌）关联起来，成为相互影响的姊妹艺术。此外，古典文学中具有深远影响的“用典”手法（尤以诗歌为代表），也给文人画的创作制造出张力无限的意象。中国文人对梅兰竹菊的喜爱，对杨柳依依的不舍，对夏荷清香的描述，往往都有佳作名篇在先，因此，文人画的画意或意象气韵也并非总是源于自然，却常常是一种文学的意境。这种文学意境，即前面所说的“笔意”或“写意”的另一种说法。

对于在“书画同源”的观念中成长起来的现当代中国艺术家来说，西方现当代艺术中将文字融入图像，或者与之相反，将图像融入文字的实践，并没有什么新奇之处。相反，在当下西洋艺术充斥中国艺坛并形成所谓“新传统”的背景之下，中国传统水墨画艺术的复兴，对用笔和笔力的追求，却再次扮演了前卫的角色。在这里，复古就是解放。文字与图像之间的互动，就是前卫艺术家们的追求。徐冰《天书》《地书》、谷文达《中园》《阴园》《阳园》、张洹《家谱》等作品都是把文字作为绘画艺术创作中的核心要素来处理，反思语言对于形成和解释文化中国的意义，重构文化传统和个人身份之间的联系。①

（二）书法与诗歌

书法与诗歌的关系相对于前面所述的书法与绘画的关系而言就要远一些。因为书法是汉字的艺术，是一种视觉的表达方式，中国画也是以汉字和书法为基础的视觉艺术，但诗歌却是语言的艺术，毕竟语言和文字是两种符号系统，两者既有联系又有区别。只是我们在这里千万不要忘记汉字的表意性质：相对西方表音文字而言，表意的汉字不仅记录并且表现了语言的意义，同时也通过字形呈现出自身具备的“意象”，而这种“意象”显然是超语言的视觉形象。

正是表意汉字的意象性质促使汉语的文学，尤其是诗歌，与文字形体呈现的意象整体而不是意义发生了间接的联系。台湾作家余光中有一段文字很好地概括了“汉字意象美”与文学的关系。他说：“杏花。春雨。江南。六个方块字，或许那片土就在那里面。而无论赤县也好神州也好中国也好，变来变去，只要仓颉的灵感不灭美丽的中文不老，那形象，那磁石一般的向心力当必然长在。因

① 参见［美］柯蒂斯·卡特《艺术中的文字与图像》，载《文史知识》2014年第11期。

为一个方块字是一个天地。太初有字，于是汉族的心灵他祖先的回忆和希望便有了寄托。譬如凭空写一个‘雨’字，点点滴滴，滂滂沱沱，淅沥淅沥淅沥，一切云情雨意，就宛然其中了。视觉上的这种美感，岂是什么 rain 也好 pluie 也好所能满足？”（余光中《听听那冷雨》）这段话可以说是对汉字意象性与文学意境相互关联的最好说明。

虽然说汉字/书法对诗歌的影响是内在的，深入骨髓的，但其影响方式却是潜在的，逐渐涵化和逐步渗透的。与西方人不同，汉人欣赏诗歌的审美活动，首先关注的是诗行中单个汉字（含双音节字）表达的意象，而这一意象是通过汉字的形式发生作用的，即汉人读诗或欣赏作品更习惯于“咬文嚼字”或“说文解字”。也就是说，在汉人阅读和欣赏诗歌的过程中，汉字字形表达的意象是首先被读者观察到，并作为联想的基础作用于全诗的审美过程的。我们仅举一例来说明。如李白的《静夜思》：

床前明月光，疑是地上霜。
举头望明月，低头思故乡。

这是一首在汉字文化圈内家喻户晓，无人不知的名作。为什么简单的四句话二十个字，非常简洁明了的意思，却产生了这么大的影响呢？其奥妙有二。其一，这首诗充分发挥了人们熟知的文字“明月”“故乡”所蕴含的意象，而非仅仅是文字表达的意思，因而触动了人们乡愁的开关。其二，这首诗有足够的“前理解”背景。在中国传统文化中，皎洁的明月总会引起人们对家乡的思念，自然界的风霜雪雨则会引发人们心灵的孤寂，将“明月”的意象与冰冷的“霜雪”意象叠加在一起，一下子就触动了人们的“思乡”情绪，强化了读者的“心灵孤寂”,在人们的内心引发了连锁反应和无限联想,因而产生了强烈的精神共鸣,这首诗也因此成为千古佳制。试想一下:如果我们把这首诗讲给母语是英语的人,那会怎样?当然他们也会觉得不错,但是,当他们明白这首诗的意思后,接着就问:看见明月很好,但是为什么要想家呢?这并不是一个随口一说的玩笑,而是本人教英国学生时出现的真实情况。这个例子充分说明,文学意象的理解在很大程度上依赖本民族的文化语境。同理,台湾诗人余光中的《乡愁》,也是因为触动了海峡两岸同胞的思乡之情而被广为传唱,成为现代名作。

(三)诗中有画,画中有诗

按说诗与画的关系应如文字和诗歌的关系一样相对疏远才对,但实际情况却不是这样,原因如前分析。唐代大诗人、大书法家兼大画家王维创作出许多极富画意的名诗佳句,如《相思》“红豆生南国,春来发几枝?愿君多采撷,此物最相思”,用红豆象征男女相思;《渭城曲》“渭城朝雨浥轻尘,客舍青青柳色新。劝君更尽一杯酒,西出阳关无故人”,描写惜别朋友远行;《鹿砦》“空山不见人,但闻人语响。返景入深林,复照青苔上”,描写空灵清冷的意象。此外,像《送梓州李使君》之“万壑树参天,千山响杜鹃。山中一夜雨,树杪百重泉”,《过香积寺》之“不知香积寺,数里入云峰。古木无人径,深山何处钟”,《送严秀才还蜀》之“山临青塞断,江向白云平”,《辋川闲居赠裴秀才迪》之“渡头余落日,墟里上孤烟”等名句,都描写了诗人心目中多种多样的山水田园意象,而这些意象也成为后世文人画的意象母题,经过历代文人画画家反复揣摩和一次又一次的“重新”发现,创作出数不胜数的中国画,此类意象也成为长盛不衰的文人画范式和永恒主题。王维的诗作被宋代的大诗人、大书家兼大画家苏轼《东坡题跋·书摩诘〈蓝田烟雨图〉》评价为:“味摩诘之诗,诗中有画;观摩诘之画,画中有诗。”而苏轼评价的重点实际上是要强调王维诗中的诸多意象可以精炼入画,画的意象也可铺陈为诗,甚至发而为文、为音乐等,不一而足。艺术形式虽不同,但意象和境界是一致的,而且在各门类的艺术中通用无碍。若以此说观后世文人画之大概,应亦如此。

(四)书法与园林、古建筑艺术

园林和中国古建筑是立体的综合性艺术,建筑者在其中荟萃了书法、绘画、诗歌、雕塑、工艺技术等各艺术门类的智慧,希冀营造出符合共同审美情趣的产品。我们这里仅讨论汉字书法艺术对以园林为代表的中国古建筑的深层次影响而不及其他。

汉字书法艺术对中国古建筑,尤其是园林艺术的影响可分为理念上的影响和结构布局上的影响两方面。

1. 书法对园林古建筑造园理念的影响

如前所述,书法是意象表达的艺术,书法中对线条的运用不仅追求技术上的熟练,更重要的是追求气韵的灵动,以表达某种美的意象,从而实现人与山川万物息息相通的审美理念。在书法史上,凡能呈现出人与自然气息相通的作品均能成为上乘之作。王羲之《兰亭集序》、颜真卿《祭侄文稿》、苏轼《黄州寒食帖》、张芝《冠军帖》、张旭《古诗四帖》、怀素《自叙帖》、陆机《平复帖》等古典行、草名作,都是书法史上真正达到了气韵灵动,情境交融的艺术精品。而欧阳询《九成宫醴泉铭》,颜真卿《多宝塔碑》《颜勤礼碑》《麻姑仙坛记》,柳公权《玄秘塔碑》《神策军碑》《金刚经碑》,赵孟頫《胆巴碑》等楷书名作,则又是另一番景象:此类名作大抵承继金文、小篆的风格,注重疏密搭配、均衡对称,讲究层次分明,开合有度,显出端严大气之美，体现正人君子风度。在小篆俗体字基础上形成的隶书，则追求笔画分明，疏朗开阔的风格，展示典雅从容的气势；而其后的魏碑，又是另一路恣肆雄强，钢筋铁骨的气魄。可以说，在书法史上，每一种书体的出现，都伴随着全新的风格，展现出不同的审美意象。不同的书法风格之后，潜藏着的是书家和书体对意象的取舍和兴趣旨归。书法史上风格多变的众多名作，皆因各有其审美意象，方显多姿多彩。也正是因为书法艺术抓住了中国古典艺术表现的本质，即意象和气韵，反映出中国人对人与人、物与物、物与人之间和谐有序的生存状态的向往，因此成为众多艺术的基础和中枢，自然而然地也成就了中国古建筑艺术的灵魂。林语堂说："中国建筑物的任何一种形式，不问其为牌楼，为庭园台榭，为庙宇，没有一种形式，它的和谐的意味与轮廓不是直接摄取自书法的某种形态的。"①齐冲天说："这样，文字和建筑艺术就有许多相似之点了，例如它们都讲累积、排列、覆盖、承载，讲整齐划一、参差错综，讲小巧玲珑，或巍峨拔起等等。文字的审美，具有造型艺术的许多特征。"②

2. 书法对中国古建筑结构的影响

书法艺术中对结体和章法的追求，对中国古建筑，尤其是园林的建设起到了示范和模板的作用。林语堂将汉字的结体与古建筑中的"轴线原则""对称结构"相提并论，他指出，某些汉字，如"中""東(东)""束""柬""乘"等字在书写中注重轴线和对称美，追求动态均衡，呈现层次与和谐，这启发了中国传统建筑，如西安、北京

---

① 林语堂：《吾国与吾民》，江苏人民出版社 2014 年版，第 257 页。

② 齐冲天：《书法文字学》，北京语言文化大学出版社 1997 年版，第 359 页。

城的设计，体现出稳重实在，庄严肃穆之美。其实，遵守这一建筑原理的中国古建筑比比皆是，大到北京故宫、承德避暑山庄，小到各地的府衙、庄园，乃至于民居、四合院，都恪守这一源于书法结构的建筑格局。

林语堂还把书法中的"间架结构"与中国建筑"框架外置"联系起来，认为，"在中国建筑中，全部框架工程有意地显露在外表……这是导源于书法上的一大原理，便是人人都知道的'间架'"①。裸露的骨架，犹如欧、颜、柳等楷书大家的作品，给人一种端严大气的美感，如同一个正气凛然、不容侵犯的君子。书法的间架结构除了要求骨架要正之外，还需要笔画的穿插配合、迎来送往、高低相让、左右相对，甚至还要注意笔断意连。这能避免过分追求骨架给书法带来的呆板之气，让书法中的汉字保持一种灵动的气息，实现动态均衡的效果。

书法的间架结构原理自然而然地被引入中国古建筑之中，主要体现在建筑屋面和梁柱之间的配合，以及古建筑对梁柱和屋面的装饰和美化方面。比如山西榆次明代正德年间的古建筑"玄鉴楼"（古城隍庙主建筑），就完美地体现了梁柱与屋面、正面斜顶与侧面坡顶（歇山面）、歇山面与正面屋顶延伸的侧斜面的流畅过渡；而屋顶之上正脊的装饰（中间的宝刹、两边的吻兽）打破了长长的正脊带来的视觉单调，正脊两侧上装饰脊兽，既增加了屋面的动感，又表达了祥瑞的意愿，可谓点睛之笔。再如甘肃秦安元代建筑"兴国寺"般若殿内部的屋顶与梁柱之间的设计，就颇能代表古建筑既重视屋顶坡面，又刻意保留多级梁柱的骨架式设计理念。大概设计师是要着力表现房屋的"架势"，因此不惜工本材料，着意构

---

① 林语堂：《吾国与吾民》，江苏人民出版社 2014 年版，第 277 页。

筑层叠卯套的木架构，并把它有意展现在你的眼前，让你一抬头便能体会那种层层叠叠的威严和气魄。

最能契合古人的审美意境，集书法、绘画、雕塑、诗歌、文学、工艺美术等诸多艺术门类精华的是造园艺术。每一个园林设计师都竭尽所能，希望将园林设计得尽善尽美。造园艺术的灵魂是追求气韵灵动、布局合理、结构妥帖，这一设计理念同样导源于书法艺术。园林建设追求意境营造，这一追求离不开诗、画意象，曲水、假山、怪石穿插于亭台楼阁之间，带来灵动之气，末了，还要特别重视题匾，文字仍为压轴之戏，点睛之笔。《红楼梦》中大观园建好之后，给各园取名题扁，贾宝玉一展过人艺术才华，难得博其父夸奖一回。所以说，园林是综合的，是最能体现书法、绘画、雕塑、文学工艺诸多功底的综合艺术形式。

总而言之，在中国传统艺术中，书法使用灵动的线条表现了人的意象和感受，诗歌和文学将文章人化或生命化，“文人画”不重形似而重神似，园林建筑被塑造为人诗意栖居其中的场所，等等，这些艺术都充分表达了“人化意象”，追求“天人合一”却又落脚于人，这一审美情趣与西方截然不同。中国传统艺术关心的不是客体，而是人的审美意象，重视的不是物、我两分，而是物我合一或者物我两忘。这样的审美追求，从根本上来讲，却是来自汉字的传统，汉字造字的人化意象，以及汉字书法艺术对气韵灵动的追求。正是从这个意义上讲，汉字和书法艺术是中国传统艺术的灵魂和核心，在众多门类的中国传统艺术中居于核心地位。

域外汉字研究刍议

杨瑞芳

一、从“汉文化整体研究”到“作为方法的汉文化圈”

（一）“汉文化整体研究”的提出

“汉文化整体研究”是20世纪80年代初由法国国家科学研究中心（CNRS）的陈庆浩首先提出来的，之后这一理念又通过一系列学术演讲和报刊文章得以迅速传播。我们知道，汉文化不仅源于中国，而且还将其影响传播至其他国家，比如日本、韩国和越南等。究其缘由，主要是它们在历史上都长期使用汉字。“二战”后，随着民族意识的觉醒与文化单一观念的强化，曾经有一段时间，有的国家和民族在自己的“语文”中“淡化”或“消弭”了汉字，使得在社会层面中把握与使用汉字成为少数人的“专利”，造成了本民族广大成员对自己历史文化记忆的错讹和阻断，以及他们在表述自己历史发展时运用“原典文本”的缺失与在人文学术研究中表述相关主题的不可言状的困难。① 中国是汉字的发源地，而且从古至今对汉

① 严绍璗：《日本汉字的确立及其历史演变 · 序一》，见潘钧《日本汉字的确立及其历史演变》，商务印书馆2013年版，第2～3页。

字的使用未曾间断，本来是最有条件开展“汉文化整体研究”的，但是长久以来，因为种种原因，学术界投入并不多。关于这一点，陈庆浩用“不闻不问”和“一无所知”来形容。从文献记载来看，此言虽然略显偏激，但是就实际研究状况而言，确实是符合事实的。进入21世纪后，随着学术全球化进程的日益加速，学术界普遍认为，既然“汉文化圈”及“书籍之路”的存在是一个历史事实，那么开展其整体研究就不仅变得“责无旁贷”，而且“时不我待”了。

（二）学术界对“汉文化整体研究”的积极响应

“汉文化整体研究”甫一提出，即得到学术界的广泛热议和一致认同。台湾大学教授兼联合报国学文献馆馆长陈捷先首先接受这一理念，并积极促进了“中国域外汉籍国际学术会议”的召开。[①]与之相比，大陆学者对其的关注与研究稍显滞后[②]，但是最近二十年来，无论从研究思路抑或涉猎范围，还是专业研究机构数量及出

---

① 从1986年至1995年，在日本、中国台湾、韩国、美国等国家和地区轮流举办了十届中国域外汉籍国际学术会议。除了“汉文化圈”之学者积极参与外，还有来自英国、法国、美国等欧美国家的学者，主要内容可参刘兆佑《记第一届中国域外汉籍国际学术会议》（《汉学研究通讯》1986年第5卷第4期）、张琏《第三届中国域外汉籍国际学术会议记略》（《汉学研究通讯》1988年第7卷第4期）、陈捷《中国域外汉籍国际学术会议述略》（《中国典籍与文化》1992年第1期）、王瑞来《缘为书同文 异口论汉籍——东京第七届中国域外汉籍国际学术会议追记》（《中国典籍与文化》1993年第2期）。

② 事实上，20世纪八九十年代，大陆已有少数学者进入了这一领域并发表了一些论著。比如1989年杭州大学成立的日本文化研究中心，其研究重点便是“以书籍为纽带的中日文化交流”。代表性研究成果有陆坚、王勇主编的《中国典籍在日本的流传与影响》（1990），王勇主编的《中日汉籍交流史论》（1992）及王宝平主编的《中国馆藏和刻本汉籍书目》（1995）等。自此之后，“书籍之路”成为构建东亚文化交流的独特模式。

版的研究论著的质量来看，大陆学界都呈后来居上之势，这其中尤以南京大学域外汉籍研究所与复旦大学文史研究院等用力最勤，创获最多，在学术界的影响亦最大。①

2000 年成立的南京大学域外汉籍研究所是海内外第一个以域外汉籍为研究对象的学术机构。张伯伟作为所长，身先士卒，不仅主编、撰写了许多域外汉籍研究的论著②，而且还在多种场合与刊物上发表和阐释其重要学术价值，创办和出版《域外汉籍研究集刊》与《域外汉籍研究丛书》，主办或联办多个国际学术会议，为研究者提供发表学术成果和交流学术情报的平台，培养和聚拢一大批学术新生力量投入其中。另外，张伯伟还在继承与发展陈庆浩"汉文化整体研究"、葛兆光"从周边看中国"的基础上，于 2009 年进一步提出"作为方法的汉文化圈"，试图实践一种有别于西方的理论与方法，发现一个东方的、亚洲的、中国的知识生产方式。③ 所以从一定意义上讲，张伯伟及域外汉籍研究所是 21 世纪中国大陆推广"汉文化整体研究"的最为积极的实践者。

"从周边看中国"是复旦大学文史研究院首任院长葛兆光在

---

① 除此之外，还有台湾大学东亚文明研究中心（2002）、上海师范大学域外汉文古文献研究中心（2005）、四川大学东亚汉籍研究所（2012）、浙江工商大学东亚研究院（2013）、武汉大学域外汉学与汉籍研究中心（2016）等。北京大学中国古文献研究中心、山东大学国际汉学研究中心等在搜集、整理、保护域外汉籍方面也做了很多工作。

② 比如《朝鲜时代书目丛刊》（2004）、《清代诗话东传略论稿》（2007）、《东亚汉籍研究论集》（2007）、《作为方法的汉文化圈》（2011）、《域外汉籍研究论集》（2011）、《朝鲜时代女性诗文集全编》（2011）、《域外汉籍研究入门》（2012）、《"燕行录"研究论集》（2016）、《东亚汉文学研究的方法与实践》（2017）等。

③ 张伯伟：《再谈作为方法的汉文化圈》，载《文学遗产》2014 年第 2 期。

2007 年提出来的。在其带动下,该院开展了一系列与域外汉籍有关的项目,并且同国外尤其是“汉文化圈”国家研究机构合作,进行原始资料的调研、整理与出版,不定期召开国际学术会议,将其重要学术成果编纂成册,开设“文史研究新视野”专栏等。葛兆光本人更是结合自己的学术背景和亲身体验从学术史的角度阐发运用“异域之眼”开展文史研究的重要性,发表出版了一系列论著。①

从 20 世纪 80 年代初提出“汉文化整体研究”至 2007 年以来“从周边看中国”等一系列研究项目的展开以及 2009 年“作为方法的汉文化圈”的进一步深化,前后时间跨度二十余年。如果说“汉文化整体研究”主要是陈庆浩看到了超国家的区域性合作是世界未来发展的趋势的话,那么“从周边看中国”则是葛兆光针对新世纪学者由于研究观念的变化而引发的对“民族国家意识、区域文化认同、东亚互相观看、想象与历史记忆”等所做的重新思考,从学术史的角度探讨当下中国文史学界如何通过改变研究视野、研究立场以及研究方法来开拓文史研究的新层面。② 而张伯伟提出“作为方法的汉文化圈”,则是在考察了欧美人文研究领域的世纪转向及世界汉学的新动向后所做的深入思考,一方面在研究的基础上逐步摆脱百年来处于西洋学术牢笼之下的困境,另一方面对其恩惠报以适当回馈。③ 纵观近一个世纪以来的学术史还可以发现,上述

---

① 最具代表性的是《宅兹中国——重建有关“中国”的历史论述》(2011)、《想象异域——读李朝朝鲜汉文燕行文献札记》(2014)、《何为中国?——疆域、民族、文化与历史》(2014)、《历史中国的内与外——有关“中国”与“周边”概念的再澄清》(2017)等。

② 葛兆光:《预流、立场与方法——追寻文史研究的新视野》,载《复旦学报(社会科学版)》2007 年第 2 期。

③ 张伯伟:《再谈作为方法的汉文化圈》,载《文学遗产》2014 年第 2 期。

观念的提出不仅顺应了“世界学术之新潮流”，同时也继承了自20世纪20年代以来傅斯年、陈寅恪、胡适等提出的研究中国文史的“新资料”“新方法”“新典范”等。正如张伯伟所言，材料（地下实物、异族故书）、视野（扩充、扩张、扩大）和方法（外来工具、不陈工具）三个方面构成的原则，可以说贯串整个古典学，亦可称学术研究获得发展的金科玉律。① 本文所要重点探讨的域外汉字也正是在这样的学术背景下逐渐被学者重视并开始深入研究的。

二、域外汉籍的界定与域外汉字的提出及研究特点

域外汉字与域外汉籍都有“域外”二字，那么是不是域外汉字就是指域外汉籍上的汉字呢？不可否认，近二十年来，学术界对域外汉字的逐渐重视与深入研究和域外汉籍学的兴盛密不可分。但是同时还要看到，域外汉字作为一个领域，它也有着自己的特殊性、复杂性。为了更为清楚地展示两者之间的关系，我们首先要对域外汉籍的界定问题加以论述，然后再结合客观事实和既有研究成果谈谈域外汉字的含义。

如学者所言，一门学问的成立，要有一些必备的要素，比如说要有明确的研究对象，有丰富而且难度系数比较高的研究内容，有独特的研究目的，有自己的一套研究方法，还要在当代学术体系当中有自己的定位等，其中最本质的要素应该是有明确而独立的研究对象。上文笔者已经谈到，国际上真正开始重视域外汉籍始于20世纪80年代初，自此之后，域外汉籍作为一个整体概念被广泛使用。从其后召开的九届会议来看，这一名称得到沿用，但是其具

① 张伯伟：《域外汉籍研究入门》，复旦大学出版社2012年版，第18页。

体内容包含哪些，就笔者目及，在 21 世纪之前还没有学者专门针对这一问题进行详细深入的讨论。① 究其原因，一方面是因为该学科的研究主体多在海外，国内学者能够亲见者极少，深入研究就更谈不上了。没有大量原始资料的支撑和相关先行研究成果的问世，是不可能建立一门学科的。另一方面也是由于域外汉籍本身多样而复杂，再加之历史上纷繁错综的国家关系及遗留下来的关涉“民族自尊”的诸多敏感话题等，这些都在一定程度上导致了学术界对其内涵和外延众说纷纭，下面择其有代表性的专论介绍之。

（一）关于域外汉籍界定问题的相关讨论

对于什么是域外汉籍，首先做出明确详细回答的是张伯伟，他认为：

> 所谓“汉籍”，就是以汉文（主要是古汉文）撰成的文献，而“域外”则指禹域（也就是中国）之外，所以“域外汉籍”指的是存在于中国之外的用汉文撰写的各类典籍。具体说来，可以包括三个方面：第一，历史上域外文人用汉文书写的典籍，这些人包括朝鲜半岛、越南、日本、琉球、马来半岛等地的文人，以及 17 世纪以来欧美的传教士。从主体来看，他们集中在东亚（包括东北亚和东南亚），也就是大家熟知的汉字文化圈内。第二，中国典籍的域外刊本或抄本，比如大量现存的中国古籍的和刻本、朝鲜本、越南本等，以及许多域外人士对中国古籍

① 陆坚、王勇主编的《中国典籍在日本的流传与影响》（1990）一书之编后记《汉籍与汉字文化圈》中谈到汉籍作为文化流播的载体，其研究至少应该顾及海外佚书、汉籍在域外的影响以及域外汉籍三个部分。可以说，该文已经触及域外汉籍学的核心内容，但收录的诸篇论文中未见对其进行详细探讨者。

的选本、注本和评本。第三，流失在域外的中国古籍（包括残卷）……日本学者往往将上述第一类典籍称作“准汉籍”，第二类则为“和刻本汉籍”，第三类才叫“汉籍”。我觉得不妨统称为“域外汉籍”，而作为域外汉籍的主体，我的看法应是第一类文献，即域外人士用汉文撰写的各类典籍。①

总体来看，上述反映了张伯伟对这一领域的深入思考，也得到了学术界的基本认可，但是同时还要看到，也有部分学者提出了不同的看法。综合分析，主要存在以下三方面的分歧。

首先是“域外”。陈正宏从文献学与版本学出发，建议用“东亚汉籍”或“某某（国家名称）汉籍”。之所以如此，一方面是由于域外汉籍的主体是古代中国周边受汉文化深刻影响的几个国家或地区，而它们又大都位于今天的东亚；另一方面是由于“域外”这一称呼会无意中显示中国的自我中心观，在某种程度上刺痛一些敏感的周边国家相关专业学者的神经。② 而且他还认为，从“域外汉籍”这一名称来看，所指称的范围也很模糊，因为所说的汉籍是域外所藏，还是域外所写、所刊等都不够清楚。③ 针对上述阐发，张伯伟给予了响应，首先说明“域外”是站在中国人立场上的称谓，且在

---

① 张伯伟：《域外汉籍研究答客问》，载《南京大学学报（哲学·人文科学·社会科学版）》2006 年第 1 期。

② 陈正宏：《东亚汉籍版本学序说——以印本为中心》，载《域外汉籍研究集刊》（第 2 辑），中华书局 2006 年版，第 22 页。此文后又登载在李浩、贾三强主编的《古代文献的考证与诠释——海峡两岸古典文献学国际学术会议论文集》中，上海古籍出版社 2006 年版，第 94 页。

③ 陈正宏：《越南汉籍里的中国代刻本》，载日本关西大学文化交涉学教育研究中心、出版博物馆编《印刷出版与知识环流——十六世纪以后的东亚》，上海人民出版社 2011 年版，第 121 ~ 122 页。

“汉文化圈”内“域外”一词有历史依据，所以“无论是古是今，无论是自称还是他指，都未必存在什么歧视或轻视的意味”；其次，如果采用“东亚汉籍”或“某某（国家名称）汉籍”来指称，可能无法包括现存于欧美地区的汉籍以及传教士的汉文著述。因此，如果要使用统一的命名来加以概括，似乎还找不出比“域外”更加恰当的名称。① 王勇也在相关文章中提出了自己对“域外”的看法，他认为，“域外”只是个空间概念，如果将分置不同区域的同一本书一一分类的话，显然并不合适，建议不分时代、不分国籍、不拘种类、不囿内外地对待，比如把中国人原创的称为“中国汉籍”，以此类推。这样既可以彰显中国文化普惠四邻的辉煌，也可观摩东亚各国孜孜不倦的创意，从而达到“和而不同”的理想境界。② 邹振环针对“域外”二字，也先后发表两篇文章进行阐释，其核心观点是，域外汉籍作为一个概念，进入日本、韩国或欧美国家后，其内涵和外延会发生根本性的变化，而一个科学的术语应该在不同场合下都能运用才行。为了避免上述情况的发生，他提出了“华外汉籍”的概念。③ 黄雅诗同陈正宏一样，也认为东亚地区这种以文化为主要联系的国际关系，在面对以民族国家为单位的现代外交体系时，会出现理解上的差异，因此在谈域外汉籍时，不仅要考量学术，还应该顾及各国本身自有的民族意识、国际定位，甚或对文化霸权的忧虑等。

---

① 张伯伟：《域外汉籍研究入门》，复旦大学出版社 2012 年版，第 2～3 页。

② 王勇：《从“汉籍”到“域外汉籍”》，载《浙江大学学报（人文社会科学版）》2011 年第 6 期。

③ 详见邹振环《域外汉籍文献系统与东亚文化的交流》（见《儒学与 21 世纪中国——构建、发展“当代新儒学”》，学林出版社 2000 年版，第 509～518 页）与《“华外汉籍”及其文献系统刍议》［《复旦学报（社会科学版）》2012 年第 5 期］。

此外，她还认为，从现有的研究成果、研究范围和研究目的来看，域外汉籍与“汉学”还存在着一定的重叠。①

从上述四位学者的讨论中可以看出，“域外汉籍”是一个历史感很强，同时又关乎国际问题的学术名称。笔者认为，如果将个别学者的民族感情排除在外，单从命名的角度来看，“域外”与“华外”基本上没有什么本质的区别。而且如果采用“东亚”一词来概括的话，也会产生以偏概全的问题。

其次是“汉籍”。汉籍一词在不同国家或地区有不同的理解。比如在日本，人们将日本人用汉文书写的典籍称为“准汉籍”，在日本刊刻或抄写的称为“和刻本汉籍”，流失在日本的才称为“汉籍”。日本的“日本所藏中文古籍数据库”②实际上是将上述三类均包含在内的。中国台湾的“汉籍电子文献数据库”③收录的则主要是对中国传统人文研究具有重要价值的文献。关于域外汉籍中的“汉籍”，张伯伟认为，凡是在中国之外的，无论何人所写，只要使用汉字，就是“域外汉籍”，因为“任何一个词义，都有时间上的衍生和空间上的转移”。如果按照这样来理解的话，再加上其他的限定，那么张文中所说的汉籍，其执笔者就包括历史上的朝鲜半岛、日本、越南、马来西亚及17世纪以来的欧美学者或传教士等。而且在笔者看来，虽然对于日本学者来说，汉籍有其特定的内涵，但是它对“汉文化圈”之其他国家和地区的学者来说，未必就一定会存在理解上的障碍和偏差。对于术语的界定，因为所涉及的地区广泛，有时候还不能仅仅由于某一国

① 详见《国际汉学研究通讯》(第11期)，北京大学出版社2016年版，第130页。

② http://www.kanji.zinbun.kyoto-u.ac.jp/kanseki detail.

③ http://hanchi.ihp.sinica.edu.tw/ihp/hanji.htm.

家或地区存在理解上的偏差就否定不用。而且笔者相信，随着域外汉籍学日益成为显学，那些关注和从事这一学科的专家可能最初有些许的“不适应”，但是最终可能都会理解并袭用。这一点，从既有的研究成果中可以看出来。

再次是域外汉籍包含哪些内容。上文张伯伟所区分的三个方面中，其主体是域外人士用汉字撰写的文献，这一点是没有疑问的，有争议的是，是否应该涵盖马来西亚和17世纪以来欧美传教士所撰写的汉籍。比如有学者指出，两者是不能相提并论的。其原因是：第一，从文化主体的立场看，前者是参与“汉文化圈”的周边国家的文化产物，而后者不是；第二，从文字的性质看，前者是“汉文化圈”的共享语言文字，而后者只不过是当时的白话而已；第三，两者所撰写的主要目的也明显不同。此外，虽然马来西亚历史上也有文人用汉字撰写典籍的历史，但是它“并不属于以汉文为中心的东亚文化圈国家”，而“是以梵语为中心的东南亚文化圈国家之一”，所以对于上述国家或地区的汉籍都统而称之，不太合适，最好予以分称。[①] 应该说，上述分析是非常有道理的。但是如果分开来指称，又会面临很多问题。而且如果不将其涵盖在内，也与陈庆浩之“汉文化整体研究”所言不契合。[②]

对于第二、第三方面，邹振环从刊刻地、现存地、著作人国籍以

---

① 朴贞淑：《关于中国“域外汉籍”定义之我见》，载《长春大学学报》2008年第7期。

② 陈庆浩《汉文化整体研究三十年感言（代序）》中谈到汉文化整体研究对中国学者而言，不但要关注中国汉文化，也要将研究领域扩大至域外汉文化区，即朝鲜、日本（包括琉球）和越南，以及使用汉文的其他地区（如海外华人社会、传教士和汉学家等）。详见陈益源《越南汉籍文献述论》，中华书局2011年版。

及文字种类四个角度，将其分为“外刻外著汉籍”“华刻外著汉籍”“外刻华著汉籍”“海外古籍佚书”“汉外籍合璧本”。为了便于与张文进行对比，笔者用表格形式将其呈现。

表一

类别	张伯伟	邹振环
第一类	域外文人用汉字书写的典籍	外刻外著汉籍、华刻外著汉籍、汉外籍合璧本①
第二类	中国典籍的域外刊本、抄本与域外人士对中国古籍的选本、注本和评本	外刻华著汉籍、汉外籍合璧本
第三类②	流失在域外的中国古籍	海外古籍佚书

从上表来看，由于着眼点不同，两位学者的分类并不是一一对应的关系。其中，张文中的“域外人士对中国古籍的选本、注本和评本”，可能还会牵涉一个版权的问题。比如注本是对正文做了注释的本子，在某种意义上，属于再研究范畴。那么这一类，应该属于外刻外著还是属于外刻华著？同时，无论是第一类还是第二类，似乎都有“汉外籍合璧本”的可能。此外，笔者认为，既然为分类，

① 邹振环所说的“汉外籍合璧本”，主要是指流散在东亚和欧美的汉文与外文对照双语或多语合刻的古籍，更多的是在东亚地区刊刻的中外语言接触的数据，如和刻本中汉文原本加注日文假名训读或日文注释本，高丽本中谚文与汉文合璧本或汉字谚解本，安南本中汉喃文合璧本。

② 对于上述表格中之第三类，张文与邹文意见是一致的，有些学者则不这么认为，比如陈庆浩就认为中国流失到国外的书不应该算在域外汉文献之内，详见段江丽《文化大视野下的文献整理与文本研读——陈庆浩研究员访谈录》，载《文艺研究》2008 年第 5 期。

首先应该在同一层面上，而且彼此之间最好互不包含。但是从邹文中可以看出，五个部分并不在一个层面上，而是存在着交叉。外刻外著、华刻外著、外刻华著是从刊刻地、著作人国籍的角度来划分的，而汉外籍合璧本是就内容中文字的种类而言的。此外，还有一个问题是，从目前学术界对域外汉籍的讨论和研究来看，基本上都是主张将17世纪以来欧美传教士所撰写或编纂的汉籍包含在内的，但是大多未明言具体涵盖哪些。比如，为帮助外国读者阅读中国古籍而刊行的双语字典算不算域外汉籍？如果算的话，汉字与其他文字的比例该如何界定？这似乎又是在实际判定时需要面临的一个难题。还有从内容上来讲，它们似乎与“汉文化圈”内诸国家和地区的汉籍也不同。而且即使同为欧美传教士所撰，其性质可能也是千差万别的。如果将此部分都划归域外汉籍的范畴，是否会过于宽泛？

既要照顾历史客观事实，又要考虑当今实际使用。毫无疑问，学术界对于域外汉籍界定的讨论还会继续进行下去。综合二十余年来国内外学界对其研究的情况来看，到目前为止，似乎还找不到比张文更为妥帖的解释。

（二）域外汉字的提出及研究特点

1. 域外汉字的提出

如上所言，域外汉字与域外汉籍无论从字面上还是从实际研究背景来看，都存在着密不可分的关系。但是就探讨的热度及取得的成果而言，前者无法与后者相比。追溯学术界对域外汉字的研究，可以发现，国内学者将其作为一个整体提出，比较早的见于20世纪30年代。魏建功在西南联大任教期间开设课程的提纲——《汉字形体变迁史》①一书中,其中一讲为"域外汉字生长的状况"。遗憾的是,该书只是列了一个目录,没有具体内容,大致包括日本的假名、假名遣、土造汉字,朝鲜的谚文、悬吐、吏读、土造汉字和安南的字喃。虽然如此,魏著中对域外汉字的关注已经开阔了传统文字学研究的视野。关于这一点,笔者认为,域外汉字的提出,除了显示魏建功在利用新材料研究汉字的前瞻与远见,恐怕与他本人从 1927 年 4 月至 1928 年 8 月在朝鲜京城大学教授汉语的经历也不无关系。② 之后,域外汉字在其他一些学者的论著中亦有提及,比如周法高在《论中国语言学》之《汉字整理问题——一九七九年三月二十六日傅孟真先生八秩晋四冥诞学术讲演》一文中谈到,"所谓'汉字',和'汉语'是相关的……不过我在这里所讲的汉字,不限于在中国流行。例如日本的汉字,韩国的汉字,越南的汉字等。……不过域外汉字的影响已经比不上过去的极盛时期了。越南听说已经用音标代替汉字,韩国也有同样的倾向,不过似乎没有越南的澈底。而日本的汉字还依旧担任重要的角色,可以说如果日文里没有汉字,就几乎有好多地方看不懂。所以汉字整理的工作,在日本也非常重要"③。通过上述介绍,可以发现其中之域外汉字基本上都是指在汉字基础上发展起来的"汉字系文字"。不容

---

① 根据魏建功之子魏至的介绍,《汉字形体变迁史》是魏建功在 1938—1939 年为西南联大开设的课程,详见王宁《魏建功先生的两种文字学论著——〈魏建功文集〉的学术价值》,载《出版广角》2002 年第 3 期。《魏建功文集》于 2001 年 7 月由江苏教育出版社出版,其中收录了《汉字形体变迁史》,商务印书馆在 2013 年 5 月又出版了单行本。

② 赵金铭:《魏建功先生在朝鲜教汉语和在台湾推广国语的贡献》,载《世界汉语教学》2002 年第 3 期。

③ 参见该书第 59 ~ 60 页,香港中文大学出版社 1980 年版。根据上下文可知,此书虽然言"域外汉字",实际上是讲汉字在域外的影响不如以前了。

置疑，它们对于研究域外汉字的传播具有重大的学术意义，而且也应该包含在域外汉字范围内。结合目前学术界对域外汉籍的界定以及它与域外汉字的密切关系，同时联系其本身使用的历史性、复杂性和现实性，笔者认为，其内容应该包含以下两个方面：其一是历史上域外汉籍上的汉字；其二是除中国之外的其他国家或地区正在使用的现代汉字。

2. 域外汉字的研究特点

进入21世纪后，随着人们对域外汉籍的日益关注，学术界探讨域外汉字的也越来越多。整体来看，其研究特点表现在如下几个方面：

第一，从研究对象涵盖文献所处的时代来看，可以分为历史汉字和现代汉字两大类。其中，前者经、史、子、集都有，而最为学术界重视的还是“汉文化圈”汉籍上的汉字，主要有三类。第一，域外学者自编汉字辞书或汉语学习文献，主要包括字书、韵书、教科书等。比如日本之《篆隶万象名义》《新撰字镜》《倭名类聚抄》《日本汉语教科书汇刊》等，韩国之《训蒙字会》《新增类合》《全韵玉篇》《字类注释》《国汉文新玉篇》《字典释要》《汉鲜文新玉篇》《字林补注》《三韵声汇》《华东正音通释韵考》《朝鲜时代汉语教科书丛刊》《朝鲜时代汉语教科书丛刊续编》等。它们一方面与中国典籍有着不解之缘，另一方面因为具有某种程度上的规范性和相当的权威性和普及性，所以有助于探索汉字在域外的使用、传播与变异情况。第二，中国典籍的域外写本、注本与坊刻本上的汉字。中国典籍的域外写本一方面可能保留了国内佚失的文献，在校勘学上具有重要的参考价值，另一方面为了提高书写效率，传抄者有时会有意无意地用各种简省方法对原文进行改造，创制出各种新字形。再加上书写水平参差不齐，随意性很强，所以会产生大量俗字，它们是探讨“汉文化圈”内汉字滋生传衍规律的重要资料。这里所说的注本是指原文为中国典籍，而注释则为域外文人所加，其中也含有部分俗字。坊刻本大多是民间书坊刻印的版本。由于以营利为主要目的，为了减少成本，大多纸墨粗糙、校勘不精、避讳不严，刊印时往往也会采用大量俗字。第三，域外学者所撰汉籍中的汉字。

第二，从研究对象所在国别来看，就“汉文化圈”而言，学术界对日、韩汉字比较关注，而对越南方面则投入较少。① 当然，其原因是多方面的。比如从历史上来看，无论是往来的时间跨度及频度，还是留存汉籍数量等，后者都无法与前者相比。而且从目前来看，由于韩、日学者在域外汉字研究问题上达成了很多共识，所以他们与中国的高校、研究机构合作较多，相关交流方面也很活跃，而后者则主要集中在与越南汉喃研究院的合作上，其他高校或研究机构参与较少。这些已经引起了有关部门及学者的注意，比如2017年国家社会科学基金重大项目招标选题研究方向中就列有“越南汉字资源整理及相关专题研究”，期待有学者开展此方面的研究。

第三，从研究队伍的构成来看，20世纪学者所谈的域外汉字中的“汉字系文字”基本上都是研习外语的学者在关注，而目前的域外汉字学者则主要来自历史学、文学、文献学、语言学等领域，且其中相当一部分成果来源于作者在开展相关探讨时，发现字形比较特别，为了克服阅读障碍而开展的进一步研究。也就是说，他们的域外汉字研究成果只是“副产品”。至于域外汉字所涉及的作者的

---

① 就笔者目及，何华珍本人及其研究生开展了一些越南域外汉字的研究。此外，还有中国台湾地区学者郑阿财，其代表作有《越南汉文小说中的俗字》（第四届“中国文字学全国学术研讨会”论文，台湾中国文字学会、“中央大学”中文系所主办，1993年）、《俗字在汉字文化圈的容受——以越南汉碑写本刻本为例》（典籍的国际交流—容受会议论文，北海道大学，2002年）等。

国别，除了极少数属于17世纪以来的欧美传教士①，其他则基本上集中于“汉文化圈”，当然相关论著的研究者也大多来自于此。

第四，从规模来看，研究队伍呈越来越壮大之势。二十余年来，随着域外汉籍学成为显学，学术界对其中之汉字部分也倾注了大量精力，其中有两个学术带头人及研究机构着力最多。一是以何华珍为核心的浙江财经大学汉字域外传播研究中心，二是以王平为核心的上海交通大学海外汉字文化研究中心。其中前者以“汉字文化圈俗字比较研究”课题为带动，指导了一批研究生开展相关专题的研究。后者从2006年开始在华东师范大学中国文字研究与应用中心招收域外汉字方向博士研究生，继而又在《中国文字研究》上开辟专栏，筹建“汉字数字化博物馆”，出版《域外汉字传播书系·韩国卷》，召开“世界汉字学会第一届年会”，承担“中韩古代小学类文献联合检索”“韩国传世汉字字典文献集成”等项目。②此外，还有两个与域外汉字有关的国家社会科学基金重大项目也在如火如荼地进行着，分别是天津师范大学王晓平的“日本汉文古写本整理与研究”、中国人民大学王贵元的“日本藏汉文古字书集成与整理研究”。

第五，从既有研究成果来看，无论是理论的建立还是实际的探讨，或者说论著的数量、质量，学术界对域外汉字的重视与关注都无法与域外汉籍相比。为什么会出现这样的情况？笔者认为，可能有以下几方面的原因。一是既然学术界对域外汉籍的内涵和外延还没有定论，那么域外汉字无论从字面上还是从背景上都与之

① 比如姚小平《明末〈葡汉词典〉的汉字》，载《中国语文》2015年第2期。

② 此外，北京语言大学等也将“古代域外汉字研究文献的整理与研究”纳入“十二五”期间研究课题。只是到目前为止，还未见相关论著问世。

密切相关，自然也不太容易界定。二是虽然学术界对域外汉籍的引进、整理与研究都取得了相当多的成绩，但是总体而言，其文献种类主要集中在文献学、历史学、文学等领域。而且尽管“汉文化圈”内汉字的使用从外在形体上存在或多或少的差异，但是在很多学者眼里，整体上并不影响阅读，因此认为价值不大，故而对文字方面关注不多。三是历史上域外学者的汉字学理论研究相对较为薄弱，所以国内学术界对此方面的介绍与引入不够积极主动。四是由于各国主要是“汉文化圈”诸国使用汉字的历史不同，因此与域外汉籍相比，域外汉字的时间界限无法做一个较为明晰的划定。比如日本仍然在使用汉字，而韩国虽然于 1972 年废除汉字，但是因为历史上存有大量汉籍，如果完全禁止的话，势必会割断历史，所以其政府不得不再次将汉字的使用、教学与研究提上日程。五是汉字传入“汉文化圈”之后，都存在一个在新的“文化语境”下变异的问题，其中一部分被称为“国字”或“固有汉字”。[①] 对于其性质该如何界定，国内外学术界也存在着争议。

总之，由于种种原因，虽然国内很多学者的文章中已经触及了域外汉字的核心内容而且取得了一定的成绩，但是对于其界定问题还没有进行过专门的讨论。甚至就目前来看，这一术语用得并不广泛，或者说它还不是一个在学术界获得共识的名称。

---

① 对于什么是“固有汉字”，国内外学术界存在争议。比如韩国学者河永三认为，韩国固有汉字实际上包括国字、国音字和国义字三方面。国字是指不存在于中国与日本等其他国家而唯一存在于韩国的汉字；国音字和国义字是指虽存在于汉字使用圈之其他国家，但只限使用于韩国的特殊义项之汉字。其中，国音字是指用于特殊义项时有读音变化之汉字，国义字是指没有读音变化而使用之汉字。详见《韩国固有汉字国字之结构与文化特点——兼谈〈异体字字典〉之〈韩国特用汉字〉》，见《中国文字研究》第 6 辑，广西教育出版社 2005 年版。

三、域外汉字的研究价值与研究方法

(一)域外汉字的研究价值

首先,不仅可以为中国汉字学提供大量可资比较的字样,扩大原有的学术视野,而且能够促使学者在新的条件下对既往结论进行反思并做出适当增补与修正;同时在此基础上,进一步形成新的研究方法和学术理念,从而加速某些旧学科的发展甚至催生新学科的建立。张伯伟在谈及域外汉籍的研究价值时,有这样一段话,他说:

> 域外汉籍虽然是以汉字撰写,但却不是限定在汉民族或华人圈内。当我们把历史上的汉字文献赋予一个整体意义的时候,我们的眼光自然就超越了国别的限制;当我们观察问题的视野超越了一乡一国而扩大到天下整体的时候,我们所得出的结论就会具有不同凡响的意义。域外汉籍是一个丰富庞大的学术资源,它会向我们提出许多新鲜的学术话题,形成新鲜的学术方法和学术理念,从而引导出一门新学问或新学科的产生。①

上之论述对域外汉字也是适用的。根据学者的相关研究,在上迄秦汉、下及近现代的中日两国文化交往中,一条书籍之路始终起着极其重要的沟通作用。一方面,为了学习汉文化的需要,历代日本政府求购中国典籍的热情不减;另一方面,他们在传抄的过程中,对底

① 张伯伟:《域外汉籍研究入门》,复旦大学出版社2012年版,第19页。

本极其忠实的摹写使得某些在国内已经失载的汉字在那里留存下来，所以如果合理有效地利用这部分材料，往往就可以将缺失的环节补上，重建其演变的链条。比如利用日本古辞书《类聚名义抄》解决《龙龛手鉴》某些疑难字问题等。① 同样，域外学者在阅读本国汉籍的过程中，如果发现有字形识别上的困难，也可以利用中国汉字比如敦煌俗字等解决。20 世纪以来，敦煌写本研究兴起，其文化价值得到有力的证实。最近几年来，东亚写本的研究颇受关注，与其相关的中国汉字学特别是俗字学成果为其识读提供了钥匙。②

其次，不仅可以了解其共有特征，深刻理解汉文化对其的影响，而且还能够分析其差异，探讨其中所蕴含的不同的域外文化习惯与接受汉字过程中的特有思维活动。汉字传入他国后，由于各种因素的影响，在形体上会发生多多少少的变异。这其中既有大量与原有汉字存在不同程度差别的俗字和异形字，更有自身创造

---

① 参见方国平《日本古辞书在近代汉字研究中的价值——以观智院本〈类聚名义抄〉为例》，载《汉字文化》2010 年第 1 期。

② 王晓平在此方面做了大量的研究，其主要成果有：《从〈镜中释灵实集〉释录看东亚写本俗字研究——兼论东亚写本学研究的意义》［载《天津师范大学学报（社会科学版）》2008 年第 5 期］、《借敦煌俗字破日藏汉籍写本释录之疑——以〈圣武天皇宸翰杂集〉为中心》（载《敦煌研究》2009 年第 1 期）、《日本汉籍古写本俗字研究与敦煌俗字研究的一致性——以日本国宝〈毛诗郑笺残卷〉为中心》（载《艺术百家》2010 年第 1 期）、《亚洲汉文学文献整理和一体化研究——以韩国写本〈兔公传〉释录为中心》［载《天津师范大学学报（社会科学版）》2010 年第 1 期］、《俗字通例研究在日本写本考释中的运用——以〈万叶集〉汉诗文为例》［载《天津师范大学学报（社会科学版）》2010 年第 6 期］、《〈日本灵异记〉上卷疑难词语考辨》（载《日语学习与研究》2011 年第 2 期）、《敦煌俗字研究方法对日本汉字研究的启示——〈今昔物语集〉讹别字考》［载《天津师范大学学报（社会科学版）》2011 年第 5 期］、《从日本朝鲜写本看敦煌文献省代号研究》（载《敦煌研究》2012 年第 6 期）、《朝鲜李朝汉文小说写本俗字研究》［载《上海师范大学学报（哲学社会科学版）》2013 年第 2 期］等。

的反映本民族特色的“国字”或“固有汉字”。根据学者的研究，域外汉字中有很多从形声变换成了会意，其原因是“汉字在传播的过程中，形声字以声提示读音功能的作用并不突出，所以，作为记录非母语的符号，必须进行符合非母语国家习惯的调整，以适应当地的文化习惯”①。比如在历史上的朝鲜半岛，“墓”作“仝”、“暮”作“旨”、“幕”作“巾”、“慕”作“忩”、“梦”作“夕”、“儒”作“仪”等。关于这一点，孙逊在谈及域外汉文小说中的俗字时，也表达了相同的观点，他认为：

> 域外汉文小说还是汉语文字学研究的重要对象。由于域外汉文小说都是用汉字写成，其所用汉字自然是汉字字库里不可或缺的一部分。特别是东亚汉文小说中，存在着大量的汉字俗字，它们有的是我国古已有之的异体字……更多的是他们自己创造的异体字，如“皃”(貌)、“罝”(置)、“䶵”(声)、“狆”(独)等。如果我们的汉字字库里缺少了这最后一部分，那是很大的一块缺失。②

再次，不仅可以促进对相关语言的深度了解，而且能够在一定程度上指导对外汉字教学。我们知道，语言与文字既是两个不同的系统，同时又互相制约。在“汉文化圈”内，由于各国语言体系不

---

① 王平：《韩国写本俗字的类型及其特点——以〈韩国俗字谱〉为例》，见《中国文字研究》第15辑，大象出版社2015年版，第214页。

② 详见孙逊《从外部世界看中国——中国古代文学研究的域外视角》，载《华夏文化论坛》2013年第2期。按，上述引文所言貌字之异体字实际上也是源于中国的，见于唐代《高元珪墓志》《李烨妻郑珍墓志》等。虽然此处讲述有误，但是他提醒学术界要注意域外汉文小说中的俗字，这是没有问题的。

同，所以在使用汉字的过程中受到的影响也有差异。汉字传入后，其作用不仅仅停留在载体方面，有时候还会涉及语言其他层面。比如“獸”（兽）字在朝鲜半岛历史文献中写作“狱”，用“水”代替了“兽”。究其缘由，不是因为其意义表示“水犬”，而是二字在韩语中是同音的。在这里，字形改变之后，对于当地人来说，不仅字形简单，而且与其音契合，更容易理解和记忆。

最后，不仅可以了解汉字在域外的使用、传播与变异等情况，而且还能够借此窥见历史上中国与其他国家的政治文化往来。我们知道，汉文化在域外的传播主要靠典籍，集中收录汉字的传统辞书即其中最为重要的一类。在域外，为了满足学习汉文化的需要，除了翻刻之外，还有就是以其为基础，组织专家编纂具有本国特色的实用字典，比如成书于 18 世纪末期的《全韵玉篇》就是以《康熙字典》为蓝本的。从《康熙字典》初传朝鲜半岛，到其后的大量使用、征引和模仿，不仅可以更加客观地评价其在“汉文化圈”的学术价值和崇高地位，而且还能够借此窥见两国在不同时期不同领域的交流。

（二）域外汉字的研究方法

不管是域外汉籍还是域外汉字，都具有超越国家的“区域性”特征。在研究方法上，肯定有共通之处。张伯伟认为，现阶段对域外汉籍的探讨可以遵循两条原则，即实证性和综合性，就是以文献学为基础的综合研究法。① 这两条对于域外汉字研究同样也是适用的。我们知道，实证法是开展一切科学研究都要使用的方法，域外汉字自然也应该包含在内。至于综合法，张文所谈不多，而且从

① 张伯伟：《域外汉籍研究——一个崭新的学术领域》，载《学习与探索》2006 年第 2 期。

其发表的论著来看，基本上都集中在文学方面。笔者认为，基于域外汉字的特点，在综合法中，比较法的使用尤为突出和重要，下面就这一方法简单讨论之。

前文谈到，域外汉字的研究主体是历史上域外人士所著的域外汉籍上的文字。从来源上，它们大部分存于中国历史文献中，还有一部分是在此基础上的变异。虽然与原初有差异，但是整体轮廓还在。还有一部分是自造的“国字”或“固有汉字”。无论进行哪一部分的研究，都离不开比较法的使用。首先是共时的比较，从理论上讲，它不仅包括域外汉字与中国汉字的比较，而且还有域外汉字与域外汉字的比较；其次是历时的比较，主要指不同时期同一域外汉字的比较。为明晰起见，现列表如下。在四种比较中，第一种最为常见，从国内学者已经发表的研究成果来看，一般表现为两种，即中日、中韩、中越汉字的比较，其目的都是为了探索汉字在域外的传承与变异情况。这一点，也说明虽然目前学术界已经接受和认可“汉文化整体研究”的观念，而且也有意识地加以运用，但是在解决具体问题时，仍然面临着很多困难。后三种因为材料的限制，目前使用者还不多。

表二

<table>
<tr><td rowspan="3">共时</td><td>域外汉字
与
中国汉字</td><td>不同域外
与
中国</td><td>中日韩越</td><td>中日韩
中日越
中韩越</td><td>中日
中越
中韩</td></tr>
<tr><td rowspan="2">域外汉字
与
域外汉字</td><td>同一域外</td><td colspan="3">日日、韩韩、越越</td></tr>
<tr><td>不同域外</td><td colspan="3">日越、韩越、韩日</td></tr>
<tr><td>历时</td><td>域外汉字
与
域外汉字</td><td>同一域外
不同时期</td><td colspan="3">日日、韩韩、越越</td></tr>
</table>

要补充说明的是，一般情况下，在研究中国汉字时，为了说明

某一时期的特点，往往会寻找年代相同或相近的进行比较，比如殷商甲骨文与金文的比较等。而域外汉字则不完全是这样，因为其文化与中华文化的发展有时候并不同步，相互的距离会造成传播上的差异，表现在汉字形体上，可能近代域外的与中国中古时期的会吻合或接近，所以在进行域外汉字的比较时，要综合考虑多方面的因素。还有一点，在进行域外汉字比较、域外汉字与中国汉字比较时，切忌用有色眼光去看待，正如学者在谈域外汉籍时说到的那样，“一定要用通达、谦虚的态度去研究各类汉文献。要将中国与域外的汉籍文献放在同等的地位上，寻找它们之间的内在关系，并进行比较”①，“域外汉籍在今日的价值和意义，已不只是中国典籍的域外延伸，也不限于‘吾国之旧籍’的补充增益。它是汉文化之林的独特品种，是作为中国文化对话者、批判者的‘异域之眼’”②。

四、结　语

域外汉籍学是在“汉文化整体研究”理念的倡导下而逐渐发展起来的一门显学，尽管学术界对其名称和范围还存在不同意见，但是域外汉籍的研究经过三十余年的发展，已呈现出蓬勃之势。域外汉字作为一个整体提出始于20世纪30年代，但是伴随着人们对域外汉籍的关注以及两者之间的密切关系，其内涵和外延已经发生了很大的变化。由于域外汉字使用主体及系统本身的复杂性，目前还无法给出一个比较明晰的界定，但是其内容应该主要包含

① 详见《汉文化圈中的域外汉籍》，见《光明日报》2015年2月4日，第5版。

② 详见《探索域外汉籍研究新路径》，http://www.cssn.cn/zgs/zgs_jl/201707/t20170703_3567076.shtml，中国社会科学网2017年7月3日。

历史上域外汉籍上的汉字、除中国之外的其他国家或地区正在使用的现代汉字等。

进入21世纪后，学术界探讨域外汉字的人越来越多。从研究对象涵盖文献所处的时代来看，可以分为历史汉字和现代汉字两大类。其中历史汉字方面，主要有三类最为学术界关注，分别是域外学者自编汉字辞书或汉语学习文献、中国典籍的域外写本等载体上的汉字、域外学者所撰汉籍中的汉字；从研究队伍的构成来看，研究者主要来自历史学、文学、文献学、语言学等领域；从域外汉字所涉及的作者国别方面来看，研究者主要集中于“汉文化圈”之韩国、日本；从研究队伍的规模来看，呈越来越壮大之势，突出体现在两个研究机构和四个国家级研究项目上；从既有研究成果来看，无论是理论的建立还是实际的探讨，或者是论著的数量和质量，学术界对域外汉字的重视与关注都无法与域外汉籍相比。

域外汉字是一个巨大的宝库，其研究价值是多方面的。它可以为中国汉字学提供大量可资比较的字样，扩大学术视野，增补修正原有的结论，借以探讨不同的域外文化习惯与特有的思维活动，深刻理解汉文化对其的影响，窥见历史上不同国家的政治文化往来等。在研究方法上，一定要在掌握大量可靠资料的基础上，紧密结合域外汉字的特点，灵活运用各种手段解决相关问题。

综上，同域外汉籍学一样，域外汉字学也是一个牵乎古今、关系中外的学科。经过近些年来的发展，虽然取得了一些成绩，但是其不足也是非常明显的。在接下来的研究中，不仅要在原始资料的搜集、归类、整理、分析等方面下功夫，而且也不能忽视相关理论的探索和研究方法的更新。“汉文化整体研究”宏伟目标的实现，需要中国学者的积极参与和域外学者的通力合作。

后　记

本书能够顺利付梓，得到了中国海洋大学文学与新闻传播学院领导和同事的支持及帮助。从项目名称的确定、写作的进行直至最终的完成，修斌院长都给予了高度关注，朱自强教授、黄亚平教授花费了大量的时间从学术高度和专业角度出发加以悉心指导，刘中富教授、徐妍教授、冷卫国教授、牛月明教授、薛海燕教授等亦曾在不同场合殷切询问本书的出版。在此，谨向诸位先生表示衷心的感谢。

本书为2015年度中国海洋大学团体培育项目的结项成果，原定于2016年底完成，但是因为参与的学者忙于教学和个人研究等，至今已耽搁一年之久。虽然如此，大家还是尽了最大的努力按照既定的设想，从不同角度阐发了自己的看法。因此，在这里，还要对参与此书的19位学者的积极配合和不懈奋斗致以诚挚的感谢。同时，要指出的是，由于本书参与学者众多，研究方向不一，其内容肯定还存在许多不足之处，恳请读者批评指教。

最后还要感谢中国海洋大学文科处金天宇处长的支持。此外，还要感谢山东数字出版传媒有限公司总编辑赵发国和编辑张欢，以及齐鲁书社有关领导、编辑，正是由于他们的专业素养和督促建议，本书才能在这么短的时间内顺利编成出版。